I0641557

16. Greg. 83 Jur.
D.

D^r V^s

2167

9987

2022 - 20835

DE LA
LOI
ROIALE

a' AMSTERDAM chez PIERRE B.R. HUMBERT

DU POUVOIR
DES SOUVERAINS,
ET DE LA
LIBERTE
DE
CONSCIENCE.
EN DEUX DISCOURS,

traduits du Latin

de Mr. NOODT, Profeſſeur en Droit dans l'Univerſité de *Leide :*

Par JEAN BARBEYRAC,

Profeſſeur en Droit & en Hiſtoire à Lauſane *, &·
Membre de la Société Roiale des Sciences,
de* BERLIN.

Seconde Edition, revuë, & augmentée de pluſieurs *Notes*, comme auſſi du Diſcours de JEAN FREDERIC GRONOVIUS ſur la LOI ROIALE ; & d'un Diſcours du Traducteur ſur la NATURE DU SORT.

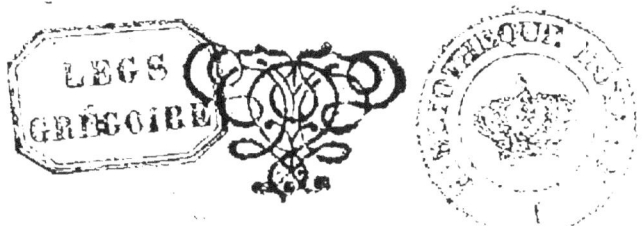

A AMSTERDAM,
Chez PIERRE HUMBERT.
MDCCXIV.

Rara temporum felicitate, ubi sentire quæ velis, & quæ sentias dicere licet.

TACIT. Histor. *Lib.* I. *Cap.* I.

A MESSIEURS

LES COMTES

LOUIS & CHRISTIAN,

COMTES D'HOHENLOE

ET DE GLEICHEN,

Seigneurs de *Langenburg* & de *Cra-nichfeld* &c. &c. &c.

MESSIEURS,

SI je ne Vous connoif-fois , comme je fais , je

* 2   crain-

craindrois que les matié-
res de ce Livre ne fuſſent
trop ſérieuſes & trop
profondes, pour être de
Vôtre goût, & je n'au-
rois peut-être pas oſé
prendre la liberté de Vous
le dédier. La Jeuneſſe eſt
fort ſujette à n'aimer que
la bagatelle ; & la plus
haute Naiſſance n'inſpire
pas toûjours des ſenti-
mens plus raiſonnables.
Mais je puis dire ſincé-
rement & ſans Vous flat-
ter, qu'autant que bien
d'autres ſont paſſionnez
pour

pour de vains amuſe-
mens, autant l'êtes-vous
pour des choſes bonnes
& ſérieuſes. Vous faites
vos délices de ce qui
ſert à perfectionner & à
orner les beaux talens
que vous avez reçûs de
la Nature : vous n'avez
pas de plus grand plaiſir,
que d'entrer dans des
converſations utiles : &
Vôtre ſageſſe prématu-
rée, grave ſans affecta-
tion & aſſaiſonnée d'une
aimable gaieté, rend preſque inutile l'exactitude

d'un

VIII E P I T R E

(a) Mr. Loder. d'un (a) Gouverneur vigilant.

Depuis que vous êtes ici, Vous avez, MES-SIEURS, appris nôtre Langue en très-peu de tems : Vous avez pris une bonne teinture des Mathématiques : & Vous avez fait de grands progrès dans tous les Exercices qui vous conviennent. Mais sur tout Vous avez témoigné un desir ardent de connoître le Droit Naturel & le Droit Civil : & Vous avez at-
ten-

tendu avec beaucoup
d'impatience, que le re-
tour de ma santé me per-
mît de Vous en expliquer
familiérement les princi-
pes. La bonté de Vôtre
Esprit Vous a fait d'abord
comprendre, combien
cette Science est utile à
tout le monde, & parti-
culiérement à ceux qui
sont appellez à gouverner
les autres, & à adminis-
trer la Justice. J'admire
tous les jours l'attention
extrême que Vous joignez
à une heureuse compré-

hen-

hension , & à une gran-
de droiture de Jugement.
En un mot, je me fais un
très-grand plaisir de Vous
propoſer , comme je le
puis véritablement, pour
exemple & pour modé-
le, non ſeulement à tous
ceux de Vôtre âge & de
Vôtre rang, mais encore
à tant de Fainéans & de
Vagabonds, qui, au lieu
de chercher à s'inſtruire,
comme Vous, de ce qui
eſt néceſſaire pour ſe bien
aquitter des devoirs de
leur état, paſſent tranquil-
le-

EPITRE. xi

lement leurs plus beaux
jours dans la molleſſe, &
dans une ſuite perpétuel-
le de diſſipations & de divertiſſemens.

Par cette ſeule raiſon,
la Ville de LAUSANE,
d'ailleurs fort honorée du
ſéjour que Vous y avez
déja fait, & que vous
comptez d'y faire enco-
re, devroit, MESSIEURS,
vous avoir une grande o-
bligation. Il ne tient pas
à Vous, que Vous ne pi-
quiez d'émulation toute ſa
Jeuneſſe, & bien des per-

* 5 ſon-

sonnes même d'un âge plus avancé.

Ainsi, MESSIEURS, je n'ai nul besoin de profiter de l'occasion, & du droit que pourroit me donner l'honneur que Vous m'avez fait de vouloir bien être mes Disciples, pour ménager ici quelque exhortation indirecte, que Vous prendriez, j'en suis sûr, en bonne part, quand même je Vous l'adresserois ouvertement & sans détour. Il me suffit de souhait-

haitter , comme j'ai tout
lieu de l'efperer , que Vous
continuïez , comme vous
avez fait jufqu'ici ; &
que , fans vous dementir
jamais , Vous tâchiez de
vous furpaffer vous - mê-
mes , s'il eft poffible.
Vous goûtez dès - à - préfent , les fruits du bon
parti que Vous avez pris
de bonne heure : mais je
Vous promets , que Vous
éprouverez de plus en
plus le plaifir & l'utilité
qui revient de l'étude des
bonnes chofes. Plus Vous

avan-

avancerez en âge & en connoiſſance, & moins Vous aurez lieu de vous repentir de n'avoir pas donné dans les vanitez & les folies du Siécle. En même tems que Vous ferez la joie de Vôtre Illuſtre Pére, qui n'a rien tant à cœur que de Vous donner une éducation digne de Lui & de Vous; Vous vous diſtinguerez de la maniére du monde la plus glorieuſe, dans l'eſprit de toutes les perſonnes ſages & éclairées, & Vous vous aquer-

aquerrez un plein droit de regarder avec un juste mépris quantité de per-sonnes de Vôtre rang, qui font consister leur Grandeur en des choses qui devroient faire leur honte.

Recevez donc, MES-SIEURS, comme une marque sincére de l'im-pression que Vôtre méri-te a fait sur moi, le Li-vre que j'ai l'honneur de Vous présenter. Vous y verrez les mêmes princi-pes, sur lesquels Vous

* 7   m'en-

m'entendez raisonner, &
qui se trouvent heureuse-
ment conformes à Vôtre
goût : Principes des plus
importans, sur tout pour
les personnes d'une con-
dition, où l'on est fort
exposé à la tentation de
se croire tout permis, par
rapport à ses Inférieurs,
& de ne respecter pas
même les droits inviola-
bles de la Conscience,
ou plûtôt les droits de
D I E U, qui s'en est reservé l'empire à lui seul,
comme il l'a naturelle-
ment

ment fur tous les Hom-
mes, Grands & Petits.
Graces au Ciel, je Vous
crois préfervez de bonne
heure d'une fi dangereufe
contagion : mais on ne
fauroit être là-deffus trop
fur fes gardes. Je fuis avec
refpect

MESSIEURS,

A *Laufane*, ce 20
Novembre 1713.

        Vôtre très-humble & très-
        obéïffant Serviteur

        BARBEYRAC.

AVERTISSEMENT
Sur cette seconde Edition.

VOICI une nouvelle Edition des Discours de Mr. NOODT, mais accompagnée de deux autres Piéces, qui doivent faire regarder le Livre entier comme quelque chose de plus qu'une nouvelle Edition, puis que ces supplémens seuls auroient pû faire un autre volume, à peu près de la même grosseur que celui qui parut en MDCCVII.

La prémiére Piéce est une

au-

autre *Traduction*, du genre
de celles qui coûtent plus qu'u-
ne composition proprement ainsi nommée. Mr. NOODT,
dans son Prémier Discours,
traite du vrai sens de la LOI
ROIALE du Peuple Ro-
main, à l'occasion de l'étenduë du Pouvoir des Souve-
rains ; & là il suppose qu'on
a lû une Harangue du célébre
JEAN FREDERIC GRO-
NOVIUS, qui est celui qui
avoit le mieux découvert l'o-
rigine de cette Loi. J'ai donc
cru, qu'on ne me sauroit pas
mauvais gré, si je traduisois
ce Discours, qui d'ailleurs est
assez rare, & très-curieux
par lui-même. On y verra a-
vec

vec plaisir de quelle maniére
re les Empereurs Romains
s'emparérent insensiblement de
l'Autorité Souveraine, & l'a-
dresse avec laquelle ils sûrent
jetter de la poudre aux yeux
du Peuple, pour lui faire accroire qu'il conservoit encore
quelque forme de République;
jusqu'à ce qu'avec le tems il
eût perdu tout sentiment de
Liberté, & dépouillé entiérement l'horreur qu'il avoit pour
les titres même qui sentoient
tant soit peu la Monarchie.

L'Auteur de ce Discours,
qui, comme chacun sait, étoit
un très-savant homme & un
très-judicieux Critique, l'a-
voit composé peu de tems a-
vant

vant sa mort, à l'occasion d'u-
ne Solemnité Académique. Son
stile est fort serré, & plein
d'ailleurs d'expressions dont il
est assez difficile de conserver
toute la force dans une Langue vivante. Mais il a fallu,
outre cela, indiquer exactement les sources où l'Auteur
avoit puisé quantité de faits
qu'il rapporte, sans alleguer
ses garants, ou du moins en
les citant d'une maniére fort
vague. J'ai crû aussi devoir
expliquer bien des choses qui
auroient embarrassé un Lecteur François ; & faire en
passant quelques autres remarques, qui me paroissoient
utiles. De là sont nées les
No-

Notes , dont ce Discours est chargé , par dessus les autres: On comprendra aisément quelle peine je dois avoir euë , sur tout à déterrer , autant qu'il m'a été possible , les Auteurs d'où étoient tirez certains faits, & à chercher l'endroit de leurs Livres où ils pouvoient se trouver. Mais j'ai crû que cela étoit absolument nécessaire pour la satisfaction des Lecteurs , & pour mettre hors d'atteinte les raisons de l'Auteur , toutes fondées sur des preuves historiques. Nous vivons dans un Siécle , où l'on s'est mis sur le pié de n'en croire personne sur sa parole ; & c'est à une telle Loi , qui ne
pa-

paroîtra jamais trop sévére
aux Amateurs sincéres de la
Vérité, qu'on est redevable de
l'exactitude qui régne dans les
bons Ouvrages de nôtre tems,
& de la facilité avec laquelle
chacun peut se convaincre de la
justesse & des citations, & des
raisonnemens fondez là-dessus.

L'autre Piéce, où l'on traite de la nature du SORT,
est toute de moi; & j'en
marque l'occasion au commencement du Discours. Quoi
que ce Discours n'aît par lui-
même aucun rapport avec la
matiére des trois autres, il
entrera par un endroit dans
celle du Discours sur la Liberté de Conscience; entant
qu'il

qu'il fournit un exemple bien sensible du panchant extrême qu'ont les Ecclésiastiques, à dominer sur les Consciences. On y verra un Prédicateur, qui s'étant mis dans l'esprit de ressusciter la pensée chimérique de quelques Théologiens, qui regardoient l'usage du Sort dans le Jeu, comme une profanation; se déchaine contre ceux qui ne sont pas de son sentiment, comme si tout étoit perdu, & comme s'il combattoit pro aris & focis. On le verra se laisser si fort aveugler par son entêtement présomtueux, que de croire mieux réüssir que les autres à arrêter les abus du Jeu,

Jeu, en publiant un Livre, qui ne peut fervir à autre cho-fe qu'à confirmer les *Joueurs* de profeſſion dans leur train de vie ; puis qu'il s'atta-che à leur prouver, que (a) les plus petits Jeux, où il y a le moins à gagner & à per-dre, font par cela même les plus profanes. *Rembarrer un tel perſonnage*, n'eſt-ce pas maintenir les droits naturels de la Conſcience, & en même tems les droits de la Liberté Chrétienne?

(a) Pag. 19.

Je n'ai pas grand chofe à dire fur la reviſion des deux Difcours de Mr. NOODT, qui avoient déja paru. Si je préparois le Lecteur à y trou-

**

ver

ver un grand nombre de cor-
rections ou de changemens considérables , je ferois tort à
l'Auteur même , qui eut la
bonté de me témoigner qu'il é-
toit content de la prémiére E-
dition , peu de tems après
qu'elle eût vû le jour. Mr.
SAVAGE, qui publia ces
Discours en Anglois , l'année
suivante, crut aussi qu'il pouvoit se reposer sur la fidélité
de ma Traduction, qui lui tint
lieu d'Original pour la sienne.
Il est bon pourtant de remarquer , que j'ai eu le bonheur
de pouvoir conferer mon prémier travail avec la nouvelle
Edition que Mr. NOODT
vient de donner de ces deux
Dis-

Difcours , dans le Recueil de tous fes Ouvrages. J'ai ajoû-té par-ci par-là quelques No-tes , aliud agendo. *Voilà tout ce dont j'avois à avertir le Lecteur.*

A *Laufane ,* ce 20. No-vembre 1713.

** 2   PRE-

PRÉFACE

D U

TRADUCTEUR.

Telle qu'elle étoit dans la prémiére
Edition, de MDCCVII.

L'AVEUGLEMENT de l'Esprit Humain, ou plûtôt le peu de soin qu'ont la plûpart des Hommes de faire usage de leurs lumiéres, ne paroît pas moins en ce qu'ils se trouvent embarassez & qu'ils s'égarent même prodigieusement dans le jugement qu'ils portent sur
cer-

certaines Queſtions très-faci-
les à décider; qu'en ce qu'ils
ſe tourmentent beaucoup pour
comprendre des choſes qui
ſont manifeſtement au deſſus
de leur portée, & qu'ils croient ſavoir ce qu'ils ne ſavent
point du tout, ſe repaiſſant
même quelquefois de mille abſurditez palpables, plûtôt que
de ſe réſoudre à ignorer ce que
Dieu a trouvé bon de dérober
à leur connoiſſance.

Je ſuis fort trompé ſi l'on
ne doit mettre au prémier
rang les matiéres qui ſont traitées dans les deux Diſcours que
l'on publie ici en François.
Pour peu qu'on examine les
choſes ſans paſſion & ſans pré-

** 3   ju-

jugé, on verra bien tôt ce qu'il faut penſer de l'étenduë du *Pouvoir des Souverains*, & de la *Liberté de Conſcience*; & on trouvera là-deſſus, ſans beaucoup de peine, des Principes ſuffiſans pour réſoudre toutes les Queſtions qui en dépendent.

S'il s'agiſſoit de ſe faire une juſte idée de la ſubordination qu'il peut y avoir entre les Intelligences Céleſtes, de leurs Emplois, de leurs Fonctions, de ce que les *Anges*, par exemple, doivent aux *Archanges*; je ne ſerois pas ſurpris que l'on fût pouſſé à bout par les embarras qui naîtroient de tous côtez, parce que

que nous ne connoiſſons point la nature de ces Eſprits bien-heureux, ni les fondemens de la ſupériorité des uns par rapport aux autres. Mais quand il n'eſt queſtion que de ſavoir, quelle Autorité un Homme peut avoir ſur un autre Homme, où eſt la difficulté? Nous qui ſommes Hommes, avons-nous beſoin qu'on nous apprenne quels ſont les droits naturels des Hommes, & juſqu'où chacun veut ou peut y renoncer? Le Peuple eſt-il fait pour le Prince, ou le Prince pour le Peuple? Doit-on adorer une Divinité que l'on ne reconnoît point; ou rendre à la Divinité que l'on

** 4   re-

reconnoît , un Culte que l'on croit lui être defagréable ? Aucun homme mortel peut-il dominer fur la Confcience d'un autre, dont les mouve-mens ne lui font même connus que par des Signes fujets à être fort équivoques ? N'y a-t-il qu'à fuppofer gravement ce qui eft en queftion , pour aquérir un privilége, dont les autres peuvent s'emparer , auffi bien que nous, par une raifon toute femblable à celle en ver-tu de quoi on fe l'attribue ? Ces principes font très - fim-ples & de la derniére éviden-ce : perfonne n'oferoit les re-jetter ouvertement & directe-ment : il faut fe crever les

yeux

yeux pour ne pas voir quel
parti on doit prendre là-deffus. Et cependant je n'en
veux pas davantage, pour conclurre d'une maniére démonf-
trative, que le Souverain, de
quelque titre fuperbe qu'il foit
revêtu, n'a pas plus de Pouvoir que n'en demande le Bien
Public ; & qu'il faut laiffer
à chacun une pleine liberté de
fuivre la Religion qui lui paroit la meilleure.

Il y auroit donc lieu de s'é-
tonner, que bien des gens
aient ofé foûtenir le contraire, ou directement, ou indirectement, fi l'on ne favoit
par une experience qui n'eft
que trop commune, quelle

** 5   for-

force ont les Paſſions & les Intérêts mondains, ou du moins l'Entêtement pour certaines Opinions, & un attachement fervile aux idées reçues que l'on adopte de bonne heure fans les examiner jamais. Ce qu'il y a de plus furprenant, c'eſt de voir que des gens, qui font profeſſion du Chriſtianiſme, prétendent trouver dans les Ecrivains Sacrez dequoi défendre des Opinions auſſi abſurdes & auſſi inhumaines, que celle du *Pouvoir Deſpotique* des Souverains, & celle de l'*Intolérance* ou de la *Perſécution* pour cauſe de Religion. En quoi ils fe montrent auſſi mauvais Cri-

Critiques, & aussi ignorans Théologiens, que lâches A-dulateurs, & Docteurs présomptueux, pour ne rien dire de pis. Il est vrai encore que quelques-uns n'auroient pas tant affecté de donner la préférence à l'Opinion perni-cieuse qui éléve les Princes au dessus des Loix, s'ils ne s'étoient entêtez d'avancer, à quelque prix que ce soit, les conquêtes du Pyrrhonisme; à quoi ce sentiment leur a paru propre, par le grand nombre d'inconveniens terribles qu'il entraîne après soi, & qui portent par contrecoup contre la Divinité de l'Ecriture Sainte, supposé qu'elle lâche,

** 6   pour

pour ainſi dire, la bride à tous les caprices des Souverains.

Plût-à-Dieu néanmoins qu'on pût auſſi aiſément guérir les Princes de l'Ambition, & des autres Vices qui font qu'ils abuſent de leur Pouvoir, ou les empêcher de prêter l'oreille aux Flatteurs & à des Eccléſiaſtiques vains, fourbes, intéreſſez; qu'il ſeroit facile, ſi on laiſſoit par tout la liberté entiére du Jugement, de déſabuſer pleinement les Eſprits des fauſſes idées que les Partiſans du Pouvoir Deſpotique & de l'Intolerance prennent ſoin d'inſpirer & d'entretenir à la faveur des Tribunaux de l'Inquiſition.

Ce

Ce feroit alors qu'on auroit lieu d'efpérer de voir enfin bannir du monde la Tyrannie, & pour le Temporel, & pour le Spirituel. Tout ce qu'on peut faire, dans l'état où font les chofes, c'eft de conferver, d'affermir, d'éclaircir, de renouveller de tems en tems les idées d'une honnête Liberté, dans les lieux où il eft permis de dire ce que l'on penfe. Peut-être que par ce moien quelques étincelles de la Vérité volant jufques dans les Païs où eft le Siége de la Tyrannie & le Roiaume des Ténébres, feront ouvrir les yeux à un grand nombre de gens, & les porteront ou à

** 7   fe-

secouer le joug, ou à se retirer les uns après les autres
dans des Païs de liberté, & à
laisser ainsi les Tyrans incor-
rigibles regner avec leurs
Suppôts sur de vastes solitudes.

C'est à quoi servira beaucoup ce petit Ouvrage, si on
le lit avec soin, & qu'on le
médite attentivement, pour
tirer des Principes qui y sont
établis les Conséquences qui
en résultent dans tous les cas
qui ont du rapport à la matiére du Pouvoir des Souverains, & à celle de la Liberté de Conscience. Ces deux
importantes Questions n'ont
été bien développées & dé-
dui-

duites méthodiquement de leurs véritables Principes, que dans le Siécle paſſé, où d'habiles gens les ont pouſ-fées d'une maniére à forcer leurs Adverſaires dans tous leurs retranchemens, & à réduire au ſilence les Diſpu-teurs les plus opiniâtres. Mais je ne ſai ſi perſonne les a encore traitées en peu de mots avec autant de force & de netteté, que fait ici Mr. NOODT. Il leur a don-né un tour qui n'eſt pas com-mun : les penſées les plus rebat-tuës prennent entre ſes mains un air d'original ; & l'on en trouvera de plus ici qui auront toute la grace de la nouveauté.

L'ex-

L'explication de la *Loi Roiale* du Peuple Romain, roule fur un point d'Histoire curieux, & on lira, je m'affûre, avec plaisir, tout ce que Mr. *Noodt* dit là-dessus dans le I. Discours.

Les louanges d'un Traducteur font suspectes : je ne m'étendrai pas à faire ici l'éloge de mon Auteur. Le jugement avantageux du Public a d'ailleurs prévenu & rendu inutile tout ce que je pourrois dire. Le *Discours fur la Liberté de Confcience* a même été déja traduit en Flamand; & il ne falloit pas envier plus long tems à ceux qui n'entendent que le François,

çois , le plaisir & l'utilité
qu'ils peuvent retirer de la
lecture d'un Ouvrage si bien
raisonné. L'autre ne méri-
toit pas moins d'être répandu dans le monde à la faveur
der Langues vivantes , *dans
lesquelles je ne sache pas qu'il
aît été encore publié ; & je
suis bien aise d'en donner
l'exemple par une Traduc-
tion Françoise , que l'on a
sans doute souhaittée de quelque endroit depuis qu'on a
vû l'Extrait que donna †
Mr. LE CLERC de la Se-
conde

* Ils ont été tous deux traduits en Anglois , par Mr. Savage , & publiez ainsi à Londres , en 1708.
† Biblioth. Choisie , Tom. VII. pag.
228.

conde Edition de l'Original.

Je voudrois avoir pû faire passer dans la Traduction de ces deux Discours toute la * vivacité de l'Original, & toute la force de cette Eloquence mâle & solide, qui y brille, sur tout dans le dernier, autant que la matiére en a été susceptible. Mais, outre les défauts que l'on doit mettre sur le compte du Traducteur, la Langue Latine a ici un grand avantage, c'est qu'elle fournit dequoi dire en peu de mots

---

* Voiez ce que dit Mr. LE CLERC à la fin de l'Extrait du Second Discours, dans le Tom. XI. de la *Biblioth. Choisie* (pag. 231.) que je viens de recevoir, dans le tems que j'allois envoier mon Manuscrit (en 1706).

mots ce que l'on ne sauroit exprimer en François que d'une
maniére plus étenduë, & par
conséquent plus languissante.
Il n'est pas d'ailleurs facile de
traduire un Auteur qui écrit
comme fait Mr. *Noodt.* Son
stile est des plus serrez, &
plein non seulement de façons
de parler peu communes, quoi
que tirées ou imitées de bons
Auteurs, sur tout de *Séneque*
& de *Tacite*; mais encore de
termes & d'expressions du
Droit Romain, qu'il posséde
à fond, comme il paroit par
plusieurs Ouvrages où il a fait
en ce genre tant de belles dé-
couvertes. Quoi qu'il en soit,
je n'ai rien négligé de ce qui
dé-

dépendoit de moi, pour mettre cette Traduction en état de ne pas rebutter ceux qui ont entendu louer l'Original : & si quelquefois il a fallu changer un peu le tour, ou développer la pensée, pour s'accommoder au goût des Lecteurs François, j'ai eû une attention extrême à ne pas laisser échapper le moindre mot qui ne s'accordât exactement avec le but & les idées de l'Auteur. Pour rendre plus utile la lecture de cet Ouvrage, j'ai mis non seulement à la marge de petits Sommaires, qui font voir d'un coup d'œil la méthode & l'Analyse de chaque Discours ; mais enco-

re

re j'ai ajoûté en quelques endroits de petites Notes au bas
des pages : & j'efpére que l'Auteur me pardonnera bien la
liberté que j'ai prife. Ces Notes ne contiennent prefque que
des Citations de quelques paffages d'Auteurs Anciens, auxquels il m'a femblé que l'Auteur faifoit allufion, ou qui
fervent à confirmer ce qu'il
dit ; & des renvois à d'autres
Ouvrages, où l'on trouvera
plus étendues bien des chofes que l'Auteur n'a touchées
qu'en peu de mots. Ceux devant qui Mr. *Noodt* a prononcé ces Difcours, & ceux
en faveur defquels il les a fait
enfuite imprimer, n'avoient
que

que faire de tout cela : & bien loin que je veuille donner à entendre qu'il n'a pas dit tout ce qui étoit néceſſaire pour ſon deſſein, je ne puis aſſez admirer l'adreſſe avec laquelle il a ſû renfermer tant de choſes dans un ſi petit eſpace, & propoſer avec tant de clarté, en ſi peu de mots, tout ce qu'il y a d'eſſentiel dans des matiéres qui ſont devenues ſi vaſtes par la chaleur des Diſputes & par les chicanes des Adverſaires. Je m'eſtimerai fort heureux, ſi l'Auteur eſt content de ma fidélité à exprimer ſes penſées ; & je trouverai alors ma peine ſuffiſamment recompenſée, puis que

que je pourrai me promettre
à coup fûr l'approbation du
Public.

De *Berlin* le 20 De-
cembre 1706.

T A-

TABLE
DES DISCOURS

Contenus dans ce Volume.

Faute à corriger.

Pag. 35. lig. penult, *Neptune.* lis. *Mercure.*

DIS-

DISCOURS
SUR LA
LOI ROIALE
DU PEUPLE ROMAIN.

Traduit du Latin de

JEAN FREDERIC GRONOVIUS,

Autrefois Profeſſeur en Belles Lettres
à Leide.

'Ai pris, MESSIEURS *, le prémier ſujet qui m'eſt tombé ſous la main ; & c'eſt TACITE qui m'a donné occaſion de l'examiner. Il n'y a

. Ce Diſcours fut prononcé le 8. Fevrier, M. DC. LXXI. lors que l'Auteur ſortoit de ſon ſecond

& dernier Rectorat de l'Académie de *Leide* ; car il paroît par ſon Portrait, qui eſt à la tête de la Seconde Edition de ſon TITE LIVE publiée par Mr. ſon Fils, qu'il mourut dans cette même année. Au reſte, il y a dans l'Original un Exorde de cinq ou ſix pages, que j'ai cru devoir retrancher. Il ne contient autre choſe que des complaintes lugubres ſur une maladie contagieuſe qui avoit regné dans le païs, & des reflexions pieuſes ſur ce que l'on commençoit à en être heureuſement délivré. Cela étoit bon pour la circonſtance du tems : mais la choſe n'aiant aucun rapport avec le ſujet du Diſcours, on ne trouvera pas mauvais que je me ſois épargné la peine de traduire un morceau hors d'œuvre, que ceux qui n'ont pas vû l'Original n'auroient jamais ſoupçonné qui manquât ici, ſi je ne les en avois avertis.

A

a pas long tems que j'ai commencé
d'expliquer publiquement cet excellent
Hiftorien , fur les louanges duquel il
n'eft pas néceffaire de s'étendre ; vous
en connoiffez affez le mérite. Comme
dès l'entrée du prémier Livre de fes
Annales , je traitois des moiens dont
Augufte fe fervit pour changer le Gouvernement des *Romains* , & pour les
faire paffer de la Liberté & du Confulat à la Monarchie ; il me vint tout d'un
coup dans l'efprit, que je ne ferois pas
mal de bien digerer & de tourner un
peu élégamment les penfées que j'avois
euës depuis long tems fur la Loi
Roiale , & les remarques que j'a-
vois écrites là-deffus confufément , à
mefure qu'elles fe préfentoient , pour
vous les propofer aujourd'hui , & vous
en faire les juges. La queftion eft très-
belle , très-importante , & très-délica-
te. Elle a été fort agitée & par les Po-
litiques , & par les amateurs de l'Antiquité. Il femble même qu'il n'y aît
plus rien à dire. Cependant je trouve
que ceux qui l'ont traitée ont tous ou
omis entiérement , ou mis hors de fa
place, les chofes les plus effentielles &
par où il falloit commencer néceffai-
re-

rement. Il y a d'ailleurs entr'eux une
si grande diverfité de fentimens, qu'on
eft fort embarraffé à choisir : & quelque vraisemblable qu'une des opinions
ait paru d'abord, fi on l'examine avec
un peu de foin, on y découvre bien-
tôt quelque fauffe couleur, qui la rend
fufpecte. C'eft ce que je vais montrer
par des raifons invincibles, fi vous
voulez bien, MESSIEURS, m'accorder aujourd'hui une attention favorable, comme celle dont vôtre bonté
m'a honoré tant de fois. Je ne vous
demande qu'une petite heure, pendant
laquelle je tâcherai, avec l'aide de
Dieu, de dire des chofes qui ne foient
ni défagréables aux Savans, ni inutiles à la Jeuneffe.

POUR ôter d'abord toute ambigui-
té, j'entens par la LOI ROIALE,
une Ordonnance, un Ecrit, un Acte
public, contenant les articles des conventions & des conditions fous lefquelles quelcun eft établi Roi par délibération du Sénat & avec l'approbation décifive du Peuple. De forte
que l'épithéte de *Roiale* eft tirée de
ce qui fait la matiére de cette Loi :
au même fens que les Anciens ont dit

la (1) *Loi des années*, la (2) *Loi du Contract de Louage*, les (3) *Loix des Impôts*, la (4) *Loi Commissoire*. Il y avoit aussi une sorte de Loi faite par le Peuple divisé en Curies, laquelle on appelloit (5) *la Loi du Commandement*, c'est-à-dire, la Loi touchant le pouvoir de commander conféré à ceux qui avoient obtenu quelque Charge : car quand ils vouloient aller dans quelque (6) Province ou à la Guerre, la simple élection ne suffisoit pas pour les autoriser à prendre en main le Commandement ; mais après avoir été nommez par le Peuple divisé en Centaines, il falloit une nouvelle Assemblée, & cela du Peuple di-

(1) *Lex annalis*, c'est-à-dire, la Loi qui régloit l'âge qu'on devoit avoir, pour prétendre aux Charges. On l'appelloit aussi, *Lex annaria*. Voiez JUSTE LIPSE, *De Magistratibus Populi Romani*, Capp. IV. V. VI.

(2) *Lex locationis*, pour dire les conditions de ce Contract. C'est ainsi que s'expriment très-souvent les Jurisconsultes, en matière de toutes sortes de Contracts. *Si in* LEGE LOCATIONIS *comprehensum sit, ut arbitratu domini opus adprobetur* &c. DIGEST. Lib. XIX. Tit. II. *Locati, conducti*, Leg. XXIV. *init. Si eo tempore enixa est ancilla, quo secundum* LEGEM DONATIONIS *manumissa esse debuit* &c. Lib. I. Tit. V. *De statu hom.* Leg. XXII.

(3) *Leges cujusque publici.* Expression de TACITE, *Annal.* Lib. I. Cap. LI. *num.* 1. sur quoi voiez la Note de GRONOVIUS lui-même, qui montre très-bien qu'il s'agit là des articles où étoient contenus les droits que pourroient exiger ceux qui tenoient à ferme les impôts de la République.

(4) *Les*

divifé en Curies, pour leur donner le droit de commander actuellement. C'eft ainfi encore que *Cajus Terentillus Arfa*, Tribun du Peuple, propofa une Loi, portant *que l'on établît cinq hommes qui fiffent des* (7) LOIX TOUCHANT L'AUTORITÉ DES CONSULS; *afin*, difoit-il, *que les Confuls ne s'ingéraffent pas d'exercer fur le Peuple plus de pouvoir que le Peuple même ne lui en avoit donné, & qu'ils fe gardaffent bien de ne fuivre d'autre Loi que leur caprice.*

Si quelques Grands Hommes, qui ont traité de la *Loi Roiale*, s'étoient apperçûs qu'il faut pofer d'abord pour fondement l'explication que je viens de

---

(4) *Lex Commifforia*, c'eft-à-dire, une convention ajoûtée à un Contract qui eft telle, que, fi on vient à y manquer, tous les engagemens où l'on étoit entré font rompus. Il y a un Titre entier du DIGESTE & du CODE, qui traite *de Lege Commifforia.*

(5) J'en trouve un exemple dans TITE LIVE, qui dit que le Dictateur *L. Papirius* propofa une telle Loi : *Atque ei* LEGEM CURIATAM DE IMPERIO *ferenti, trifte omen diem diffidit.* Lib. IX. Cap. XXXVIII. *num.* 15.

(6) Voiez CICERON, *de Lege Agraria contra Rull.* Orat. II. Cap. XII. & ad *Famil.* Lib. I. Epift. IX. pag. 60. *Ed. maj. Græv.*

(7) L'Auteur a tiré ceci de TITE LIVE : *Quæ ne æterna illis* [Confulibus] *licentia fit, Legem fe promulgaturum, ut quinque viri creentur* LEGIBUS DE IMPERIO CONSULARI *fcribendis. Quod Populus in fe jus dederit, eo Confulem ufurum : non ipfos libidinem ac licentiam pro lege habituros.* Lib. III. Cap. IX. *num.* 5.

A 3   (1) C'eft

de donner ; ils n'auroient eu garde de
mettre cette Loi au rang de celles que
firent quelques Rois des anciens *Romains*, touchant le supplice, par exemple, d'une Femme enceinte, &
sur le Pouvoir Paternel. Ils ne se feroient pas vantez si legérement d'avoir
les premiers découvert (1) dans TI-
TE LIVE la *Loi Roiale*, que plusieurs
personnes très-savantes & très-exactes
avoient jusqu'alors cherchée inutilement ; car il est de la derniere évidence, que ces Loix, dont on parle,
sont des Loix faites par les Rois, &
non pas des Loix qui concernent les
Rois : au lieu que le Jurisconsulte UL-
PIEN, & l'Empereur JUSTINIEN
disent (2) formellement, que la *Loi
Roiale*, dont il s'agit, rouloit sur l'au-
to-

(1) C'est FRANÇOIS HOTOMAN, qui s'est vanté
de cela dans ses Notes sur les INSTITUTES DE
JUSTINIEN, *Lib.* I. *Tit.* II. §. 6. & dans ses *Antiquitez Romaines*, pag. 1. L'endroit de TITE LIVE
est au Livre XXXIV. *Cap.* VI. *num.* 7. où *Lucius Valerius*, Tribun du Peuple, répondant à ceux qui dissuadoient l'abolition de la *Loi Oppienne* au sujet des ajustemens des Femmes, demande si c'est une Loi Roiale, qui soit aussi ancienne que la Ville de *Rome* : *An
vestra regia Lex, simul cum ipsa urbe nata ?* Mais, outre
qu'il s'agit là d'une Loi faite par un Roi de *Rome*, &
non pas d'une Loi qui regarde le pouvoir du Roi ; le
raisonnement du Tribun ne suppose pas même qu'il
y ait eu véritablement une telle Loi ; cela est clair com-

torité du Prince, & que c'est en vertu de cette Loi que tout le pouvoir
(3) fur le Peuple même paſſa entre les
mains des *Céſars*. Elle eſt auſſi appellée (4) la *Loi de l'Empire*, dans un
Reſcript D'ALEXANDRE SE'VE-
RE. Mais de la maniére que ces Em-
péreurs & ce Juriſconſulte en parlent,
bien des gens croient qu'ils ſemblent
avoir voulu préparer des tortures aux
Curieux, plûtôt que d'expliquer l'origine & l'étenduë de ce qu'il y a de
plus conſidérable & de plus éclattant
dans tout le Corps du Droit. Car,
comme il ne ſe trouve aucun Auteur,
ni parmi ceux qui ont écrit ou l'Hiſtoire Univerſelle, où les Vies des Em-
péreurs, ni parmi ceux qui ont traité,
ſoit expreſſément ou par occaſion, des
Loix,

comme le jour par les paroles mêmes, & par toute
la ſuite du diſcours.

(2) *Quum Lege Regia, qua de imperio ejus lata eſt, Populus ei & in eum omne ſuum imperium & poteſtatem conferat.* DIGEST. Lib. I. Tit. IV. *De conſtitut. Principum*, Leg. I. *init.* INSTITUT. Lib. I. Tit. II. §. 6.

(3) L'Auteur explique ici les mots *ei & in eum*, comme ſi *in eum* étoit mis pour *in ſe*. Mais voiez ce que
je dis dans une *Note* ſur la Seconde Partie du premier
Diſcours de Mr. *Noodt*, dans l'endroit où l'on trouve
à la marge, *Vrai ſens de la Loi Rziale.*

(4) *Licet enim* LEX IMPERII *Solennibus Juris Imperatorem ſolverit* &c. COD. Lib. VI. Tit. XXIII. *De Teſ-
tamentis* &c. Leg. III.

Loix, des mœurs, & des coûtumes
remarquables du Peuple Romain ; n'y
aiant, dis-je, aucun d'eux, qui aît
fait mention de la *Loi Roiale*, quoi
que la plûpart soient assez exacts à
parler de choses de beaucoup moindre
importance : quelques (1) Modernes
en sont venus jusqu'à soûtenir que cette Loi n'avoit jamais été faite, ni seulement proposée, & que c'étoit une
pure chimére, une ruse de Politique,
une chose inventée tout exprès en faveur des Princes régnans, pour donner quelque couleur à leur tyrannie.
On a soupçonné que l'auteur de cette
imposture étoit ou ULPIEN, ou
TRIBONIEN, qui avoient voulu par
là faire leur cour à ALEXANDRE SÉ-
VÉRE, ou à JUSTINIEN. Et il ne
faut pas s'étonner qu'on soit entré dans
une telle pensée ; puis que la *Loi Sali-*
que, qui exclut les Femmes de la
Cou-

(1) Tel est FRANÇOIS DE CONNAN, Jurisconsulte François du XVI. Siécle, dans ses *Comment. Jur.*
Civilis, Lib. I. Cap. XVI. Tel est encore un Auteur
Allemand, qui se nomme CYRIACUS LENTULUS,
dans son *Aula Tiberiana*, publiée à *Herborn* en M. DC.
LXIII. pag. 242. & seqq. Et MARTIN SCHOOCKIUS,
Professeur à *Groningue*, dans une Lettre Latine, *De fig-*
mento Legis Regiæ, publiée en M. DC. LXI. L'Auteur a
en vûë principalement ce dernier Auteur, avec qui il
eut une dispute fort échauffée, sur les *Usura Centesima;*
car

Couronne de *France*, & qui a été (2) constamment observée dans ce fameux Roiaume pendant une si longue suite de siécles, a bien été exposée à de semblables soupçons. D'autres, plus raisonnables, ont fait reflexion, que, quelque incertaine que soit l'origine de la *Loi Roiale*, il n'y a pas pour cela plus de lieu de révoquer en doute sa réalité, que d'ôter le *Nil* du rang des Fleuves, sous prétexte que pendant fort long tems les sources en ont été inconnuës. Ils ont donc cherché dans l'Antiquité, les uns d'un côté, les autres de l'autre, pour découvrir quelque trace qui les conduisît dans le bon chemin. Plusieurs remontant jusqu'à la naissance de *Rome*, se sont imaginez que la *Loi Roiale* n'étoit autre chose que celle qui avoit autorisé *Romulus*, selon la simplicité des anciens tems, à (3) gouverner comme il le jugeroit à

pro-

car c'est à lui qu'il en veut, & qu'il appelle *Theologisto-ricophilosophologus*, dans sa Réponse intitulée, *De Centesimis Usuris & Fœnore Unciario* Ἀντεξήγησις.

(2) C'est ce que l'on a contesté depuis peu, par des raisons assez fortes. Voiez l'Extrait du III. Tome des ACTES PUBLICS D'ANGLETERRE, inséré dans la BIBLIOTHEQUE CHOISIE de Mr. LE CLERC, Tom. XXII. pag. 381. & suiv.

(3) *Nobis* Romulus, *ut libitum, imperitaverat*. TACIT. Annal. Lib. III. Cap. XXVI.

A 5   (1) Dans

propos. Selon eux, après que les *Tarquins* eurent été chaffez à caufe de leur orgueil infolent, cette Loi fut abrogée & enfevelie dans l'oubli, auffi bien que toutes leurs autres Ordonnances: mais on la vit renaître tout d'un coup & rentrer dans tous fes droits, lorfque le bien de la paix demanda que la Puiffance Souveraine fut dépofée entre les mains d'un feul homme. Voilà l'opinion de (1) MANUCE, de (2) CUJAS, D'HOTOMAN (3), & de (4) GIFANIUS, quatre Savans du prémier ordre. Quelques-uns (5) croient que la *Loi Roiale* doit fa naiffance aux *Douze Tables*, dreffées vers l'an CCC. de la fondation de *Rome*, & qu'avec un petit changement qu'on y fit, ce qu'elles portoient touchant deux perfonnes, on l'appliqua dans la fuite à une feule: (6) *Qu'il y ait*, difent-elles, *deux Magiftrats revêtus de l'Autorité Ro-*

(1) Dans fon Traité des Loix Romaines.
(2) Dans fes *Notes* fur les INSTITUTES, *Lib. I. Tit.* n. §. 6.
(3) J'ai cité ci-deffus l'endroit où il parle de cela.
(4) C'eft apparemment dans fes Notes fur le Corps du Droit Civil.
(5) On attribuë cette penfée à HENRI BERNHARD, dans fon Traité de Romano Principe.
(6) *Regio imperio duo funto; iique praeundo, judicando,* fon-

Roiale, lesquels soient appellez *Préteurs*, *Juges*, *Consuls*, à cause des fonctions de leur emploi. Mais c'est-là une Loi de l'Orateur Romain, qui, à la maniére de PLATON, forgeoit des Réglemens pour une République imaginaire qu'il concevoit devoir être bâtie à peu près sur le modéle de la Romaine; & nullement une Loi réelle des *Décemvirs*, qui étoient véritablement revêtus du pouvoir que CICERON ne s'attribuoit que par une feinte ingénieuse. C'est une Loi faite, non dans le *Champ de Mars*, sous le *Mont Quirinal*, auprès du *Tibre*, avec l'approbation & par l'autorité des trois Ordres de Citoiens; mais dans le Bois d'*Arpines*, sous le Chêne de *Marius*, au bord de la Riviére de *Fibréne*, où Ciceron & *Atticus* (7) disoient en riant : (8) *Soit fait, comme on le propose.* D'autres descendent jusqu'au tems de la

consulendo, Prætores, Judices, Consules, appellantor. CICER. de Legg. *Lib.* III. *Cap.* III.

(7) C'est aussi le jugement que porte Mr. GRAVINA, dans ses *Origines Juris Civilis*, Lib. II. pag. 279, 280. des Loix que l'on trouve dans cet Ouvrage de l'Orateur Romain.

(8) *Uti rogas* : formule dont se servoit le Peuple, pour témoigner qu'il approuvoit une Loi.

A 6   (1) Voiez

la domination de *Sylla*, & ils soûtiennent que ce fut *L. Valerius Flaccus*, qui en proposant au Peuple, pendant qu'il

(a) *Interrex.* étoit (a) Régent de la République, d'ordonner que *Sylla*, qui venoit de remporter la victoire dans une Guerre civile, eût plein pouvoir de faire tout ce que bon lui sembleroit, & que (1) ce Vainqueur très-cruel pût impunément faire mourir, sans autre forme de procès, quel Citoien il voudroit; ils (2) soûtiennent, dis-je, que *L. Valerius Flaccus* donna naissance par ce moien à la *Loi Roiale*, qui fut depuis renouvellée en la personne de *Jules César*, lors qu'on le nomma Dictateur perpétuel; & après lui, en celle d'*Auguste* & des autres Empereurs. Pour plus grande exactitude, on n'a pas fait difficulté de (3) marquer précisément le tems de cette époque, & de la fixer à l'an DCCXXX. de la fondation de *Rome*, sous le dixiéme Consulat d'*Auguste*, pendant lequel le Senat déclara pour la prémiére fois avec serment qu'il

(1) Voiez APPIAN, *De Bell. Civil.* Lib. I. pag. 411. & *seqq.* Ed. H. Steph. 686. & *seqq.* Ed. *Amst.*

(2) C'est l'opinion de MURET.

(3) C'est un Jurisconsulte Espagnol, nommé FRANÇOIS DE AMAYA, *Observat. Jur.* Lib. I. Cap. I.

qu'il approuvoit tout ce qu'avoit fait ce Prince, & l'exemta déformais de toutes les Loix. Il y a apparence, comme d'autres s'imaginent, qu'*Augufte* apofta quelcun pour propofer au Peuple quelque chofe de femblable : ce privilége n'aiant été ni revoqué ni contefté de perfonne, il paffa à fes Defcendans : & après que fa race eût été éteinte, lors que *Galba*, *Othon*, & *Vitellius*, fe furent rendus maîtres de l'Autorité Suprême à la pointe de l'épée, on le renouvella en faveur de *Vefpafien*, afin que cet Empereur, qui n'étoit pas d'une naiffance diftinguée, fût élevé à ce haut faîte par une voie moins odieufe, & à titre plus légiti-me, que la feule force des armes. On n'en eft pas demeuré là : mais il y en a qui ont crû, que *Jules Céfar*, & a-près lui *Augufte*, aiant arraché le Pouvoir Souverain des mains du Peuple, que la crainte obligea d'y renoncer ; *Vefpafien* fut le prémier qui reçût ce Pouvoir par un tranfport volontaire du

---

num. 25. que je vois cité par GERHARD COCCE-JUS, autrefois Profeffeur à *Groningue*, dans fon Com-mentaire fur les Titres du DIGESTE *de origine Juris*, & *de Conftitut, Principnm.*

A 7   (1) Ce

du Peuple, lequel renouvella en sa faveur la *Loi Roiale*. D'autres se sont mis dans l'esprit, qu'avant *Vespasien*, il n'y avoit jamais eû de *Loi Roiale*, (1) ou que, si elle existoit auparavant, elle avoit été mendiée, ou extorquée. Enfin, d'autres desesperant de découvrir la vraie origine de cette Loi, font de grandes complaintes de ce que la mémoire d'une Ordonnance comme celle-là, en vertu de laquelle l'Empire de toute la Terre passa entre les mains d'une seule personne, a été si fort effacée par le tems, qu'on n'en sait aujourd'hui autre chose (2) que le nom; pendant que nous avons encore des Loix & des Arrêts du Sénat sur les *Gouttières*, sur les *Aqueducs*, sur les *Joueurs*, sur les *Foulons*, & sur plusieurs autres choses peu considérables.

Voilà, MESSIEURS, ce qui s'appelle disputer aveuglément & sans aucun ordre; cela soit dit avec tout le respect qui est dû à de si grands Hommes. Je ne m'arrêterai point à refuter leurs opinions: ils se sont suffisamment re-

(1) Ce sont les propres termes de CLAPMAR, dans son Traité *de arcan. Rerum public.* Lib. II. Cap. XV.
(2) C'est

refutez les uns les autres ; & toutes les erreurs disparoîtront d'elles-mêmes à la lumiére de la vérité, que je crois avoir eu le bonheur de découvrir.

JE POSE d'abord pour principe incontestable, que, lors que la puissance des Empereurs commença de se former, il ne se fit aucune Loi tout d'une piéce, qui fût dès-lors appellée *Loi Roiale*, & par laquelle le Peuple se dépouillât expressément de tout son pouvoir, de toute son autorité, de tout le droit qu'il avoit sur lui-même, & le transférât solennellement au Prince. Le Peuple n'auroit pû alors entendre parler d'une telle Loi, & les Princes eux-mêmes n'auroient osé l'insinuer seulement. Je n'inféré pas cela du seul silence des Ecrivains, qui vient néanmoins de ce que la chose ne s'est pas faite & n'a pû se faire. Je laisse aussi à quartier quelques petites raisons dont plusieurs se servent, & qui n'ont rien de décisif. J'ai en main deux grands argumens, qui suffiront, & qui sont d'une force à toute épreuve. L'un est, la haine, l'horreur,

l'ex-

(2) C'est ce que dit SCIPION GENTIL, dans sa III. Harangue Rectorale, qui traite de la *Loi Roiale.*

(1) A Pª

l'exécration (1) avec laquelle on regardoit tout ce qui s'appelloit *Roi*, *Roiau-*
me, *Roial*, en la perfonne d'un Romain. L'autre, le foin extrême qu'a-
voient les Princes de jetter de la poudre aux yeux du Peuple, pour lui cacher la Puiffance Roiale qu'ils exerçoient effectivement. Le prémier paroît par divers faits inconteftables. *Sci-*
pion l'Africain, par exemple, après la
victoire qu'il remporta près de la ville
de *Bæcula* ; étant falué Roi par tous
les Princes & Roitelets d'*Efpagne*, *dé-*
clara, comme s'exprime le Poëte (2)
Silius Italicus, *que fa Patrie*
ne pouvoit fouffrir le nom de Roi : ou
comme Tite Live (3) le fait parler, *Qu'ailleurs le nom de Roi étoit un*
titre glorieux, *mais qu'à* Rome *il étoit*
infupportable. Reprocher à un Citoien
Ro-

(1) Appien dit que le nom de *Roi* eft chez les
Romains αθέμιςον ὄνομα, μὐ τὴν τ̃ πϱϱϱόνων ἀϱχν. De
Bell. Civil. *Lib.* II. pag. 807. *Edit. Amftel.*
(2) —— *Et* Romam *nomina* Regum
　　　Monftravit nefcire pati ——
De Bello Punico II. *Lib.* XVI. *verf.* 283, 284.
(3) *Regium nomen alibi magnum*, Romæ *intolerabile*
effe. Lib. XXVII. Cap. XIX. *num.* 4.
(4) Il fut créé au commencement de la République, pour fuppléer à ce que les Rois avoient le foin
de certains facrifices publics. Voiez Tite Live,
Lib. II. Cap. II.

(5) *Nunt*

Romain, qu'il aspiroit à la *Roiauté*, le traiter de *Roi*, à moins que ce ne fût (4) un certain Sacrificateur ainsi appellé, dépendant néanmoins du Grand Pontife, ou bien quelcun de la Famille des *Marciens*, surnommez *Rois*; c'étoit le plus sanglant affront du monde, la plus grande des injures; c'étoit dire hautement, que celui à qui l'on donnoit ce titre avoit des maniéres, & formoit des desseins, qu'on ne devoit pas souffrir dans un Etat libre, comme celui des *Romains*. CICERON, après avoir accusé *Rullus* & ses Collégues de s'être donnez (5) *une licence sans bornes & insupportable*, appelle cela, dans la suite de son discours, une (6) *Roiauté de Décemvirs*: & il se plaint que la Loi proposée par *Rullus*, tendoit à établir *dix Rois* (7) dans *Rome*.

(5) *Nunc prospicite omnium rerum infinitam atque intolerandam licentiam.* De Lege Agraria, contra Rullum, Orat. I. Cap. V. pag. 308. Edit. Græv.
(6) *Quum ostenderit..... nullum imperium novum, nullum regnum decemvirale* &c. Ibid. Cap. VIII. pag. 328.
(7) *Atque ego, à primo Capite Legis usque ad extremum, reperio, Quirites, nihil aliud cogitatum, nihil aliud actum, nisi ut decem Reges..... constituerentur, Legis Agrariæ simulatione atque nomine.* Orat. II. adversus Rull. Cap. VI. pag. 365.

(1) C'est

me. Il savoit bien que c'étoit un moïen sûr de rendre odieux celui contre qui il parloit : & en effet la chose lui réussit si bien , que le Peuple Romain fut porté par là à abolir la (*a*) *Loi touchant la distribution des Terres* , c'est-à-dire, celle d'où il tiroit sa subsistance. *Cicéron* lui-même se vit à son tour exposé au même reproche. *Clodius* , son Ennemi , le traita (1) de *Roi :* & *L. Manlius Torquatus* , Accusateur de sa Partie , l'appella le (2) *troisiéme Roi étranger* , c'est-à-dire , un homme qui le prémier dans *Rome* après *Numa Pompilius* & *Tarquin l'Ancien* , bouleversoit l'Etat & faisoit tout à sa fantaisie ; sous prétexte que , dans le danger le plus pressant de la République , il avoit fait mourir , avec l'approbation du *Sénat* , les complices de la Conjuration de *Catilina* , sans qu'ils eussent été condamnez dans les formes.   Un cer-

(*a*) *Lex Agraria.*

(1) C'est ce que CICERON nous apprend lui-même dans une de ses *Lettres à Atticus* , où il rapporte de quelle maniére il poussa *Clodius* en plein Sénat. *Quousque inquit , hunc Regem feremus ?* Lib. I. Epist. XVI. *ad Attic.* pag. 112, 113. *Ed. Grev.*

(2) *Facetus esse voluisti , quum* Tarquinium , *&* Numam , *& me tertium peregrinum Regem esse dixisti.* Orat. pro P. Sulla , Cap. VII. pag. 224.

(3) Le conte se trouve dans SUÉTONE , qui le rap-

certain *Octavius*, qui n'étoit pas en son bon sens, & qui à caufe de cela faifoit impunément des railleries piquantes contre tout le monde, (3) falüa *Roi* un jour *Pompée*, & donna en même tems à *Jules-Céfar* le titre de *Reine*, au milieu d'une très-grande Affemblée ; ce qui mortifia extrémement l'un & l'autre. *Marc Manlius Capitolin* (4), & *Tibére Sempronius Gracchus* (5), s'étant rendus fufpects d'afpirer à la Roiauté, par les largeffes exceffives qu'ils avoient faites pour gagner l'efprit du Peuple, périrent miférablement, abandonnez l'un & l'autre de ceux même de leur parti. Ce qui hâta la mort de *Luc. Appulejus Saturninus*, Tribun du Peuple ; ce fut qu'après avoir fait tuer dans une fédition *Cajus Memmius*, fon Competiteur, dans la charge de Conful, (6) il parut prendre plaifir à s'entendre appel-

---

rapporte fur la foi de *Marc Brutus*. Q U O *tempore*, *ut* M. Brutus *refert*, Octavius *etiam quidam*, *valetudine mentis liberius dicax conventu maximo quum* Pompejum Regem *adpellaffet*, *ipfum* Reginam *falutavit*. In Vit. Jul. Cæfar. *Cap.* XLIX.

(4) Voiez T I T E-L I V E, Lib. VI. Cap. XIX, & *feqq.*
(5) Voiez F L O R U S Lib. III. Cap. XIV. A U R E L. V I C T O R. *de Viris Illuftr.* Cap. LXIV. &c.
(6) *Quippe*, *ut Satellitem furoris fui*, Glauciam, Con-
fu-

peller *Roi* par ses Gardes. TACI-
TE parlant de quelcun qui (1) at-
tentoit à la pudeur des Jeunes Gar-
çons de condition libre , & d'un autre qui (2) souffroit qu'on lui dref-
fât des Autels , qu'on lui immolât
des victimes , qu'on semât des roses
& du laurier par les chemins où il
devoit passer , dit que ce font-là des
maniéres de Roi. JUVENAL appelle (3) *des paroles de Roi* , les termes impérieux dont se servoit un Maître de Gladiateurs en parlant à des Efclaves qu'on lui avoit vendus pour fervir dans l'Aréne , ou à ceux qui y a-
voient été condamnez , ou à ceux
qui

---

fulem faceret , Cajum Memmium *competitorem interfici
juffit* : & *in eo tumultu* Regem *ex fatellitibus fuis fe ad-
pellatum lætus accepit.* FIORUS, Lib. III. Cap. XVI.

(1) C'eft de *Tibére* que TACITE parle : *Quibus
adeo indomitis* [libidinibus] *exarferat, ut* MORE REGIO
pubem ingenuam ftupris pollueret. Annal. Lib. VI. Cap. I.
L'Auteur difoit ici , *plebem ingenuam* , au lieu de *pubem.*

(2) Ceci regarde *Vitellius* : *Nec minus inhumana pars
viæ, quam* Cremonenfes *lauro rofisque conftraverant , ex-
ftructis altaribus cæfisque victimis* , REGIUM IN MO-
REM. Hiftor. Lib. II. *Cap.* LXX. L'Auteur, de la maniére qu'il s'exprime dans l'original , femble rapporter à une même perfonne ce qui eft dit dans ce paffage , & dans celui de la Note précedente.

(3) *Scripturus Leges* , & *regia verba Lanifta.* Sat. XI, 8.
Voiez JUSTE LIPSE, *Saturnal. Sermon.* (& non pas,
comme citent les Commentateurs de ce Poëte , *Elec-
terum*) Lib. I. Cap. XV.]

(4) *Uri*

qui s'étoient engagez eux-mêmes (4) à se laisser lier, rouer de coups, brûler, assommer. (a) *Volésus*, au rapport de SENE´QUE (5), marchant avec un air de fierté au milieu de trois cens cadavres de gens qu'il avoit fait mourir en un jour, s'écria, que c'étoit *une action roiale*. Aussi voions-nous que *Jules César*, quoi qu'il eût accepté des honneurs excessifs, & qu'il souhaittât passionnément le nom de *Roi*, n'osa pas néanmoins le prendre ; mais, au contraire, un jour (6) que le Peuple le saluoit *Roi*, il s'y opposa, disant *qu'il étoit César, & non pas Roi :* & lors que *Marc Antoine*, pendant la Fête des

(a) Procon-
ful d'*Asie*,
du tems
d'*Auguste.*

(4) *Uri, vinciri, virgis & ferro necari.* C'étoit la formule de l'engagement de ces Gladiateurs volontaires, que l'on appelloit *Auctorati.* Voiez HORACE, *Lib. II. Sat. VII. verf.* 58. SENEC. *Epist.* XXXVII. pag. 133. *init.* & *Epist.* LXXI. pag. 267. *in fin. Ed. Gron. cum Not. Varior.* comme aussi JUSTE LIPSE, *Saturn. Serm.* Lib. II. Cap. V.

(5) Volefus *nuper, fub* Divo Augusto, *Proconful* A-fiæ, *quum trecentos una die fecuri percuffiffet, incedens inter cadavera vultu fuperbo, quafi magnificum quiddam confpiciendumque feciffet, Græcè proclamavit :* O REM RE-GIAM! De Ira, Lib. II. Cap. V.

(6) *Quamquam & plebei* Regem *fe falutanti,* CÆSA-REM SE, NON REGEM ESSE, *refponderit: &* Lupercalibus, *pro* Rostris *à Confule* Antonio *admotum fæpius capiti fuo diadema repulerit, atque in* Capitolium Jovi Opt. Max, *miferit.* SUETON. in vit. Cæfar. Cap. LXXIX.

(1) *Proxi-*

(a) Fête instituée en l'honneur du Dieu *Pan.*

des (a) *Lupercales*, voulut à diverses reprises lui mettre sur la tête le Diadème, il le refusa, & le renvoia au *Jupiter* du *Capitole*. Ce qui hâta depuis sa ruine, ce fut le bruit (1) qui s'étoit répandu, que dans la prochaine Assemblée du Sénat on devoit proposer de lui donner le titre de *Roi* seulement hors de l'*Italie* avec le bandeau blanc au lieu d'une Couronne de Laurier, pour le mettre en état de terminer heureusement l'expédition qu'il méditoit contre les *Parthes* ; sous prétexte que les Oracles des *Sibylles* portoient, que ces Peuples ne pouvoient être vaincus que par une Tête couronnée. Après lui, *Auguste*, comme le Peuple vouloit (2) à toute force l'établir Dictateur, se mit à genoux, jetta sa Robe, découvrit sa poitrine, comme pour donner à entendre qu'il aimoit mieux mourir, que d'accepter une Autorité si despotique & si odieuse.

Quel-

(1) *Proximo autem Senatu* [percrebuit fama] L. Cottam *Quindecimvirum sententiam dicturum : ut, quoniam libris fatalibus contineretur, Parthos, nisi à Rege, non posse vinci, Cæsar Rex appellaretur.* Idem, ibid. Voiez aussi CICERON, *de Divinat.* II, 54.

(2) *Dictaturam magna vi offerente Populo, genu nixus, dejectâ ab humeris toga, nudo pectore, deprecatus est.* SUETON. Vit. August. *Cap.* LII. Voiez DION. Lib. LIV. init.

(3) Voiez

Quelques-uns voulant l'appeller (3) *Romulus* & *Quirinus*, comme un second Fondateur de la Ville & de l'Empire, il y prit plaisir d'abord : mais faisant reflexion que ce titre ne pourroit que reveiller l'idée de la Roiauté , il craignit de le prendre , & défendit qu'on le lui donnât. Il eut (4) toûjours de l'aversion pour le titre de *Seigneur*, le tenant à injure & à opprobre : & l'on a remarqué , comme un exemple particulier de sa moderation, qu'en s'emparant du Gouvernement de (5) la République , il n'avoit pas pris le titre de *Roi*, ou de *Dictateur*, mais simplement celui de *Prince* ou de *Chef*.

Les Empereurs Romains étoient aussi fort soigneux de cacher le pouvoir excessif qu'ils avoient en main, & de faire en sorte, qu'on ne s'apperçût point combien ils s'étoient aggrandis aux dépens de la République, ou que si , on le sentoit , on se contentât de le

(3) Voiez SUETON. Cap. VII. DION CASSIUS, pag. 581. B. Edit. H. Steph.

(4) *Domini adpellationem , ut maledictum & opprobrium, semper exhorruit.* SUETON. Cap. LIII.

(5) C'est la reflexion de TACITE : *Non regno tamen, neque dictatura, sed Principis nomine constitutam Rempublicam.* Annal. Lib. I. Cap. IX.

(1) Ce

le penfer ; jufques-là qu'il eft arrivé
quelquefois que des perfonnes peu cir-
confpectes aiant bonnement témoigné
entendre un hardi Comédien qui difoit
les chofes par leur nom , il ne leur en
a pas moins coûté que la vie. Peut-on
rien voir de plus modefte , qu'*Auguʃte* , lequel (1) *quittant le nom odieux de*
Triumvir, *prit celui de* Conful, *& déclara qu'il ʃe contentoit de la Puiʃʃance
du Tribunat*, *dont il ne vouloit uʃer que
pour ʃoûtenir les droits du Peuple ?* Quelle affectation dans toute fa conduite,
de paroître bon Citoien , & fort éloigné de tout efprit de domination ?
D'abord il (2) fit un long difcours,
mais plus fpecieux & plus étudié que
fincére , pour déclarer qu'il fe démet-
toit de fa dignité de Chef de l'Etat,
& qu'il remettoit entre les mains du
Sénat le commandement des Armées,
le foin des Provinces , le droit de faire

(1) Ce font les paroles de T A C I T E : *Poʃito* Trium-
viri *nomine* , *Conʃulem ʃe ferens* , *& ad tuendam Plebem
Tribunicio jure contentum.* Annal. *Lib.* I. *Cap.* II.

(2) On trouve ce Difcours dans D I O N C A S S I U S,
Lib. LIII. pag. 569, *& ʃeqq. Edit. H. Steph.* & l'Hiftorien dit qu'*Auguʃte* l'avoit mis par écrit, & qu'il ne fit
que le lire.

(3) *Judicia* , dit nôtre Auteur. Mais ce mot ne fe
trouve pas dans D I O N , d'où il a tiré ceci ; car voici
les propres termes de la Harangue d'*Auguʃte* : Ἀποδί-
δωμι

re des Loix , de lever des impôts, &
d'adminiftrer la Juftice (3). Ce ne fut
qu'après d'inftantes follicitations & des
priéres réiterées , qu'il protefta qu'il
fe réfolvoit malgré lui à reprendre une
Dignité , dont il ne fut jamais plus
maître, que lors qu'il faifoit ainfi femblant de s'en être deffaifi. Il ne voulut pas même s'en charger pour toûjours , mais d'abord pour dix ans (4),
puis pour cinq , enfuite pour autres
cinq, après cela pour dix encore , &
toûjours ainfi ; de forte qu'il paffa fa
vie dans ces prolongations de l'Autorité
fuprême , dont il paroiffoit ne jouïr
qu'à tems , quoi qu'elle fut véritablement perpétuelle. Il laiffa au Peuple
les Provinces où tout étoit tranquille;
il garda pour lui celles où l'on tenoit
des Armées (5). Et quoi qu'il difposât
au fond des unes & des autres , par le
moien de fes Créatures (car il ne fe faifoit

δαμι ὑμῖν καὶ τὰ ὅπλα, καὶ τὰ ἔθνη, τάς τε προσόδες,
καὶ τὰς νόμες. Lib. LIII. pag. 574. C.

(4) C'eft ce que DION nous apprend auffi dans
les paroles fuivantes , que nôtre Auteur a fans doute
en vuë : Τῆς γὰρ δεκαετίας ἐξελθούσης, ἀλλὰ ἔτη πέντε,
εἶτα πέντε , καὶ μ? τῦτο δέκα, καὶ ἕτερα αὖθις δέκα,
πεμπτάκις ἀ αὐτῷ ἐψηφίσθη· ὥσε τῇ τ̃ δεκετηρίαν δια-
δοχῇ διὰ βίκ αὐτὸν μοναρχῆσαι. Ibid. Pag. 580. C.

(5) Ce tour qu'il prit pour mettre le Sénat hors
d'état de lui refifter, en même tems qu'il faifoit fem-

foit rien dans les Affemblées du Peuple qu'à fa recommandation & felon fa volonté) il vouloit néanmoins faire accroire que , pendant qu'il procuroit aux Magiftrats , avec la jurifdiction, & toutes les marques d'honneur , un repos heureux & tranquille il ne s'étoit refervé pour lui que les travaux, les fatigues de la Guerre, & les périls des revoltes. Il rendit au Peuple le Tréfor Public, qui, depuis que *Jules Céfar* en avoit enfoncé (1) les portes, étoit comme aliéné par prefcription: mais il fe fit un Tréfor particulier, fous le nom de *Fifc* , mot bas & prefque dé-

blant de partager avec lui , & de ne fe referver que les Provinces les plus difficiles à gouverner ; ce tour, dis-je , a été auffi remarqué par DION CASSIUS : Βλ-ληθεὶς δὲ δη καὶ ὡς δημοτικός τις εἶναι δόξαι.... τὰ μὲν ἀσθενέστερα [ἔθνη] ὡς καὶ εἰρηναῖα καὶ ἀπόλεμα , ἀπέδωκε· τὰ δ᾽ ἰσχυρότερα, ὡς καὶ σφαλερα, καὶ ἐπικίνδυνα, καὶ ἤτοι πολεμίους τινὰς προστίκους ἔχοντα , ἢ καὶ αὐτὰ καθ᾽ ἑαυτὰ μέγα τι νεωτερίσαι δυνάμενα , κατέχε λόγῳ μὲν , ὅπως ἡ μὲν Γερουσία ἀδεῶς τὰ κάλλιστα τῆς ἀρχῆς καρπῶτο , αὐτὸς δὲ τάς τε πόνους καὶ τὰς κινδίνους ἔχη· ἔργῳ δὲ , ἵνα ἐπὶ τῇ προφάσει ταύτῃ ἐκεῖνοι μὲν ἄοπλοι καὶ ἄμαχοι ὦσιν , αὐτὸς δὲ δὴ μόνος καὶ ὅπλα ἔχη , καὶ στρατιώτας τρέφη. Pag. 576. B. C.

(1) Voiez PLUTARQUE dans la Vie de *Jules Céfar* , Tom. 1. pag. 725. *Edit. Wech.*

(2) Le mot Latin *Fifcus* fignifie proprement un Panier d'ofier ou de jonc, & l'on appella ainfi le Tréfor du Prince , à caufe que l'on fe fervoit de ces fortes de Paniers, pour tenir les fommes d'argent un peu groffes. Au refte, c'eft

dégoûtant, auquel il donna (1) le prémier un sens si relevé ; de sorte qu'en
même tems qu'il disposoit des deniers
publics, comme des siens propres, on
s'imaginoit qu'il n'osoit y toucher, &
qu'il les tenoit pour indépendans de
son administration. Il conserva les anciens noms des Magistrats, il leur laissa les mêmes marques d'honneur, il
augmenta leurs émolumens : il ne donna que le titre de *Propréteurs* à ceux
qu'il envoioit dans les Provinces, (3)
mais il voulut qu'on appellât *Procon-
suls* ceux qui y alloient de la part du
Sénat, & outre cela il leur permit d'a-
voir

---

c'est apparemment par conjecture que l'Auteur dit,
qu'*Auguste* fut le prémier qui emploia ce terme de *Fisc*
pour distinguer le Trésor du Prince, d'avec le Trésor public ou celui du Peuple, que l'on appelloit *Æ-
rarium*. Je ne sai du moins d'où il a tiré cette cir-
constance ; car on n'en trouve rien dans **Dion**, de
qui il a pris tout ce qu'il dit ici d'*Auguste*. Cet Historien dit seulement, qu'*Auguste* donnant au Peuple
quelques Spectacles publics, en fit la dépense de ses
propres deniers (*Lib. LIII. init.* p. 568. *D.*): & qu'encore que le Trésor public fût distinct & séparé du sien
propre, il disposoit également de l'un & de l'autre
à sa fantaisie : Ἄτε καὶ τ χρημάτων κυρεύων (λέγω
μὲν ἢ τὰ δημόσια ἀπὸ τ ἐκείνα ἀπεκέκριτο, ἔργῳ δὲ καὶ
ταῦτα πρὸς τὴν γνώμην αὐτῷ ἀνηλίσκετο) &c. Pag.
580. C.

(3) Voiez le Commentaire de **Saumaise** sur
Spartien, *in Hadriano*, Cap. III. pag. 34. & seqq.
& Cap. XXII. pag. 199. *Edit. Lugd. Bat.*

B 2   (1) Six ;

voir un plus grand (1) nombre de *Lic-teurs*, comme pour donner à entendre que les derniers tenoient leur emploi d'une Puiſſance ſupérieure, & au deſſous de laquelle il ſe reconnoiſſoit lui-même.

Je ferois un volume entier, ſi je ra-maſſois tous les artifices à la faveur deſquels *Auguſte* impoſa même à quelques perſonnes éclairées, juſqu'à leur perſuader qu'il avoit beaucoup relâché de cette grande puiſſance à laquelle il s'étoit élevé, & qu'il l'avoit extrémement abbaiſſée, quoi qu'au fond il la retînt toute entiére. *Tibére* ſût bien profiter des leçons qu'il avoit priſes dans une ſi bonne Ecôle. A peine *Auguſte* eut-il rendu l'ame, qu'il ne fit pas (2) de difficulté d'agir en maître, ſans oſer néanmoins s'emparer ouvertement de l'Autorité Suprême. Quand on

_____

(1) Six; au lieu que les *Propréteurs* n'en avoient que cinq. Voiez DION, pag. 577, 578.

(2) L'Auteur emploie ici les propres termes de SUÉTONE: *Principatum, quamvis* NEQUE OCCUPARE CONFESTIM, NEQUE AGERE DUBITASSET, *& ſtatione militum, hoc eſt, vi & ſpecie dominationis adſunita, diu tamen recuſavit impudentiſſimo animo.* Vita Tiber. *Cap.* XXIV.

(3) Ceci eſt tiré de TACITE, dont l'Auteur emploie auſſi les propres paroles: *Nam Tiberius cunſta per Conſules incipiebat, tamquam veteri Republica, & ami-*

bion la lui offrit ensuite, il la refusa fort opiniâtrement. Il n'entreprit rien d'abord que sous les auspices des Consuls, comme (3) si la forme ancienne de la République eût encore subsisté, & qu'il n'eût pas été lui-même bien résolu à prendre en main les rênes du Gouvernement. Enfin, comme les Sénateurs (3) l'en prioient à genoux, il se rendit, mais avec de grandes complaintes de l'esclavage pénible auquel on l'assujettissoit. (4) Il dit, qu'on ne savoit pas combien l'Empire étoit une Bête difficile à gouverner : il déclara qu'il ne prétendoit s'y engager, que jusqu'à ce qu'on trouvât juste & raisonnable de donner du repos à sa vieillesse. Peut-on rien voir de plus beau, que les paroles (4) suivantes, par lesquelles il commença un jour son discours en plein Sénat : *Je vous*

ai

biguus imperandi. Annal. *Lib.* I. Cap. VII. num. 3.
(4) Ici revient SUETONE : *Nunc adhortantes amicos increpans, ut ignaros quanta bellua esset Imperium : nunc precantem Senatum, & procumbentem sibi ad genua, ambiguis responsis & callida cunctatione suspendens..... Tandem quasi coactus, & querens* miseram & onerosam injungi sibi servitutem, *recepit imperium : nec tamen aliter, quàm ut depositurum se quandoque spem faceret. Ipsius verba sunt hæc :* Dum veniam ad id tempus, quo vobis æquum possit videri, dare vos aliquam senectuti meæ requiem. *Vit. Tiber.* Cap. XXIV.
B 3 (1) *Et*

ai (1) *souvent dit, Messieurs, qu'un bon
Prince , un Chef digne de l'honneur que
vous lui avez fait de le revêtir d'un pouvoir si grand & si étendu , doit toûjours
s'accommoder à la volonté du Sénat, souvent à celle de tous les Citoiens , & la
plûpart du tems à celle de chaque Particulier. Je le repéte encore , & je ne me
repens point de vous l'avoir dit; car jufqu'ici je vous ai regardé, & je vous regarde encore comme des Seigneurs bons,
équitables , & favorables.* Non seulement cela : il rendoit encore de grands
honneurs aux Consuls ; il les saluoit
fort respectueusement, il leur cedoit
(2) le pas & leur donnoit le haut du
pavé : & pour enchérir sur son Maître, il ne prenoit pas le titre de Con-
sul, mais celui de simple (3) Sénateur,
que *Néron* aussi se laissa donner sans en
pa-

(1) *Et inde omnes adloquens:* Dixi & nunc , & sæpe
alias , PATRES CONSCRIPTI, bonum & saluta-
rem Principem , quem vos tanta & tam libera potestate instruxistis, Senatui servire debere , & universis
civibus sæpe, & plerumque etiam singulis : neque id
dixisse me pœnitet , & honos & æquos & faventes
vos habui dominos ,&. adhuc habeo. *Ibid.* Cap. XXIX.

(2) *Nec mirum , quum palam effet ipsum quoque eisdem*
[Consulibus] *& adfurgere, & decedere via.* SUETON.
Cap. XXXI.

(3) Cela paroît par ce qu'il dit un jour en plein Sénat
à *Quint. Haterius:* DISSENTIENS *in Curia à* Quinto
Haterio: Ignoscas , *inquit,* rogo; si quid adversus te
li-

paroître choqué, par *Vatinius*, Gar-
çon Cordonnier de *Benevent*, qui lui
difoit tous les jours : *Je vous hais*, Céfar, *parce que vous êtes Sénateur* (4).
Voilà un mot qui renferme la plus fine flatterie. Celui des Poëtes Latins
qui a excellé dans l'art de faire des
Épigrammes, difoit de l'Empereur (5)
Trajan, avec plus de fincérité & de
vérité : *Ce n'eft pas un Maître fuperbe,
mais un bon Chef, mais un Sénateur, le
plus jufte & le plus équitable qu'il y ait
jamais eu.* Nous voions encore, que
Claude ne fit pas difficulté de déclarer
hautement, qu'il fe regardoit (6) comme *étant du nombre des Citoiens*. Mais,
pour revenir à *Tibére*, il fût fi bien é-
blouïr le monde par un faux femblant
d'humilité, qu'il y eut des Députez
d'*Afrique*, (7) qui fe plaignirent un
jour

liberius, SICUT SENATOR, dixero. *Ibid.* Cap. XXIX.
(4) C'eft XIPHILIN, qui nous a confervé ce
mot. Μισῶ σε, Καῖσαρ, ὅτι συγκλητικὸς εἶ. Pag. 190.
E. *Edit. Steph.* On trouvera le caractére de ce Bouf-
fon de *Néron*, dans TACITE, *Annal.* Lib. XV. Cap.
XXXIV,
(5) *Non eft hic Dominus, fed Imperator,*
     Sed juftiffimus omnium Senator.
MARTIAL. Lib. X. *Epigr.* LXXII. *verf.* 8, 9.
(6) C'eft TACITE qui nous l'apprend : *Ubi ille*
[Claudius] unum fe civium, & confenfui imparem
refpondit &c. Annal. *Lib.* XII. Cap. V. *num.* 3.
(7) SUETONE dit, que c'étoit aux Confuls que

jour au Sénat qu'il les faisoit trop attendre, & priérent le Sénat de l'obliger à les expédier au plûtôt ; comme
si *Tibére* n'eût été que l'Agent & l'Of-
ficier du Sénat. De sorte que ce ne
fut pas sans raison qu'un Astrologue a-
voit prédit, pendant que *Tibére* étoit
encore enfant, (1) *qu'il régneroit un
jour, mais sans tout l'appareil extérieur
de la Roiauté ; car*, ajoûte S U E'T O-
N E, de qui j'ai tiré cette circonstan-
ce, *le pouvoir des* Césars *étoit encore in-
connu.* C'est qu'ils n'oublioient rien
pour le cacher, & qu'ils ne le laissoient
pas voir dans toute son étenduë, afin
de le rendre moins odieux, & pour
l'exercer sûrement, sans être exposez
à l'envie & aux embûches.

Croirons-nous donc, que des Princes de ce caractére, de si fins Politi-
ques, dans un tems où l'on haïssoit si
fort le nom de *Roi*, aient voulu faire
proposer, au sujet de leur Dignité,
quelque Ordonnance qui fût nommée
Roiale, & par laquelle un Peuple, accoûtumé à commander, se soûmît vo-
lon-

ces Députez s'adressérent : *Tanta Consulum auctoritate,
ut Legati ex* Africa *adierint eos, querentes trahi se à Cæsa-
re, ad quem missi forent.* Cap. XXXI.
(1) *Ac de infante* Scribonius *Mathematicus præclara
spo-*

lontairement à la domination d'un seul homme, lui transférât toute son autorité, & lui donnât sur soi toute sorte de pouvoir? Croirons-nous qu'ils aient été assez imprudens & assez hardis pour témoigner ainsi sans détour, qu'ils fouloient insolemment aux pieds la Liberté Publique, & qu'ils la menoient comme attachée à leur Char de Triomphe? Une personne qui a, je ne dirai pas quelque savoir, mais seulement le Sens-commun, peut-elle se mettre dans l'esprit rien de semblable?

CELA n'empêche pas, qu'on ne doive poser comme un fait certain & indubitable, que, malgré toute l'aversion qu'on avoit pour le nom, la chose même existoit déja réellement. Oui, quoi que personne n'eût ni entendu prononcer sans horreur, ni osé prononcer ouvertement le terme de *Loi Roiale*, également fuï & de ceux qui avoient usurpé la domination, & de ceux qui subissoient patiemment le joug; c'est alors néanmoins que la *Loi Roiale*, ain-

si

spopondit : etiam regnaturum quandoque, sed sine regio insigni : ignata scilicet tunc adhuc Cæsarum potestate. SUETON. Cap. XIV.

fi nommée très-véritablement & avec
une épithéte très-convenable & très-
élégante, par les Jurifconfultes des Siécles fuivans, ici comme ailleurs excel-
lens modéles (1) de la bonne Latinité;
c'eft alors, dis-je, précifément que
cette Loi commençoit à fe former,
qu'elle fe gliffoit, qu'elle s'introduifoit,
non pas à la vérité tout d'un coup,
mais peu-à-peu & par intervalles : femblable à un Enfant, dont les (2) membres prennent leur forme infenfible-
ment & par degrez dans le fein de fa
Mére, qui le porte. Les Hiftoires de
ce tems-là font toutes pleines de ce
que je viens de dire, & que je vais
prouver tout-à-l'heure : mais perfonne, que je fâche, n'y a encore pris
garde. De là vient que l'on s'eft vai-
nement tourmenté à chercher ce qu'on
ne pouvoit trouver. On s'étoit mis
dans

(1) *Hac quoque parte optimis Latini fermonis Auctoribus.*
Ce font les termes de l'Original. Pour favoir ce qu'il
faut penfer de la Latinité de ces anciens Jurifconfultes, on n'a qu'à voir les *Opufcula de Latinitate Jurifcon-
fultorum vett.* publiez en 1711. par Mr. D U K E R, a-
vec les Notes & la Préface qu'il y a joint.
(2) L'Auteur exprime cela par deux vers, qui font
d'O V I D E:
Utque hominis fpeciem maternâ fumit in alvo,
Perque fuos intus numeros componitur infans &c.

Me-

dans l'efprit qu'il devoit y avoir quelque part une Ordonnance du Peuple,
qui établît en termes exprès la *Loi
Roiale*, par laquelle le Peuple fe dé-
pouilloit déformais, en faveur de *Céfar*, de tout fon pouvoir fur foi-même
& fur ceux qui dépendoient de lui : on
a jetté les yeux de tous côtez, on a
fouillé dans tous les coins & recoins
des Livres de l'Antiquité, pour tâcher
de découvrir cette réfignation de l'Autorité Souveraine ; & quoi qu'elle foit
répanduë en mille endroits, où elle fe
montre toûjours d'une maniére qui
frappe, on ne l'a point apperçuë, parce qu'elle n'y eft pas formelle & tout
d'une fuite. Il me femble voir un
Voiageur, qui aiant remarqué fur fon
chemin un de ces monceaux de pierres, confacrez (3) autrefois à *Neptune*,
& qui s'étoient formez avec le tems
de

Métamorph. *Lib.* VII. *verf.* 125, 126.
(3) Comme *Mercure* étoit le Dieu qui préfidoit aux
grands chemins & aux carrefours, on y dreffoit non
feulement des Statuës quarrées & groffiéres de ce
Dieu, lefquelles on appelloit *Herma*, & qui fervoient
à guider les Voiageurs ; mais encore on y mettoit
des monceaux de pierres, qui étoient regardez comme confacrez à *Mercure*, & que chaque Paffant fe
faifoit un point de Religion d'augmenter. Voiez SEL-
DEN, *de Diis Syris*, Syntagm. II. Cap. XV.
B 6 (1) Ce-

ce que les Paſſans y jettoient ; recher-
cheroit avec ſoin quel homme s'étoit
aviſé d'entaſſer-là un ſi grand nombre
de pierres, de quelle voiture, de quel
chariot il s'étoit ſervi pour cela , &
en quel jour il les y avoit fait tranſporter. Mais venons au fait , dont il
eſt queſtion.

Lors que *Jules Céſar* , après avoir
allumé la Guerre Civile , eût chaſſé
de *Rome* & de toute l'*Italie* le parti
contraire au ſien , & battu en *Eſpagne*
les Lieutenans du Grand *Pompée* ; comme il fut de retour à *Rome* , (1) *Marc*
Emile Lépide , Préteur de la Ville , le
déclara (2) Dictateur , contre l'ancienne coûtume , après en avoir reçû ordre du Peuple dans une Aſſemblée où
tout ce qui ſe faiſoit n'étoit qu'une pure comédie. Après la bataille de *Phar-*
ſale , on lui (3) permit de traiter ceux
du parti de *Pompée* , comme il le ju-
ge-

(1) Celui qui fut depuis un des Triumvirs.
(2) Voiez D I O N, Lib. XLI. pag. 191. A. & P L U-
T A R Q U E, *in vit. Céſar.* pag. 725. E.
(3) Tout ceci eſt rapporté par D I O N, Lib. XLII.
pag. 218, 219.
(4) *Id ſummi faſtigii vocabulum* [Tribunitiam Poteſta-
tem] *Auguſtus repperit , ne Regis aut Dictatoris nomen*
adſumeret , ac tamen adpellatione aliqua cetera imperia præ-
mineret. Annal. Lib. III. Cap. LVI. *num.* 2. On peut
voir là-deſſus une Diſſertation d'O B R E C H T , *de*
Tri-

geroit à propos : on lui donna plein pouvoir de faire la Paix & la Guerre, de lever & de commander des Armées contre qui il voudroit, & de faire enfuite avec l'Ennemi tel accord que bon lui fembleroit, le tout fans en rien communiquer ni au Sénat, ni au Peuple. On le créa de plus Conful pour cinq années de fuite ; Dictateur pour une année entiére ; & non pour fix mois feulement ; Tribun du Peuple, pour toute fa vie. C'étoit-là un grand achéminement à la *Loi Roiale* ; & la perpétuité de la Puiffance du Tribunat fuffit pour le faire voir ; car T A C I-T E (4) dit que c'étoit un mot déguifé, *qui emportoit l'Autorité Souveraine.* La victoire d'*Afrique* valut à *Céfar* l'infpection (5) des mœurs pour trois ans; la Dictature, pour dix ans; la Chaife d'yvoire dans le Sénat toûjours placée, au milieu des deux Confuls ; le droit

d'o-

Tribunitia Cæfarum Romanorum Poteftate, qui eft la XXII. du Recueil publié à *Strasbourg* en 1704.

(5) *Magifterium morum.* C'étoit la dignité de Cenfeur, un peu déguifée : car *Jules-Céfar*, par une fauffe modeftie, ne voulut pas être appellé Cenfeur, mais feulement *Præfectus moribus*, comme C I C E R O N le qualifie, *Lib.* IX. *Epift. ad Famil.* Ep. XV. ce que D I O N exprime ainfi, τ̃ τρόπον τ̃ ἑκάςε ὁπιάτης, Lib. XLIII. pag. 249. A. Voiez C A S A U B O N, fur S U X T O N E, Vit. Cæf. Cap. LXXVI.

B 7

(1) *Mag-*

d'opiner toûjours le prémier ; l'honneur de (1) donner le fignal pour faire commencer les *Jeux du Cirque* ; le pouvoir de conferer les Charges à ceux qu'il en jugeroit dignes , & de faire de fon chef tout ce que le Peuple avoit accoûtumé d'ordonner dans les Affemblées. Après la bataille de *Munde* en *Efpagne* , on ajoûta à tout cela le (2) prénom d'*Empereur* pour lui & pour les Fils & Petits-fils qu'il pourroit avoir : on voulut que dans les affaires de la Guerre il eût une (3) autorité fuperieure à celle de tous les autres Généraux ; qu'aucun autre que lui ne pût s'attribuer en chef la gloire des avantages remportez , & que tous les bons fuccès des Armes Romaines fuffent regardez comme provenus de lui & arrivez fous fes aufpices. On le défigna en même tems Conful pour dix ans ,

com-

---

(1) *Mappam mittere*, parce que celui qui donnoit le Spectacle , montroit une efpéce de ferviette , quand il vouloit que l'on commençât. Voiez TORRENTIUS , fur *Suétone*, dans la Vie de *Néron*, Cap. XXII.

(2) C'eft-à-dire , que ce titre devint comme fon nom propre , & qu'on le mettoit au devant de tous les autres , de cette manière : IMPERATOR CAJUS JULIUS CÆSAR. Voiez DION , Lib. XLIII. pag. 266. D. E. & les Interprètes fur SUÉTONE , Vit. Cæf. Cap. LXXVI.

(3) C'eft

comme on l'avoit déja établi Dictateur pour un pareil terme : on ordonna que les Soldats prêteroient ferment
à lui feul; que lui feul auroit le maniment des deniers publics, & que perfonne autre n'y pourroit toucher fans
fon ordre. On (4) lui décerna auffi le
furnom de *Pére de la Patrie* : on frap-
pa de la monnoie avec fon image : on
le créa (5) Cenfeur perpétuel : on déclara infame, exécrable, & digne des
plus grandes imprécations, (6) quiconque l'offenferoit ou en actions, ou en
paroles : on (7) donna la garde de fon
corps à des gens choifis de l'Ordre des
Sénateurs & de celui des Chevaliers :
on réfolut que tout ce qu'il feroit feroit tenu pour bon, & ne pourroit ê-
tre annullé ni revoqué. Je ne dis rien
des marques extérieures de diftinction,
qui faifoient néanmoins beaucoup d'im-

pref-

---

(3) C'eft ce que D I O N exprime ainfi : Καὶ μήτε
εὐςρατεύσαι τινὰ, μήθ' ὅλως ὑπκοινανῆσαι τ̄ κατα-
πραχθέντων, ἰδοσαν. Pag. 267. B.

(4) Voiez D I O N, *Lib.* XLIV. pag. 275. D.

(5) D I O N, *ibid.* B.

(6) C'étoit le privilége des *Tribuns du Peuple* : Τά
τε τῆς Δημάρχοις δεδόμψα καρπᾶσῃ, ὅπως ἀν τις ἢ ἔργῳ
ἢ λόγῳ αὐτὸν ὑβρίση, ἱερόσυλός τε καὶ ἐν τῷ ἄγει ἐνέχη-
ται. D I O N, Lib. XLIV. *pag.* 275. B.

(7) Voiez D I O N, pag. 275. C.

(1) C'é-

preffion, fur l'efprit du Vulgaire, comme, de permettre que Céfar portât toûjours (1) un Habit de triomphe, &
qu'il mît certains ornemens (2) au fommet de fa Maifon ; d'élever un Temple
(3) à la Clémence de *Céfar*, d'établir
des (4) Prêtres en fon honneur, de lui
affigner dans le Cirque un de ces Cha-
riots (5) fur lefquels on portoit en pro-
ceffion les fimulacres des Dieux, avec
un Siége d'or & une Couronne de Dia-
mans, de placer fes Statuës auprès de
celles des Rois & des Dieux ; & autres chofes femblables.

Tout cela s'évanouït avec *Jules Cé-*
far, & fut interrompu pendant le régne des Triumvirs, qui dura près de
vint-deux ans. Mais *Octavien* étant
demeuré vainqueur après la bataille
d'*Ac-*

(1) C'étoit une Robe de pourpre, brodée d'or &
d'argent. Voiez S A U M A I S E, dans fon Commentaire fur le *Carinus* de V O P I S Q U E, pag. 853, 854. Au refte cette circonftance eft tirée de D I O N, pag. 274. C.

(2) *Faftigium in ædibus.* C'étoient quelques Statuës
ou autres ornemens qu'on avoit accoûtumé de mettre
au deffus du fommet des Temples. Voiez C I C E R O N.
Philippic. II *Cap.* XLIII. F L O R U S, *Lib.* IV. *Cap.* II.
num. 91. & S A U M A I S E fur le *Pefcennius Niger* de
S P A R T I E N, pag. 678.

(3) Voiez D I O N, pag. 275. D. A P P I E N, *De Bell.*
Civil. Lib. II. pag. 494. *Ed. Steph.* 807. *Ed. Amftel.* &
C H A R L E S P A T I N, fur S U E T O N E, *Vit. Céfar.* Cap.
LXXV.

(4) *Fla-*

d'*Actium*, la Flatterie (6) accumula les mêmes honneurs en fa perfonne, peu-à-peu auffi & à diverfes reprifes, de peur que, fi on l'en accabloit tout d'un coup, la chofe ne parût trop o-dieufe. D'abord on lui conféra fept Confulats de fuite, & la Puiffance du Tribunat, avec pouvoir de l'exercer & dans la Ville, & hors de la Ville jufqu'à mille pas à la ronde; ce qui n'avoit jamais été permis aux Tribuns du Peuple. (7) On ordonna auffi que chacun pourroit appeller par devant lui de la fentence des Juges, & qu'il auroit le *fuffrage de Minerve* dans tous les Tribunaux.

Arrêtons-nous un moment à expli-quer ce que c'eft que ce *fuffrage de Mi-nerve :* car les Interprêtes de DION CAS-

(4) *Flamen, Luperci.* Voiez SUÉTONE, *Vit. Caf.* Cap. LXXVI. DION, pag. 275. D. E.
(5) *Thenfa*, ou *Tenfa*. Voiez DION & SUÉTONE, *ubi fupra.*
(6) *Adtritis miferabiles labellis [blanditia]* MARTIAL. Lib. X. Epigr. LXXII. ℣. 2.
(7) Καὶ τ̃ Καίσαρα τὴν τε ἐξεσίαν τὴν τ̃ Δημάρ-χων δία βίε ἔχειν, καὶ τοῖς ὑπηκόοις αὐτὸν, καὶ ἐντὸς τε πωμηρίε, καὶ ἔξω, μέχρι ὀγδόε ἡμισαδίε ἀμύνειν (ὃ μηδενὶ τ̃ δημαρχόντων ἐξῆν.) ἔκκλητόν τε δικάζειν, καὶ ψῆφόν τινα αὐτῷ ἐν πᾶσι τοῖς δικασηρίοις, ὥσπερ Ἀθηνᾶς, φέρεσθ. DION, Lib. LI. pag. 523. C.

(1) C'eft

CASSIUS, & ceux qui les derniers
ont traité la matiére , s'y font lourde-
ment trompez. Que fignifie , en effet,
ce que difent quelques-uns , que celui
qui avoit un tel droit pouvoit opiner,
comme s'il étoit *Minerve?* ou ce que
prétendent quelques autres , qu'on
comptoit une voix pour lui , comme
pour *Minerve ?* Le *fuffrage de Miner-*
ve n'eft pas non plus un (1) jugement
exact , par oppofition au Proverbe ,
Jugement de Pourceau; ni une façon de
parler ironique, pour défigner un homme ftupide & fans jugement. Ce n'eft
pas un fuffrage , d'où il n'y aît point
d'appel , comme fi l'expreffion étoit
venuë de ce que *Jupiter* ne refufoit
rien à *Minerve :* ce n'eft pas un confeil très-fage , un *confeil d'Archiméde,*
comme parle (2) CICERON, que le
Sé-

(1) C'eft une des explications que donne ERAS-
ME , dans fes *Adages :* mais de la maniére que l'Auteur s'exprime ici dans l'Original, il femble ne faire
qu'une feule & même chofe de cette explication , &
de la fuivante, qu'ERASME ajoûte comme la meilleure.

(2) Je ne fai où CICERON s'exprime ainfi ; on
n'en voit rien dans NIZOLIUS. Je foupçonne qu'on
a eu en vuë le προβλημα 'Αρχιμηδειον , qui fe trouve
en deux Lettres à *Atticus,* XII, 4. XIII, 28. mais qui
fignifie toute autre chofe , favoir une Queftion , un
Problême difficile à refoudre , comme ceux de ce fameux Mathématicien de l'Antiquité.

(3) C'eft

Sénat se crût obligé de suivre toûjours. Voilà pourtant toutes les explications dont les Savans se font avisez, & dont aucune n'est bien fondée. La vérité est, que cette façon de parler proverbiale vient de la Fable (3). Les Mythologues nous disent, qu'*Oreste* aiant tué sa Mére pour venger la mort de son Pére, qu'elle avoit assassiné à cause d'un Galant; il fut accusé de parricide devant le Tribunal de l'*Aréopage:* & que, comme le sentiment qui portoit condamnation du Criminel (4) emportoit d'une voix, la Déesse *Minerve* intervenant d'une façon miraculeuse, ajoûta son caillou à ceux qui marquoient l'absolution, & déclara que ce devoit être une Loi, que dans un partage le sentiment le plus doux l'emportât; de sorte qu'*Oreste* évita ainsi la

(3) C'est ainsi que l'explique BOECLER, dans uun Dissertation entiére *De calculo Minerva*, qui apparemment n'avoit pas encore été publiée dans le tems que nôtre Auteur composa la sienne; & qui est la V. du I. Tome des *Dissertations Académiques* du Professeur de *Strasbourg*.

(4) Le Savant MEURSIUS, fondé sur l'autorité d'ARISTIDE, & de l'Empereur JULIEN, prétend que les voix étoient égales. Voiez son Traité *de l'Aréopage*, Cap. X. Mais le sentiment de nôtre Auteur, & de BOECLER, est appuié sur d'autres autoritez plus fortes.

la peine. Le *suffrage de Minerve* se rapporte donc aux Jugemens Crimi-nels, & non pas aux déliberations du Sénat : & il signifie un droit d'égaler les opinions, non pas précisément lors que la plus rigoureuse l'emporte d'une seule voix, mais quelque (1) grand que soit le nombre de voix qui manquent de l'autre côté : par conséquent cela renferme le pouvoir de faire grace à ceux qui sont convaincus & condamnez juridiquement ; ce qui est sans doute un privilége du Souverain, & une par-tie de l'Autorité Suprême, comme il paroît par ces paroles que SENEQUE met dans la bouche d'un Prince : (2) *Chacun peut tuer un autre au mépris des Loix ; il n'y a que moi qui puisse sauver la vie à un homme, malgré les Loix.*

Pour

(1) Je trouve dans LUCIEN un passage, qui me sem-ble donner à entendre cela assez clairement. Il introduit un Disciple, qui dit à son Maître que son approbation lui vaudra le suffrage de *Minerve*, parce qu'elle sup-pléera parfaitement au nombre des jugemens favora-bles qui pourront lui manquer pour égaler le nombre de ceux qui lui seront désavantageux : Ὥστε ἢν ἄρα καὶ νῦν ἐμοὶ ἐς τὸ χεῖρον ῥέπωσιν αἱ ψῆφοι ἐν τῷ λόγῳ, καὶ ἐλάττους ὦσιν αἱ ἀμείνους σὺ τὴν τ᾽ Ἀθηνᾶς προστιθεὶς, ἀ-ναπλήρου τὸ ἐνδέον παρὰ σεαυτῷ, καὶ τὸ ἐπανόρθωμα οἰ-κεῖόν σοι δοκείτω. In *Harmonid.* Tom. I. pag. 589. E-dit. *Amst.*

(2) *Occidere contra Legem nemo non potest : servare nemo,* præ-

Pour revenir à *Auguste*, on ordonna (3) encore que, toutes les fois que les Prêtres & les Vierges Vestales feroient des vœux pour le Sénat & le Peuple, il fût fait mention expressément de *Cé-sar*, pour le recommander aussi d'une façon particuliére à la protection des Dieux : on l'autorisa en même tems à choisir qui il voudroit pour le faire Membre des Colléges de Prêtres, même au delà du nombre fixé. L'an de la fondation de *Rome* (4) DCCXXIV. on lui donna le prénom d'*Empereur*, pour lui, pour ses Fils & Petits-fils, comme on avoit fait à *Jules César*. L'année suivante, qui étoit celle de son (5) cinquiéme Consulat, il rendit au Sénat quelques Provinces, par un marché semblable à celui du Lion de la

præter me. De Clement. *Lib.* I. *Cap.* V.

(3) Voiez D i o n, Lib. LI. pag. 523, 524.

(4) L'Auteur se trompe. D i o n, *Lib.* LIII. *pag.* 565. B. C. rapporte ceci à l'année DCCXXV. de la fondation de *Rome*, sous le cinquiéme Consulat d'*Auguste*. Que si nôtre Auteur a suivi l'Ere de *Caton*, il devoit marquer l'année DCCXXIII. Voiez la *Note* suivante.

(5) C'est une suite de la méprise que j'ai remarquée dans la Note précédente : car D i o n rapporté ceci expressément au *sixiéme Consulat d'Auguste*, & non pas au *cinquiéme*, pag. 576, *& seqq.*

(1) Voiez

la Fable, & il voulut qu'on lui eût u-
ne grande obligation de ce qu'il laiſſoit
le Sénat ſans armes & ſans défenſe,
pendant que lui avoit à ſon commandement vint-cinq Légions avec un
grand nombre de Troupes auxiliaires,
& outre cela deux Flottes, (1) une à
Miſéne, l'autre à *Ravenne*, qui le rendoient maître de l'*Italie*, & dix Co-
hortes Prétoriennes, avec trois de la
Ville, par le moien deſquelles il bri-
doit *Rome*. De ſorte que c'eſt avec
raiſon que DION CASSIUS, après
avoir raconté ce que je viens de dire,
ajoûte : (2) *C'eſt ainſi que tout le pou-*
voir du Peuple & du Sénat paſſa entre
*les mains d'*AUGUSTE. Les paroles
de cet Hiſtorien ſont d'autant plus remarquables, qu'on y voit le titre d'*Au-*
guſte, dont *Octavien* commença à ſe
parer inſolemment vers ce tems-là, je
veux

(1) Voiez SUETONE, *Vit. Auguſt.* Cap. XLIX.
TACIT. Annal. IV, 4. VEGETIUS, *de Re Militari*,
Lib. V. Cap. I. & JUSTE LIPSE, dans ſon Traité
De magnitudine Romana, Cap. V.

(2) Οὕτω μὲν δὴ τό, τε τὰ δήμα καὶ τὸ ς᾽ Γερασίας
τὸ πᾶν κράτ᾽ ἐς ᾽ Αὐγᵘσον μετέσn. Lib. LIII. pag.
581. C.

(3) Plancus *artifex ante* Vitellieum *maximus*. Natu-
ral. Quæſt. Lib. IV. *Præfat.*

(4) C'eſt ce que nous voions dans SUETONE, Vit.
Aug. Cap. VII.

(5) *Sed*

veux dire, pendant son septiéme Consulat. Ce fut *Munatius Plancus*, grand
Orateur, mais, au jugement de (3)
SÉNÈQUE, le plus grand Flatteur
qu'il y eût eu à *Rome* avant *Vitellius*;
ce fut lui, dis-je, qui imagina ce titre, & qui proposa (4) au Sénat d'en
orner *Octavien*; afin qu'on le regardât
non seulement comme heureux avant
sa mort au dessus de ce que peut être
un Homme, mais encore comme Dieu
pendant sa vie même, & *qu'il fût déi-
fié sur la terre*, ainsi que le dit FLO-
RUS; (5) par un titre comme celui-
là, qui signifie proprement *Saint, dé-
dié, consacré, installé à quelque dignité
qui emporte des hommages religieux.* L'an
DCCXXX. de la fondation de *Rome*,
(6) qui étoit celui de son neuviéme
Consulat, on lui confirma la Puissance du Tribunat à perpétuité : on lui
per-

(5) *Sed sanctius & reverentius visum est nomen AU-*
GUSTI, ut scilicet, jam tum, dum colit terras, ipso no-
mine & titulo consecraretur. Lib. IV. Cap. XII. num. 66.
(6) L'Auteur se trompe encore ici. Car ce fut sous
le onziéme Consulat d'*Auguste*, & non pas sous le neuviéme, que ceci se passa ; & par conséquent l'an
DCCXXXI. de la fondation de *Rome*, selon l'Ere de
Varron, que DION CASSIUS suit (*Lib.* LIII. pag. 594.
B.) ou bien l'an DCCXXIX. selon l'Ere de *Caton*, qui
est la plus juste.

(1) *Jus*

permit de propofer (1) ce qu'il lui
plairroit dans chaque Affemblée du Sénat , lors même qu'il ne feroit pas
Conful : on réfolut que (2) dans toutes
les Provinces où il fe trouveroit il auroit une Autorité Proconfulaire fupé-
rieure à celle de ceux qui les gouver-
noient, avec le privilége de n'être point
obligé de s'en demettre, quand il en-
treroit dans *Rome*, ni de la faire renouveller quand il en fortiroit.   Deux ans
(3) après , on lui donna pouvoir de
convoquer le Sénat toutes fois & quan-
tes que bon lui fembleroit , fans en excepter

(1) *Jus relationis facienda quovis Senatu , qua de re
vellet* &c. C'eft ainfi que nôtre Auteur exprime le
fens des paroles de D I O N , qu'il femble n'avoir pas
entenduës , ou n'expliquer pas du moins affez clairement : Καὶ χρηματίζειν αὐτῷ περὶ ἑνός ὅτε ἄν [il y a
dans les Editions ὅπυ ἄν , ce qui eft une faute, comme
l'a remarqué C A S A U B O N] ἐθελήση καθ᾽ ἑκάστην βυ-
λὴν , κἂν μὴ ὑπατεύση , ἔδωκε [ἢ Γερυσία]. Lib. LIII.
pag. 594. B. Le Savant , que je viens de citer , en
même tems qu'il corrige ce paffage (dans fon Commentaire fur S U E'T O N E , *in Vit. Cafar.* Cap. XX.) remarque très-bien , que l'Hiftorien ne veut pas dire
qu'il feroit permis à *Augufte* de propofer dans le Sénat tout ce qu'il voudroit & autant de fois qu'il lui
plairroit : mais feulement de faire dans chaque Séance
une propofition unique fur quoi que ce fût qu'il trouveroit à propos. Ce ne fut qu'avec le tems, & à mefure
que la puiffance des Empereurs s'accroiffoit , qu'on augmenta auffi leurs priviléges à cet égard. Et de là vint
le *Jus fecunda relationis, Jus tertia, quarta, quinta relationis*, que l'on conféra de tems en tems aux Succeffeurs

cepter les jours auxquels on n'avoit pas accoûtumé de s'aſſembler. Au bout de deux (4) autres années, on le revê-tit de la charge de Cenſeur pour cinq ans, & de la Puiſſance Conſulaire pour toute ſa vie : on ordonna, que, lors même qu'il ne ſeroit pas Conſul, dou-ze Licteurs avec leurs faiſceaux de ver-ges marcheroient toûjours devant lui, & qu'il auroit toûjours la Chaiſe d'y-voire placée au milieu des deux Con-ſuls : on lui donna plein pouvoir de ré-former & régler toutes choſes à ſa fan-taiſie, & de faire telles Loix qu'il ju-

ge-

ceſſeurs d'*Auguſte*. Voiez, par exemple, JULIUS CAPITOLIN, *in Pertinace*, Cap. V. LAMPRI-DIUS, in *Alex. Sever.* Cap. I.

(2) Τὴν τε ἀρχὴν τὴν ἀνθύπατον ἐσαεὶ καθάπαξ ἔχειν· ὥςε μήτε ἐν τῆ εἰσόδω τῆ εἴσω τῆ πωμηρίκ κατατιθέ-ϑῇ αὐτὴν, μήτ᾽ αὖϑις ἀνανεῦϑῇ· καὶ ἐν τῷ ὑπηκόω τὸ πλεῖον τῆ ἑκασαχόϑι ἀρχόντων ἰσχύειν ἐπέτρεψεν. DION, *ubi ſupra.*

(3) Ce ne fut qu'un an après, ſous le Conſulat de *M. Claudius Marcellus Æſerninus*, & *L. Aruntius*, c'eſt-à-dire, l'an DCCXXXII. ſelon l'Ere de *Varron*: car c'eſt ſur cette année que DION dit : "Ὥςε καὶ τὸ τὴν Βελὴν ἀϑροίζειν ὁσάκις ἂν ἐϑελήσῃ, λαβεῖν· Lib. LIV. pag. 598. A.

(4) Voici encore une mépriſe de nôtre Auteur ſur les dattes: car depuis ce qu'il vient de raconter, juſ-qu'à ce qui ſuit, il ſe paſſa trois ans : puiſque DION en parle pag. 604. B. ſur l'an DCCXXXV. de l'Ere de *Varron*, ſous le Conſulat de *C. Sentius*, & *Q. Lu-cretius.* Il y a apparence que nôtre Auteur, en écrivant ceci, avoit rangé ſes Recueils un peu à la hâte.

C   (1) Ce

geroit à propos, qui feroient appellées *Loix Auguftes*, & que chacun feroit tenu de jurer. Le Grand Pontife *Marc Emile Lépide* étant venu à mourir dans ce tems-là (1), on lui conféra la dignité du Souverain Pontificat, & l'infpection des cérémonies de tous les Prêtres. C'eft pourquoi DION CASSIUS (2) raffemblant tous les titres à la faveur defquels la puiffance des Princes Romains s'étoit accruë, dit, Qu'en qualité d'*Empereurs*, ils lévent des Troupes, ils exigent des contributions pour l'entretien des Armées, ils font la Guerre & la Paix, ils ordonnent ce qu'il leur plaît & à *Rome*, & dans les Provinces, ils puniffent même de mort dans la Ville les Sénateurs & les Chevaliers; ils font en un mot tout ce que peuvent faire des Souverains : Que, comme *Cenfeurs*, ils prennent connoiffance de la vie & des mœurs de chacun, ils font le dénombrement des Citoiens, ils mettent qui il leur plaît dans le

(1) Ce ne fut que fix ans après, l'an de la fondation de *Rome*, felon l'Ere de *Varron* DCCXLI; comme il paroît par DION, *pag.* 619.
(2) *Lib.* LIII. *pag.* 581, & *feqq.*
(3) Cette partie de l'emploi des *Cenfeurs*, qui regarde le foin des Impôts & des Ouvrages Publics, n'eft
pas

le Sénat & dans l'Ordre des Chevaliers, & en chaſſent auſſi qui bon leur ſemble, ils dépouillent un Citoien de ſes droits, ils baillent à ferme à prix fait tous les Impôts & les Ouvrages publics, & en (3) font rendre compte aux Fermiers & aux Entrepreneurs : Qu'entant qu'initiez à tous les *Sacerdoces*, ils ne reçoivent que ceux qu'ils veulent dans les Colléges des Prêtres, ils réglent les Cérémonies, & les Fêtes, les Sacrifices, tant publics, que particuliers, en un mot tout ce qui ſe rapporte à la Religion : Qu'en vertu de la Puiſſance du Tribunat, ils s'oppoſent à tout ce qui ſe délibére ou qui ſe fait contre leur ſentiment, ils ſont regardez comme des perſonnes ſacrées., & ils peuvent ſans autre forme de procès faire mourir, comme les plus grands criminels du monde, ceux qui ont ſimplement témoigné qu'ils penſoient un peu déſavantageuſement d'eux ou de leurs actions : Que, comme *Péres de la Patrie*

pas marquée dans le paſſage de DION, dont il s'agit : mais nôtre Auteur a eu raiſon de la ſuppléer, comme une choſe certaine par quantité de paſſages d'Auteurs Anciens. Il ſuffit de voir là deſſus JUSTE LIPSE, *De Magiſtratibus Populi Rom.* Cap. XVIII.

C 2 (1) Mr.

trie (voici, à mon avis, une abominable interprétation que de lâches Flatteurs ont donnée à un fi doux titre,)
ils ont droit de vie & de mort fur les
Citoiens, de même qu'autrefois, parmi les *Romains*, les Péres avoient ce
pouvoir fur leurs Enfans. La maniére,
au refte, dont *Augufte* s'y prit pour
furmonter tous les obftacles des Loix,
& pour être déchargé de l'obligation
de s'y foûmettre, eft quelque chofe de
curieux, fi du moins ce que D I O N
écrit là-deffus eft (1) bien véritable;
dequoi il y a affez de fujet de douter.
L'année de fon dixiéme Confulat,
comme il étoit en chemin pour revenir à *Rome*, après avoir fubjugué l'*Efpagne*, il promit au Peuple un préfent
d'environ (a) dix Ecus par tête : mais
il déclara en même tems qu'il ne feroit
point compter la fomme, & qu'il ne
donneroit point d'Edit là-deffus, jufqu'à ce que le Sénat eût confenti à
cette gratification. Quelle comédie!
Un

(a) *Cent de-
niers Ro-
mains.*

(1) Mr. N o o d t, dans le Difcours *fur les Droits de la
Puiffance Souveraine*, qui eft ci-deffous, a expliqué ce paffage de D i o n d'une maniére à lever toutes les difficultez de
nôtre Auteur : car il y montre parfaitement bien, que le
Sénat ne déchargea pas alors *Augufte* de toutes les Loix,
& ne lui conféra pas une Souveraineté abfoluë, mais le
difpen-

Un Prince, qui fans aucun fcrupule s'étoit emparé de toute l'Autorité Civile en dépit & du Sénat & du Peuple, & qui gouvernoit toutes les affaires fans trouver la moindre refiftance, n'ofe pas, tant il eft timide & modefte, diftribuer aux Citoiens de leur propre bien dix Ecus par tête : il femble craindre qu'on ne l'accufe de piller le Tréfor public, & de violer la *Loi Cincienne* ; il faut que le Sénat l'encourage à faire cette libéralité. Là-deffus les Flatteurs propofent, preffent, font paffer en délibération, de dégager *Augufte* de tous les liens de Droit : le voilà maître abfolu de lui-même & des Loix, & pleinement autorifé à faire ou ne pas faire tout ce que bon lui femblera. Dites-moi de bonne foi, ne font-ce pas-là des prérogatives Roiales, & plus que Roiales ; quoi que, dans le tems même qu'on les accordoit, on évitât avec beaucoup de foin de qualifier *Roiale* cette Ordonnance ?

---

difpenfa feulement de la *Loi Cincienne* ; quoi que l'Hiftorien Grec ait crû le contraire, faute d'entendre le fens des termes Latins dans lefquels étoit conçû l'Arrêt du Sénat, ou peut-être ceux dont s'étoient fervis les Hiftoriens Latins qui avoient fourni des Mémoires à DION. *Lib.* LIII. pag. 591. A.

C 3   (1) Ils

nance ? Le Peuple ne remettoit-il pas manifestement son pouvoir & sa liberté entre les mains du Chef de l'Etat; quoi qu'on ne s'expliquât pas là-dessus en termes clairs & formels, & que ni ceux qui faisoient ce maudit présent, ni ceux qui le recevoient, ne voulussent l'avouer?

C'est ainsi que les prémiers Empereurs Romains en agirent. Leurs Successeurs n'y cherchérent pas tant de façons. A la vérité ils faisoient aussi intervenir l'autorité du Sénat : mais ils n'alloient pas si lentement, ils ne passoient pas par tant de degrez, ils ne prenoient pas tant de détours, ils n'usoient pas de tant d'artifices. Ce que *Jules César* & *Auguste* avoient attiré à eux

---

(1) Ils laissoient même , pour sauver les apparences , quelque intervalle entre l'investiture de chaque Titre. C'est ce qui paroît par une reflexion que fait CAPITOLIN au sujet de *Pertinax*, qui avoit été revêtu , le même jour qu'il fut déclaré Empereur , du titre de *Pére de la Patrie*, de l'Autorité Proconsulaire, & du droit de faire jusqu'à quatre propositions différentes dans chaque Assemblée du Sénat ; ce fut pour lui , dit l'Historien , un presage sinistre qu'il ne regneroit pas long tems : *quod ominis loco fuit* PERTINACI. *Cap.* V. LAMPRIDIUS s'étend à faire voir les raisons pourquoi *Alexandre Sévére* fut orné d'abord de tous les titres & de toutes les Dignitez que l'on ne conferoit aux Empereurs que séparement & à diverses reprises. *Hac igitur caussa festinatum est, ut omnia si-*

eux insensiblement & à diverses reprises, tantôt par la crainte de leur puissance, tantôt sous prétexte de leurs
services, selon que les occasions se pré-
sentoient; les autres s'en saisirent insolemment & le prirent tout à la fois
par un seul Arrêt du Sénat, dès l'entrée de leur régne (1). Quelques-uns
seulement refusoient certains titres ou
absolument, ou pour un tems; comme par exemple, *Tibére* ne voulut jamais celui de *Pére de la Patrie*, (2) ne
se sentant pas en état de soûtenir di-
gnement ce nom, dont plusieurs se
passérent sans peine pendant quelque
tems, ou à cause de leur âge peu avancé, comme (3) *Caligula* & (4) *Néron*;
ou dans l'espérance de le mériter par
quel-

simul Alexander, *tanquam vetus jam Imperator acciperet.*
Cap. II.

(2) Voiez SUÉTONE, dans sa Vie, *Cap.* LXVII.
TACITE, Annal. *Lib.* I. *Cap.* LXXII.

(3) DION ne dit pas que ce fut à cause de son âge
que *Caligula* ne voulut pas d'abord prendre ce titre;
& il dit au contraire qu'il ne tarda pas long-tems à
s'en parer. Πλὴν μὸ' τ῀ τ῀ πατρὸς ὀπικλήσεως, ὐδὲν ἄλ-
λο ἀνεβάλετο· κỳ ἐκείνην δὲ ἐκ ἐς μακρὰν περιεκτήσα-
το. Lib. LIX. *pag.* 736. B.

(4) *Tantum* PATRIS PATRIÆ *nomine recusato, propter ætatem.* SUETONIUS, Vit. Neron. *Cap.* VIII.
L'Empereur *Hadrien* renvoia de prendre ce même titre, lors qu'on le lui offroit pour la seconde fois;
sous prétexte qu'*Auguste* ne l'avoit eu que fort tard.

C 4   PA-

quelque belle action. *Tibére* (1) &
Claude rejettérent le prénom d'*Empereur*. *Vitellius* différa (2) de prendre le
furnom d'*Augufte* ; & il refufa toûjours
celui de *Céfar*. Mais pour ce qui eft
des droits & de la puiffance attachée
à ces titres , ils s'en emparoient d'a-
bord avec beaucoup d'avidité ; & lors
même qu'ils en refufoient quelques-
uns , ou qu'ils ne vouloient pas les
prendre fi tôt , ils étoient ravis qu'on
les leur offrît. Vous pouvez vous fou-
venir de ce que j'ai rapporté ci-deffus
au fujet de *Tibére*. DION CASSIUS
(3) dit formellement , qu'*on lui décerna , avec les autres noms, celui d'Empereur :* & nous avons. expliqué ce
qu'emportoient de tels titres. Le même Auteur parle encore plus nettement
de *Caligula :* il dit (4) qu'en *un feul jour*
il

PATRIS PATRIÆ *nomen fibi delatum , ftatim & iterum*
poftea , diftulit ; quòd hoc nomen Auguftus *fero meruiffet.*
SPARTIAN. Cap. VI. Voïez pourtant là-deffus la
Note de CASAUBON. L'Empereur MARC ANTO-
NIN, *le Philofophe*, ne voulut pas être appellé *Pére de*
la Patrie , tant que fon Fcére fut abfent. CAPITO-
LIN. Cap. IX.

(1) Voïez SUÉTONE , *Vit. Tiber.* Cap. XXVI. *Vit.*
Claud. Cap. XII.

(2) SUÉTONE, Cap. VIII.

(3) Ψηφισθὲν γδ᾽ αὐτῷ καὶ τῦτο [Αὐτοκράτωρ] μ͞ τ͞
ἄλλων ὀνομάτων, ἐκ ἐδέξατο. Lib. LVII. pag. 690. E.

(4) ῟Ω-

il se saisit de tous les titres dont on s'étoit
avisé peu-à-peu pour honorer AUGUS-
TE, & qui ne lui avoient été conférez
que les uns après les autres, pendant un
aussi long regne. Il nous apprend aussi,
à l'égard de *Claude*, (5) que *les Con-*
suls se voiant contraints d'entrer dans le
sentiment des Soldats, qui l'avoient élû
Empereur, lui firent décerner les hon-
neurs & les droits qu'on avoit accoûtumé
de donner aux Chefs de l'Etat. TACI-
TE dit, en parlant du commencement
du régne de *Néron*, (6) que *l'avis des*
Soldats fut suivi des délibérations du Sé-
nat : & SUETONE, (7) qu'étant allé
dans le Sénat, après s'être fait reconnoî-
tre par les Soldats, il accepta tous les
honneurs les plus relevez dont on le com-
bloit, à la reserve du titre de PERE DE
LA PATRIE, *qu'il refusa à cause de*
sa

(4) Ὥστε πάντα ὅσα ὁ Αὔγυς☉ ἐν τοσύτῳ τ᾽ ἀρχῆς
χεόνῳ μόλις καὶ καθ᾽ ἓν ἕκαςον ↓ηφισθέντα οἱ ἐδέξατο.....
ἐν μιᾷ ἡμέρᾳ λαβεῖν. Lib. LIX. pag. 736. A. B.

(5) Τότε δὴ καὶ αὐτοὶ ὡμολόγησαν, καὶ τὰ λοιπὰ ὅ-
σα ἐς τὴν αὐταρχίαν ἥκοντα ἦν αὐτῷ ἐψηφίσαντο. Lib.
LX. pag. 764. A.

(6) *Sententiam Militum secuta Patrum consulta.* Annal.
Lib. XII. *Cap.* LXIX. *num.* 4.

(7) *Et inde raptim adpellatu Militibus in Curiam delatus*
est .... ex immensis, quibus cumulabatur, honoribus, tan-
tum PATRIS PATRIÆ *nomine recusato, propter ætatem.*
Cap. VIII,

C 5   (1) Dans

fa jeuneffe. Dion témoigne (1) qu'on
fe hâta de conferer à *Galba* tout ce en
quoi le Chef de l'Etat avoit de la pré-
éminence : & Plutarque (2) nous
apprend , *que* Titus Vinnius *arriva de*
Rome *en* Efpagne , *avec quelques au-*
tres, plûtôt qu'on ne les attendoit , *pour*
rapporter les délibérations du Sénat. Tacite dit au fujet d'*Othon,* (3) *que les*
Sénateurs accoururent , qu'ils lui décer-
nérent la Puiffance du Tribunat , le nom
d'Augufte , *& tous les honneurs des*
Chefs de l'Etat : Et au fujet de *Vitel-*
lius, (4) *qu'on lui déféra d'abord tout ce*
qu'on avoit imaginé en faveur de fes Pré-
décefeurs , pendant leurs longs régnes :
Et enfin au fujet du vainqueur de *Vi-*
tellius, (5) *que le Sénat décerna à Vef-*
pafien tout ce qu'on avoit accoûtumé de
conferer aux Chefs de l'Etat. Cela paroît merveilleufement bien , à l'égard
du dernier Empereur par une Table
de

---

(1) Dans l'Abrégé de Xiphilin : Καὶ τῷ Γάλβα
τὰ τῆ αὐτοκράτορι ἀρχῆ προσήκοντα ἐψηφίσαντο. In fine Vitæ Neron. pag. 198. A. Edit. H. Steph.

(2) Καί τοι τὸ τάχος ἦν ἄπιστον· ἀλλὰ καὶ δυσὶν ἡμέ-
ραις ὁ Βιννιος Τίτος πολλὰ τ᾽ ἀπὸ ςρατοπέδυ μεθ᾽ ἑτέ-
ρων ἀφίκετο τὰ δόξαντα τῆ Συγκλήτῳ καθ᾽ ἕκαςον ἀπαγ-
γέλλων. Vit. Galbæ , Tom. I. pag. 1056. A. Ed. Wech.

(3) *Accurrunt Patres : decernitur* Othoni *Tribunitia*
Poteftas , & nomen Augufti *, & omnes Principum honores.*
Hiftor.

de cuivre trouvée dans l'endroit où é-
toit autrefois le Capitole ; reste précieux de l'Antiquité, que l'on ne sauroit assez estimer, puis que, c'est un
original de la maniére dont on prenoit
l'investiture d'une si haute Dignité, &
le seul monument qui soit parvenu jusqu'à nous des délibérations d'une Assemblée où l'on élisoit celui qui étoit
élevé à l'Empire de l'Univers. La longueur du tems & la barbarie des siécles passez nous a même enlevé le
commencement de ce qui étoit écrit
sur cette Table : mais il en reste assez
pour nous fournir ici de grandes lumiéres, & vous me permettrez bien de
vous le reciter ; je ne pourrois m'en
dispenser, sans trahir en quelque façon
ma cause. Le voici.

(6) *Qu'il lui soit permis [à*
Vespasien] de faire alliance avec
qui

Histor. Lib. I. Cap. XLVII.

(4) *In Senatu, cuncta longis aliorum principatibus com-*
pesita, statim decernuntur. Histor. Lib. II. Cap. LV.
num. 3.

(5) *At Romæ Senatus cuncta Principibus solita Vespa-*
siano decernit. Histor. Lib. IV. Cap. III. *num.* 5.

(6) *Fœdusve cum quibus volet facere liceat ita ut-*
ii licuit D. Augusto. Ti. Julio. Cæsari. Aug. Tiberio-
que. Claudio. Cæsari. Aug. Germanico.

qui il voudra , comme il a été permis à Auguste ; à Tibére (1), & à Claude.

Qu'il lui soit permis de convoquer le Sénat , d'y proposer ce qu'il voudra , de le congedier , & de faire des Ordonnances du Sénat en proposant les affaires & demandant les suf-

Vtique. ei. Senatum. habere. relationem. facere. remittere. Senatusconsulta. per. relationem. discessionemque. facere. liceat. ita. uti. licuit. D. Augusto. Tique. Julio. Cæs. Aug. Ti. Claudio. Cæs. Aug. Germanico.

Vtique. cum. ex. voluntate. auctoritateve. jussu. mandatuve. ejus. præsenteve. eo. Senatus. habebitur. omnium. rerum. jus. perinde. habeatur. servetur. ac. si. e. lege. senatus. edictus. esset. habereturque.

Vtique. quos. magistratum. potestatem. imperium. curationemve. cujus. rei. petentes. Senatui. populoque. Rom. commendaverit. quibusque. suffragationem. suam. dederit. promiserit. eorum. comitiis. quibusque. extra. ordinem. ratio. habeatur.

Vtique. ei. fines. pomærii. promovere. cum. ex. republica. censebit. esse. liceat. ita. uti. licuit. Ti. Claud. Cæs. Aug. Germanico.

Vtique. quæcumque. ex. usu. Reipublicæ. majestate. divinarum. humanarum. publicarum. privatarumque. rerum. esse. censebit. ei. agere. facere. jus. potestasque. sit. ita. uti. D. Augusto. Tique. Julio. Cæs. Aug. Tique. Claudio. Cæs. Aug. Germanico. fuit.

Vtique. quibus. legibus. plebeivescitis. scriptum. fuit. ne. D. Augustus. Tive. Jul. Cæs. Aug. Tique. Claudius. Cæs. Aug. Germanicus. tenerentur. iis. legibus. plebisque. scitis. Imp. Cæsar Vespasianus. Aug. solutus. sit. quæque. ex. quaque. lege. rogatione. D. Augustum. Tive. Julium. Cæs. Aug. Tive. Claudium. Cæs. Aug. Germanicum. facere.

Juffrages , comme il a été per-
mis à Augufte , à Tibére , & à
Claude.

Que lors que le Sénat fe
tiendra à fa volonté & par
fon ordre , & en fa préfen-
ce , tout ce qui s'y paffera aît
la même force & foit obfer-
vé comme fi le Sénat avoit été

con-

eere. oportuit. ea. omnia. Imp. Caf. Vefpafiano. Aug. fa-
eere, liceat.

Utique. quacumque. ante. hanc. legem. rogatam. gefta.
decreta. imperata. ab. Imp. Caf. Vefpafiano. Aug. juffu.
mandatuve. ejus. a. quoque. facta. funt. ea. perinde. juf-
ta. rataque. fint. ac. fi. populi. plebifve. juffu. acta. effent.

S A N C T I O.

Si. quis. hujufce. legis. ergo. adverfus. leges. rogatio-
nes. plebifvefcita. fenatufveconfulta. fecit. fecerit. five.
quod. eum. ex. lege. rogationeve. plebifvefcito. Senatufve-
confulto. facere. oportebit. non. fecerit. hujus. legis. ergo.
id. ei. ne. fraudi. efto. neve. quid. ob. eam. rem. populo.
dare. debeto. neve. cui. de. ea. re. actio. neve. judicatio.
efto. neve. ea. de. re. apud. fe. agi. finito.

(1) Cet Empereur eft appellé ici *Tiberius Julius Ce-*
far, parce qu'aiant été adopté par *Augufte* , il avoit
hérité de lui par droit d'adoption, felon la coûtume
de ces tems-là, les noms de *Julius Cefar*, qu'*Augufte*
lui-même avoit hérité en vertu du même droit, de
fon Prédéceffeur. Voiez GERHARD COCCEIUS,
dans fon Commentaire fur DIGEST. Lib. I. Tit. IV.
De Conftitutionibus Principum , Leg. I. princip. p. 526,
528, & feqq. & THEODORE RYCKIUS, fur le
Breviarium du I. Livre des *Annales* de TACITE.

C 7   (1) On

convoqué & se tenoit selon les
loix.

Que quand il aura recom-
mandé au Sénat & au Peuple
Romain quelques-uns de ceux
qui demandent une Charge, u-
ne Dignité, un Commande-
ment, l'administration de quelque chose que ce soit, ou qu'il
leur aura donné ou promis son
suffrage ; on y ait égard extraordinairement dans toutes les
Assemblées.

Qu'il lui soit permis d'étendre les bornes de l'enceinte
de la Ville aussi loin qu'il le
trouvera à propos pour le bien
de la République, comme il a
été permis à Claude.

Qu'il ait le pouvoir & l'autorité de faire tout ce qu'il jugera avantageux à la République, & convenable à la majesté des choses divines & humaines, publiques & particuliéres,

res , comme l'ont eu Auguste,
Tibére , & Claude.

Que l'Empereur Vespasien
soit exemt de se conformer aux
Loix & aux Ordonnances du
Peuple , dont il a été ordonné
qu'Auguste , Tibére , & Claude , seroient dispensez : & qu'il
soit permis à Vespasien de faire
tout ce qu'Auguste , Tibére, &
Claude ont pû faire en vertu de
quelque Loi.

Que tout ce qui aura été
fait , exécuté, ordonné, com-
mandé par Vespasien , & tout
ce que quelcun aura fait par son
ordre , avant l'établissement de
la présente Loi, soit censé due-
ment & légitimement fait, tout
de même que si cela avoit été
fait par ordre du Peuple.

SANCTION.

Si quelcun , pour satisfaire
à

à cette Loi , a fait ou fera dé-
sormais quelque chose contre les
Loix , les Ordonnances du Peu-
ple , ou les Arrêts du Sénat ,
ou ne fait pas au contraire quel-
que chose à quoi il étoit tenu
en vertu d'une Loi , d'une Or-
donnance du Peuple , ou d'un
Arrêt du Sénat ; que cela ne
lui porte aucun préjudice , qu'il
ne soit obligé de donner rien au
Peuple à cause de cela , que
personne n'ait action contre lui,
que personne n'en prenne con-
noissance , & ne souffre qu'on
le cite pour ce sujet devant
lui.

Voilà ce que porte le fragment de
l'Inscription. Cette piéce originale renferme très-clairement la concession d'un
Pouvoir plus que civil , & plus grand
même que celui des Dictateurs ; en
sorte qu'il faut être aveugle pour ne
pas l'appercevoir. Aussi a-t-elle fait la
ma-

_____

(1) On trouvera les raisons pourquoi ils ont soupçonné de fausseté cette Inscription , & la réfutation
de

matiére principale des difputes entre les Savans fur ce fujet. Les uns la re-jettent (1) entiérement, comme un monument fuppofé : mais c'eft cou-per le nœud, que l'on ne peut délier, ou plûtôt c'eft montrer que l'on eft peu habile en ce qui regarde la con-noiffance des anciennes Infcriptions. Les autres prétendent, que la *Loi Roiale* eft née avec l'Empire de *Vef-pafien*, ou que, quelle que foit d'ail-leurs fa prémiére origine, on la pro-pofa de nouveau & on la confirma en faveur de *Vefpafien*, à caufe de la baf-feffe de fon extraction : mais c'eft ce qui s'appelle deviner. Pour moi, je fuis perfuadé que, depuis *Tibére* juf-qu'à *Romulus Auguftule*, le dernier des Empereurs d'*Orient*, on jouoit une femblable Comédie toutes les fois que le Gouvernement changeoit de main, & qu'à l'avénement de chaque Empe-reur on repetoit la même Ordonnance du Sénat, & dans les mêmes termes, en y ajoûtant peut-être quelque petite chofe. En voici des exemples, outre ceux que nous avons déja alleguez.

C A-

de ces raifons, dans le Commentaire, que j'ai déja cité, de GERHARD COCCEIUS, pag. 523. & feqq.
(1) *Actis*

CAPITOLIN dit, que *Marc Antonin* & *Lucius Vérus*, (1) *après que tout ce qui devoit se faire dans le Sénat fut achevé*, c'est-à-dire, les Arrêts, que le Sénat avoit accoûtumé de donner, *s'en allérent ensemble au Camp de la Garde Prétorienne.* Lorsqu'*Antonin le Pieux* (2) eût été adopté par *Hadrien,* il le remercia en plein Sénat des bons sentimens qu'il avoit témoignez en sa faveur : il fut en même tems établi Collegue de son Pére adoptif dans la Puissance Consulaire, & dans celle du Tribunat. Comment cela? si ce n'est de la même maniére que tout ce qui passoit en déliberation dans cette auguste Assemblée, dans ce Conseil le plus relevé de l'Univers, je veux dire, par un Arrêt du Sénat? Après la mort d'*Antonin le Pieux*, *Marc Antonin* (3) partagea

---

(1) *Actis igitur quæ agenda fuerant in Senatu, pariter castra prætoria petiverunt.* Vit. M. Anton. Philosoph. Cap. VII.

(2) *Adoptatus est quinto Kalend. Martias die, in Senatu gratias agens quod de se ita sensisset* Hadrianus: *factusque est Patri & in imperio Consulari, & in Tribunitia potestate, Collega.* CAPITOLIN. Vit. Anton. Pii, Cap. IV.

(3) *Defuncto* Pio, *Marcus in eum omnia contulit, participatu etiam Imperatoriæ potestatis indulto : sibique consortem fecit, quum illi soli Senatus detulisset Imperium. Dato igitur Imperio, & indulta Tribunitia Potestate, Proconsulatûs*

tagea avec *Vérus* toutes ses Dignitez, sans en excepter celle d'*Empereur* , & il l'*associa* à l'*Empire*, *quoi que le Sénat ne l'eût déféré qu'à lui seul.* Lui aiant *donc communiqué l'Empire* , & *la Puissance du Tribunat* , *comme aussi l'Autorité Proconsulaire* , *il voulut qu'on l'appellât* VE'RUS. *Pertinax* , le même jour qu'il fut déclaré Empereur, (4) reçût le nom de PE'RE DE LA PA-TRIE ; *& en même tems l'Autorité Proconsulaire* , *& le droit de faire jusqu'à quatre propositions différentes dans chaque Assemblée du Sénat.* SPAR-TIEN nous apprend , que (5) *Didius Julien* fut déclaré Empereur *par un Arrêt du Sénat* , *qui l'aiant érigé en homme de Famille Patricienne* , *lui donna la Puissance du Tribunat* , *& l'Autorité Proconsulaire.* Le même Empereur,

---

tùs *etiam honore delato* , Verum *vocari præcepit.* Idem. Vit. Veri, *Cap.* III. IV.

(4) CAPITOLIN dit , que ce fut le prémier des Empereurs Romains qui reçut ainsi tout à la fois ces droits & ces titres. *Primus sane omnium* , *'ea die qua* Augustus *est adpellatus* , *etiam* PATRIS PATRIÆ *nomen recepit : nec non simul etiam Imperium Proconsulare* , *nec non jus quartæ relationis.* Cap. V.

(5) *Factoque SC. Imperator est adpellatus* , & *Tribunitiam Potestatem* , *jus Proconsulare* , *in Patricias Familias relatus* , *emeruit.* SPARTIAN. in Did. Julian. *Cap.* III.

(1) Q4

reur, voulant aſſocier *Sévére* à l'Empire (1) *pria le Sénat de faire là-deſſus une Ordonnance.* Lors qu'on eut appris que *Caracalla* avoit été tué, (2) *le Sénat flêtrit ſa mémoire, & le traita de Tyran. Auſſi-tôt après on déféra à Ma*crinus *l'Autorité Proconſulaire, & la Puiſſance du Tribunat.* Après qu'*Hélio*gabale *eût été tué, Alexandre Sévére* (3) reçût le nom d'*Auguſte : & de plus il prit en un ſeul jour le titre de* PE'RE DE LA PATRIE, *l'Autorité Proconſulaire, la Puiſſance du Tribunat, & le droit de faire juſqu'à cinq propoſitions dans chaque Aſſemblée du Sénat : tous honneurs qui lui furent déférez par le Sé*nat. CAPITOLIN rapporte, comme
une

(1) *Quare meliore conſilio ad Senatum venit, petiitque ut fieret Senatuſconſultum de participatione Imperii.* Idem, *Cap.* VI.

(2) *Sed poſteaquam conſtitit ecciſum* [Caracallam,] *Senatus in eum, velut in tyrannum, invectus eſt. Denique ſtatim* Macrino *& Proconſulare imperium, & Poteſtatem Tribunitiam detulerunt.* CAPITOLIN. Cap. VII.

(3) *Auguſtumque nomen idem* [Alexander Severus] *recepit : addito eo, ut & * PATRIS PATRIÆ *nomen, & jus Proconſulare, & Tribunitiam Poteſtatem, & jus quintæ relationis, deferente Senatu, uno die adſumeret.* LAMPRIDIUS, Cap. I.

(4) *Intereſt ut Senatuſconſultum, quo* Gordiani *Imperatores adpellati ſunt.... literis propagetur.* In Gordianis, *Cap.* XI.

(5) *Decretis ergo omnibus Imperatoriis honoribus atque inſigni-*

une chofe digne d'être tranfmife à la Poftérité , (3) *l'Arrêt du Sénat* , (4) *par lequel* LES GORDIENS *furent déclarez Empereurs.* On *décerna à Maxime* & à *Balbin* , (5) dès l'entrée de leur régne , *tous les titres & tous les honneurs des Empereurs : ils furent revêtus dès-lors de la Puiffance du Tribunat , de l'Autorité Proconfulaire , du Grand Pontificat , & du nom de Pére de la Patrie.* HÉRODIEN (6) dit à peu près la même chofe au fujet de ces Empereurs. VOPISQUE témoigne (7) que *Tacite* fut fait Empereur *par un Arrêt du Sénat* , (8) *auquel* Tacite *lui-même foufcrivit de fa propre main* , & *qui fe trouvoit encore* du tems de cet Hiftorien

fignibus , percepta Tribunitia Poteftate , jure Proconfulari , Pontificatu maximo , Patris etiam Patrie nomine , meruerunt imperium. CAPITOLIN. Cap. VIII.

(6) Voiez, au fujet de *Pertinax*, ce que dit cet Hiftorien, *Lib.* II. *Cap.* III. *num.* 10. *Edit. Boecler. Argentor.* Au fujet d'*Alexandre Sévére* , Lib. II. Cap. XII. *num.* 9, 10. Au fujet de *Macrinus* , Lib. V. Cap. II. *num.* 1. Au fujet des *Gordiens* , Lib. VII. Cap. VII. *num.* 4. Au fujet de *Maxime* & de *Balbin* , Lib. VII. Cap. X. *num.* 7, 8.

(7) *Ex Senatufconfulto , quod in* Taciti *vita dicemus,* Tacitus *factus eft Imperator.* VOPISC. *in Aurelian.* Cap. XLI.

(8) *Ac ne quis me* Græcorum *alicui vel* Latinorum *exiftimet temerè credidiffe : habet Bibliotheca* Ulpia *, in* Armario fexto, *librum Eléphantinum, in quo hoc S. C. perfcriptum*

rien *dans la* Bibliothéque (1) Ulpien-
ne, *écrit fur un Livre, dont les feuilles
étoient* (2) *d'yvoire* ; *car*, ajoûte-t-il,
*on a écrit pendant long-tems fur de tels
Livres les Arrêts du Sénat qui concer-
noient les Empereurs.* Le même Auteur
nous a confervé le difcours que fit
dans le Sénat, au fujet de *Probus*, le
Sénateur *Manlius Statianus*, qui étoit
alors le prémier à opiner : & voici
comment il finit : (3) *Je lui décerne,*
MESSIEURS, *felon les vœux de tout
le monde, le nom de* Céfar, & *celui
d'*Augufte ; *j'y joins l'Autorité Proconfulaire, le titre refpectable de* PÈRE
DE LA PATRIE, *le Grand Pontifi-
cat, le droit de faire jufqu'à trois propo-
fitions dans chaque Affemblée du Sénat,
& la Puiffance du Tribunat. Là-deffus on
s'écria unanimement,* Nous le voulons
tous. *Et il en fut fait un Arrêt du Sénat.*

N'ai-

---

fcriptum eft: *cui* **Tacitus** *ipfe manu fua fufcripfit. Nam
diu hæc S. C. quæ ad Principes pertinebant, in libris ele-
phantinis fcribebantur.* Idem, *in* Tacit. Cap. VIII.

(1) C'étoit la Bibliothéque de *Trajan*, ainfi appellée du nom de la Famille de cet Empereur. Voiez
JUSTE LIPSE, *Syntagm. de Bibliothecis*, Cap. VII.

(2) Voiez là-deffus le Commentaire de SAUMAI-
SE ; & le Traité de LIPSE, que je viens de citer,
Cap. IX.

(3) P•-

N'ai-je donc pas raison, MES-
SIEURS, de conclurre hardiment,
que ce que l'Hiſtoire nous montre tant
de fois pratiqué au commencement du
régne des Empereurs, l'a toûjours été
dans la cérémonie de leur inaugura-
tion? & que, ſi on ne trouve rien là-
deſſus à l'égard de quelques-uns, ce
ſilence ne prouve point qu'ils n'aient
pas été élevez de la même maniére au
Gouvernement de l'Empire Romain,
mais ſeulement qu'on a omis cette circonſtance, comme une choſe trop
connuë? Il y a certainement tout lieu
de croire, que l'Arrêt du Sénat, dont
il s'agit, fait, pour ainſi dire, de piéces rapportées, & compoſé de tant de
morceaux de la Pourpre des *Céſars*,
que l'on avoit peu-à-peu couſus en-
ſemble ; devint avec le tems une for-
malité ordinaire, que l'on renouvel-
loit, avec quelques petits changemens,

à

(3) *Poſt hæc* Manlius Statianus, *qui prima ſententiæ
tunc erat* : .... *Decerno igitur*, PATRES CONSCRIP-
TI, *votis omnium concinentibus, nomen* Cæſareum, *nomen*
Auguſtum ; *addo Proconſulare imperium.*, PATRIS PA-
TRIÆ *reverentiam*, *Pontificatum maximum*, *jus tertiæ
relationis*, *Tribunitiam Poteſtatem. Poſt hæc adclamatum
eſt*, Omnes, omnes. *Accepto igitur hoc S. C. &c.* VO-
PISCUS, *in Probo*, Cap. XII, XIII,

(1) C'eſt

à l'inſtallation de chaque nouvel Empereur. A la fin, le nom de *Roi* aiant ceſſé d'être odieux parmi les *Romains*, en ſorte qu'on ne regardoit plus comme une choſe abominable, ni même honteuſe, d'être ſoûmis à une Domination Monarchique, & que l'on pouvoit, ſans choquer perſonne, appeller *Rois* les Empereurs, & qualifier *Roial* tout ce qui avoit du rapport à eux: les Juriſconſultes, toûjours fort ſubtils & fort ingenieux à inventer les inſtrumens de leur Art, à cauſe dequoi auſſi leurs Envieux les traitoient (1) de *ſiffleurs de formules*, & d'*éplucheurs pointilleux de ſyllabes*; les Juriſconſultes, dis-

(1) C'eſt ce que l'on trouve dans CICERON : *Ita & tibi Juriſconſultus ipſe per ſe nihil niſi Leguleius quidam cautus & acutus, præco actionum,* CANTOR FORMULARUM, AUCEPS SYLLABARUM. De Oratore, *Lib.* I. *Cap.* LV. Et on n'avoit pas tout à-fait tort de reprocher aux anciens Juriſconſultes leurs pointilleries ſuperſtitieuſes & leurs vaines ſubtilitez, comme il ſeroit aiſé de le montrer, s'il s'agiſſoit ici de cela.

(2) Voiez là-deſſus une grande Note de CASAUBON, ſur SPARTIEN, *in Hadrian.* Cap. XI.

(3) —— *Longamque tibi,* REX MAGNE, *juventam Annuit, atque ſuos promiſit* Juppiter *annos.* SILVAR. *Lib.* IV. *Carm.* I. *verſ.* 46.

Je m'étonne que nôtre Auteur ne cite point ici TACITE, qui vivoit à peu près dans le même tems, & qui lui a donné occaſion de traiter la matiére. Cet Hiſtorien appelle la Maiſon d'*Auguſte,* DOMUS REGNATRIX ; *Annal.* Lib. I. Cap. IV. *num.* 4. & la Cour des

dis-je, appellérent alors *Loi Roiale*, l'Arrêt du Sénat par lequel les Empereurs étoient revêtus de l'Autorité Suprême.

Je croirois aifément que ce furent les (2) *Grecs* qui commencérent à regarder les *Empereurs* comme des *Rois*; & que les *Latins* s'y accoûtumérent enfuite, à leur exemple. Entre ceux-ci, le Poëte S T A C E eft le prémier qui l'aît fait, dans un Poëme compofé en l'honneur de *Domitien*, à l'occafion de fon dix-feptiéme Confulat; car il lui donne là le titre de (3) *Grand Roi*. On voit enfuite qu'*Hadrien* confultant un jour le Sort (4) dans quelques

des Empereurs R E G I A , Lib. XI. Cap. XXIX. *num.*
2. XIV, 13. *num.* 1. Il fe fert auffi du mot de R E-
G N U M , en parlant de la dignité & de la puiffance
des Empereurs, *Annal.* Lib. XII. Cap. LXVI. *num.* 3.
& Lib. XIII. Cap. XIV. *num.* 1.

L. (4) C'étoit une des maniéres dont on fe fervoit
pour connoître l'avenir. On choififfoit par ci par-là
des vers de quelque Poëte célébre , qui contenoient
des fens approchans de ce que l'on fouhaittoit de favoir ; & on les mettoit dans des billets différens,
que l'on tiroit enfuite au fort. Cette fuperftition paffa même aux *Chrétiens*, & fe conferva parmi eux affez
long tems. Voiez C A S A U B O N fur le paffage de
S P A R T I E N, d'où ceci eft tiré: comme auffi G A T A-
K E R , dans fon Traité Anglois *de la nature & de l'u-
fage du Sort* , Chap. X. §. 10. & les *Reflexions* de Mr.
L E C L E R C *fur le Bonheur & le Malheur* &c. Chap. IX.
pag. 113 , *& fuiv.*

D   (1) *Qua*

ques paſſages de VIRGILE, (1) trouva des vers de l'*Enéide*, qui ſignifient:
*Voilà les cheveux & la barbe griſe d'un
Roi Romain.* Un autre (2) Empereur
uſant du même genre de divination,
apprit par là, que *ſes Petits-fils & leurs
Deſcendans régneroient après lui.* Et les
Aſtrologues avoient prédit, que *Julie,*
Femme de l'Empereur *Sévére,* (3) ſeroit un jour mariée à un Roi. De ces
prétendus Oracles on inféra que c'é-
toit avec l'approbation même des Dieux
que les Empereurs pouvoient être ho-
norez du titre de *Roi.* LAMPRIDIUS
(4) parlant des différens caractéres des
Em-

(1) *Quo quidem tempore, quum ſolicitus de Imperatoris
erga ſe judicio, Virgilianas ſortes conſuleret,*
Quis procul ille autem ramis inſignis olivæ
Sacra ferens? noſco crines incanaque menta
REGIS ROMANI. . . . .
Sors excidit &c. SPARTIAN. *Hadri*n. Cap. II. Ces
vers ſont du VI. Livre de l'*Enéide*, verſ. 808, & ſeqq.
(2) *Flavius Claudius le Gothique,* qui vouloit ſavoir
combien de tems il ſeroit Empereur: *Nam quum conſuleret, factus Imperator, quamdiu imperaturus eſſet, ſors
talis emerſit:*
Tu qui nunc patrias gubernas oras
REGNABUNT etenim tui minores,
Et REGES facient ſuos minores.
TREBELL. POLLIO, *in Divo Claudio,* Cap. X.
(3) *Et quum audiſſet eſſe in Syria quamdam, quæ id ge-
nituræ haberet,* UT REGI JUNGERETUR, *eamdem
uxorem petiit,* Juliam *ſcilicet.* SPARTIAN. *in Vit. Sever.* Cap. III.
(4) *Nam & minus boni* REGES *fuerunt, & peſſimi.*
LAM-

Empereurs, dit qu'*il y en a eu qui ont été de méchans Rois, & d'autres très-méchans.* Un Poëte Anonyme de ces tems-là, appelle *Sévére* (5) *nôtre Roi.* Un des *Trente Tyrans* fut élevé à l'Empire par les Soldats (6) à cause d'un de ses noms, qui étoit dérivé de celui de *Roi.* Il s'appelloit *Q. Nonius* REGILLIANUS: *Donc,* disoient les uns, *il peut être Roi. Dieu t'a donné le nom de Roi,* disoient les autres. AMMIEN MARCELLIN n'a pas fait difficulté (7) de qualifier *Reine* l'Impératrice *Eusébe*, Femme de l'Empereur *Constance.* SPARTIEN appelle le Palais de l'Em-

LAMPRIDIUS, *in Heliogabalo*, Cap. XXXIV.

(5) *Poëta vero temporum* Alexandri, *hæc in eum dixit:*
Pulchrum quod vides esse NOSTRUM REGEM,
&c. Idem *in Alex. Sever.* Cap. XXXVIII.

(6) *Nam quum Milites quidam cum eo cœnarent, exstitit Vicarius Tribuni, qui diceret:* REGILLIANI *nomen unde credimus dictum? Alius continuo:* Credimus, quod à regno. *Tum is, qui aderat Scholasticus, cœpit quasi grammaticaliter declinare, & dicere:* Rex, regis, regi, Regillianus. *Milites, ut est hominum genus pronum ad ea quæ cogitant:* Ergo potest REX esse. *Item alius:* Ergo potest nos regere. *Item alius:* Deus tibi REGIS nomen imposuit. *Quid multa? His dictis quum alia die mane processisset, à principiis Imperator est salutatus.* TREBELL. POLL. *in* Triginta Tyrann. *Cap.* X.

(7) *Inter hæc* Helenæ *Sorori* Constantii, Juliani *Conjugi Cæsaris,* Romam *adfectionis specie ductæ* REGINA *tunc insidiabatur* Eusebia &c. *Lib.* XVI. *Cap.* X. pag. 146, 147. *Ed. Valef. Gronov.*

D 2   (1) Re-

l'Empereur, (1) le *Palais Roial* ; LAM-
PRIDIUS & TREBELLIUS POL-
LION (2), la *Maison Roiale*. Il y a-
voit dans la Chambre de l'Empereur
une (3) Statuë d'or, repréſentant la
Fortune, que l'on regardoit comme
un ſymbole & un gage du bonheur
des Princes régnants, & qu'*Antonin le
Pieux*, (4) étant ſur le point de mourir, fit tranſporter dans la Chambre
de *Marc Antonin*, le Philoſophe,
comme devant être ſon Succeſſeur :
SPAR-

(1) *Regia.* L'Auteur cite ici la Vie que cet Hiſtorien
a faite d'*Ælius Verus*. Mais dans toute cette Vie il n'y
a qu'un ſeul endroit où l'on trouve le mot de *Regia*,
qui ſignifie là autre choſe : *Sepultuſque eſt* [Ælius Ve-
rus] *imperatorio funere : neque quidquam de* REGIA, *niſi
mortem, habuit,* DIGNITATE (ou, comme porte un
MS. de la Bibliothéque Palatine, *niſi mortis habuit di-
gnitatem.*) Cap. VI. C'eſt-à-dire : " Tout ce qu'il eut
„ de l'éclat de la Roiauté, ce fut la ſépulture. Ainſi
il s'agit-là de la *Dignité Roiale*, & non pas du *Palais
Roial*; comme l'a cru nôtre Auteur. Ce paſſage peut
néanmoins ſervir à ſon but par un autre endroit ; puis
que la dignité d'Empereur y eſt qualifiée *Roiale*.
(2) *Et ſic eſt veſtatus intra* DOMUM REGIAM.
LAMPRIDIUS, Heliogab. Cap. XXVIII. *Ad* DO-
MUM REGIAM *rediit.* TREB. POLL. Gallien. *Cap.*
IX. CAPITOLIN dit *domus imperatoria*, in Vero, *Cap.*
II. *in fin.*
(3) Voiez, au ſujet de ces ſortes de Statuës, une
remarque longue & curieuſe de CASAUBON, ſur
SUETONE, *Vit. Auguſti*, Cap. VII.
(4) CAPITOLIN, *Vit. Antonin. Pii*, Cap. XII. &
M. *Anton. Philoſ.* Cap. VII.
(5) FORTUNAM *deinde* REGIAM, *qua comitari
Principes, & in cubiculis poni ſolebat, geminare ſtatuerat,*
ut

SPARTIEN (5) appelle cette Statuë, *la Fortune Roiale.* Dans les Auteurs de l'*Hiſtoire Auguſte*, que je viens
de citer, on trouve auſſi ſouvent,
quand il s'agit des Empereurs : *Une* (6)
Adoption Roiale, *un poſte Roial*, les
Ornemens Roiaux, (7) un *Appareil
Roial*, une (8) *Pompe Roiale*, la *Statuë
du Roi*, le *Veſtibule Roial*, le *Siége
Roial*, (9) les *Eſclaves du Roi*, un *préſent Roial*, un *Habit Roial*, des (10)
Funerailles Roiales, un *Monument Roial :*
Tou-

ut ſacratiſſimum ſimulacrum utrique relinqueret filiorum.
Vit. Septim. Sever. Cap. XXIII.

(6) *Quumque ab eo Domeſtici quærerent, cur triſtis in*
ADOPTIONEM REGIAM *tranſiret, diſputavit quæ mala
in ſe contineret Imperium.* CAPITOLIN. *in Anton. Phi-
loſoph.* Cap. V.

(7) *Quem quidem* [Maximinum] *& purpura circumdede-
runt,* REGIOQUE ADPARATU *ornarunt.* CAPITO-
LIN. *in Maximino*, Cap. XI. Voiez auſſi LAMPRI-
DIUS, *Alex. Sev.* Cap. XXXII.

(8) *Poſt hoc* Carthaginem *ventum cum* POMPA RE-
GALI *& faſcibus laureatis.* CAPITOLIN. *in Gordian.*
Cap. IX.

(9) *Tunc liberè* Servianum, *quaſi adſeſtatorem Imperii,
quòd* SERVIS REGIS *cœnam miſiſſet ; quòd in* SEDILI
REGIO *juxta lectum poſito ſediſſet.* SPARTIAN. *in Hadrian.* Cap. XXIII.

(10) *Ac præcipue* Antoninum *honorabiliter ſepeliret, duc-
to* FUNERE REGIO. CAPITOLIN. *in Macrin.* Cap.
V. On trouve auſſi *Opes regia* dans VOPISQUE, *Aurelian.* Cap. XXXIV. & SPARTIEN, *Septim. Sever.*
Cap. IV. *Regia dignitas,* Æl. VER. Cap. VI. *Regia pulcritudo,* Ibid. Cap. V. *Regio more,* Hadrian. *Cap.* XI. *Regia animalia,* VOPISC. *Aurelian.* Cap. XX.

D 3   (1) Tan-

Toutes expreſſions que perſonne n'auroit laiſſé échapper un ſiécle après l'é-
tabliſſement de la Monarchie des Empereurs.   Tant il eſt vrai, que (1) la
longueur du tems peut cauſer de grandes révolutions.

Au reſte, quoi que la *Loi Roiale* ne
fût proprement qu'un *Arrêt du Sénat*,
comme quelques-uns auſſi l'appellent;
cela ne doit faire aucune peine.   Car
on voit que l'Ordonnance, dont parle
le T A C I T E, & qu'il dit avoir été
faite par le Sénat en faveur de *Veſpa-
ſien*, eſt nommée *Loi* par trois fois
dans l'Acte qui fut mis par écrit ſur
ce ſujet, & dont nous avons rapporté les articles qui nous reſtent.   D'ailleurs, depuis que tout ce qui ſe faiſoit
dans les Aſſemblées du Peuple eût été
(2) remis à la diſpoſition de Sénat, il
falloit auſſi que les Loix ſe fiſſent-là;
& la différence qu'il y avoit autrefois
entre les *Arrêts du Sénat*, & les *Loix*,
à cauſe de la diverſité des lieux où
l'on déliberoit & des perſonnes qui
don-

(1) *Tantum ævi longinqua poteſt mutare vetuſtas.*
   V I R G I L. *Æneid.* Lib. III. verſ. 415.
(2) Cela arriva ſous *Tibére*, qui, pour ſe rendre
plus abſolu, augmentoit auſſi en apparence l'autorité
du

donnoient leurs suffrages, s'évanouit alors & tomba d'elle-même par ce changement des choses. Enfin, il est assez conforme au génie de la Langue Latine, de dire une *Loi Roïale* : mais elle ne sauroit souffrir qu'on applique l'épithéte de *Roïal* à un *Arrêt du Sénat*, & l'usage introduit par les Jurisconsultes Romains, y répugne absolument. Ces habiles Jurisconsultes, lors que la puissance excessive d'un seul homme ne fut plus un grand mystére; lors que le Peuple Romain, accoûtumé à subir le joug, n'eût plus la moindre ombre de liberté, en eût dépouillé tout désir & perdu jusqu'à la mémoire; lors que personne n'avoit honte de craindre l'Empereur; lors que le Prince pouvoit tout, & le Peuple rien, sans qu'il fut ni dangereux pour le prémier qu'on y fît attention, ni difficile à digerer pour le dernier, sans qu'on regardât cela comme l'effet d'un orgueil insolent dans le Prince, & d'une grande lâcheté dans le Peuple;

du Sénat, aux dépens de celle du Peuple. *Tum primum è Campo Comitia ad Patres translata sunt.* TACIT. *Annal.* I, 15. *Verum.* Tiberius *vim principatûs sibi firmans, imaginem antiquitatis Senatui præbuit.* Idem, III, 60.

D 4   (1) C'est

ple ; lors enfin qu'on pouvoit impunément dire les chofes par leur nom : ces
Jurifconfultes appellérent *Loi Roiale* ,
l'acte par lequel le Peuple avoit réfi-
gné aux Empereurs toute fon Autorité & tout fon pouvoir ; parce que,
dans le tems même (1) qu'on n'auroit
ofé fe fervir du terme de *Roi* , les Empereurs avoient effectivement en main
une Puiffance Roiale.

VOILA`, MESSIEURS, ce que
j'avois réfolu de dire , pour éclaircir
entiérement une queftion jufqu'ici affez

---

(1) C'eft ce que CICERON avoit remarqué , dès
le commencement de la Monarchie; puis qu'il dit en
parlant de *Jules Céfar*: QUORUM [Sibyllinorum ver-
fuum] *interpres nuper, falfa quadam hominum fama, dic-
turus in Senatu putabatur, cum, quem* REVERA RE-
GEM HABEBAMUS, *adpellandum quoque effe Regem,
fi falvi effe vellemus.* De Divinatione, *Lib.* II. *Cap.* LIV.
APPIEN fait la même reflexion dans la Préface de
fon Hiftoire, où il dit que les Empereurs Romains
font au fond de véritables Rois, quoi qu'on ne leur
donne pas ce titre, apparemment, ajoûte-t-il, à caufe de l'ancien ferment que les *Romains* firent en abo-
liffant la Roiauté, du tems des *Tarquins*. Καὶ ὅσιν ἥδε
ἡ ἀρχὴ μέχρι νῦν ὑφ' ἑνὶ ἄρχοντι· ἐς ΒΑΣΙΛΕΑΣ
οὐδ' ὀ λέγουσιν, ὡς ἐγὼ νομίζω, τῷ ὅρκον αἰδέμενοι τῷ πα-
λαι.... ΕΙΣΙ ΔΕ ΕΡΓΑΤΑ ΠΑΝΤΑ ΒΑΣΙ-
ΛΕΙΣ. Pag. 6. *Ed. Amftelod. Præfat.* DION CAS-
SIUS dit auffi quelque chofe de femblable : Καὶ οὕ-
τως ἐκ τούτων τῷ δημοκρατικῶν ὀνομάτων, πᾶσαν τὴν τῷ
πολιτείας ἰσχὺν περιέβληνται ἀσε καὶ ΤΑ ΤΩΝ
ΒΑΣΙΛΕΩΝ, πλὴν τοῦ φαντικοῦ τῷ προσηγορίας αὐτῶν, ΕΧΕΙΝ. Lib. LIII. pag. 583. A. Voiez auffi
pag. 581. C.

fez obfcure. L'autorité de toutes les Conftitutions & de tous les Refcripts des Empereurs, eft par là établie fur quelque chofe de réel & de certain, & non pas fur une pure chimére ; fondée fur des Loix, & non pas uni- quement fur la force. Nous avons en même tems foûtenu l'honneur des plus illuftres Auteurs des Loix qui compo- fent le Droit Civil. Je pourrois ajoû- ter bien des chofes, & des chofes confidérables, pour confirmer & éten- dre ce que j'ai dit : mais il y en a affez pour les perfonnes intelligentes ; & l'on fe laffe enfin d'écouter. Je n'irai donc pas plus loin, & je vous laifferai volontiers prononcer fur ce que vous venez d'entendre ; perfuadé que, fi mon opinion ne vous paroît pas bien fondée, vous approuverez du moins le défir que j'ai eu de trouver la véri- té, & la peine que j'ai prife pour la chercher.

FIN *du Difcours fur la* LOI ROIALE.

DISCOURS
DU TRADUCTEUR

Sur la nature du SORT.

Occasion de ce Discours. I. *Contradiction dans la conduite de Mr.* D. J. II. *Ses maniéres peu civiles : ses efforts pour déprimer le* TRAITÉ DU JEU, *& son Auteur.* III. *Cause de son petit dépit.* IV. *Sa variation à l'égard de la maniére dont il parle des* Péres de l'Eglise. V. *Faux raisonnement qu'il fait , de même nature précisément que celui dont il m'accuse mal-à-propos. Si le silence de l'Ecriture Sainte prouve que le* SORT *n'a jamais été emploié parmi les* Juifs , *qu'en matiére de choses graves ; & que tout autre usage du Sort est une profanation ?* VI. *Suppression d'une restriction essentielle dans un passage de ma* Préface, *que Mr.* D. J. *cite. Ses idées outrées sur les* Divertissemens. *Plaisante pensée d'*ORIGÉNE, *sur les* Anges. *Que tout ce qui con-*

convient à la perfection des Etres d'un
certain Ordre, ou qui se trouvent dans
un certain état, n'est pas nécessaire
pour la perfection de ceux d'un autre
Ordre, ou qui se trouvent dans un é-
tat différent. VII. *Autre passage,*
tronqué par Mr. D. J. *En quel sens*
il est non seulement permis, mais en-
core ORDONNÉ *de se divertir.*
Passage de GATAKER *là-dessus.*
VIII. *Troisiéme critique, fondée sur*
une suppression d'une restriction essen-
tielle. En quel sens il suffit que l'on
PRENNE DU PLAISIR *à une cho-*
se, pour que l'usage en soit innocent.
IX. *Que Mr.* D. J. *soûtient trop*
hardiment, qu'aucun des Théologiens
qui ont condamné absolument les Jeux
de Hazard, *n'a cru que* DIEU *in-*
tervient miraculeusement dans le Sort.
Passages de trois Théologiens, qui
prouvent le contraire. X. *Désordre*
& obscurité des pensées de Mr. D. J.
Que la question du Concours de Dieu
ne fait rien ici. XI. *Embarras &*
contradiction des idées de Mr. D. J.
XII. *Que les* Loix du Mouvement
ne doivent point être excluës de l'exa-
men de cette matiére. XIII. *Si la*

vo-

volonté de l'Homme n'a pas quelque part à la détermination du Sort ? Inutilité de la distinction des deux Volontez, la Divine & l'Humaine, pour établir quelque différence entre la Providence qui dirige les effets de l'industrie des Hommes, & celle qui intervient dans le Sort. XIV. Idées bizarres que Mr. D. J. a de la Providence. *Qu'à parler physiquement les Hommes sont aussi bien la cause des événemens qu'ils procurent par une direction aveugle, que des effets de leur industrie & de leur prudence.* XV. Pensées inintelligibles, ou hors d'œuvre, de Mr. D. J. XVI. L'incertitude de l'événement ne change pas la maniére d'agir de la Providence. *Que le mot de* Hazard *se trouve dans l'Ecriture Sainte, & cela sans aucun rapport à une Providence particuliére. Vaine déclamation de Mr.* D. J. XVII. Que le dessein des Hommes, qui usent du Sort, ne rend pas la Providence plus immédiate & plus respectable. *Que, dans le Sort commun, il n'y a point d'arbitrage, par lequel on se remette à la décision de Dieu. Quels sont les effets où le* Vulgai-

gaire croit que la Providence intervient plus particuliérement. Pourquoi on a regardé les Eclipses &
les Cométes, comme des miracles &
des signes de la Colére du Ciel. D'où
vient que la Pluie, l'Arc-en-ciel,
les Vents, le Tonnerre, les Tremblemens de terre, reveillent une idée
de Providence particuliére. Raison
pourquoi quelques Joueurs attribuent à
DIEU les bons ou les mauvais coups.
Que le Sort pourroit avoir lieu, quand
on supposeroit qu'il n'y a point de Providence. XVIII. Si l'usage du Sort
renferme une PRIE'RE, expresse ou
tacite ? Passage de GATAKER là-
dessus. Qu'il y auroit souvent de la
profanation à prier Dieu, dans l'usage du Sort. XIX. Si les actions de
graces qu'on est obligé de rendre à
DIEU, pour l'heureux succès du Sort,
supposent une intervention extraordinaire de la Providence: XX. De
l'exemple des Criminels, qui tirent
aux billets. En quel sens on peut dire,
que la décision du Sort est un effet de
la volonté de DIEU. XXI. Conséquence absurde qui suit des principes
de Mr. D. J. Exemple retorqué con-

tre lui. XXII. *Bizarrerie, & incon-*
stance du Sort. Autre passage de GA-
TAKER. *On peut revoquer la déci-*
sion du Sort. Pourquoi, dans un tems
de Peste ou de Persécution, plusieurs
Ministres peuvent tirer au sort en-
tr'eux. XXIII. *De ce que le Jeu*
est un amusement, il ne s'ensuit point
qu'il y ait de la profanation à y em-
ploier le Sort. XXIV. *Le peu d'im-*
portance de la chose ne fait rien non
plus ici. Que le Sort seroit illicite,
même dans les Partages, selon les
principes de Mr. D. J. XXV. *Au-*
tre conséquence absurde. XXVI. *Du*
passage des PROVERBES, Chap.
XVI. vers. 33. XXVII. *De celui*
du même Livre, Chap. XVIII. vers.
18. *Que, parmi les Juifs, on se ser-*
voit du Sort en matiére de plusieurs
choses de peu d'importance. Que ce
sont celles où l'usage du Sort convient
le mieux. XXVIII. *Fausse raison ti-*
rée des exemples du Sort, qui se trou-
vent dans l'Ecriture. XXIX. *Sup-*
position gratuite de Mr. D. J. *sur la*
raison qui a fait établir au commence-
ment l'usage du Sort. XXX. *Histoi-*
re de l'origine & des progrès de cet
usa-

D U S O R T. 87

usage, conforme à ce qui nous reste des Monumens de l'Antiquité.
XXXI. Preuve tirée des exemples
qu'on trouve dans HOMÉRE.
XXXII. Réponse à l'objection qu'on
pourroit faire, sur ce que, dans un de
ces exemples, il y a une invocation de
la Divinité. Que les Païens croioient,
que la Divinité dirige toute sorte d'é-
vénemens. XXXIII. Fausse application de l'exemple d'Haman, qui se
trouve dans le Livre d'ESTHER.
bevuë de Mr. D. J. XXXIV. D'où
vient le mot de Sorcier. Pourquoi quelques Péres de l'Eglise ont
regardé le Sort comme une chose sacrée. Que les Païens, lors même
qu'ils faisoient un usage superstitieux
du Sort en certaines choses, n'y atta-
choient d'ailleurs aucune sainteté dans
les affaires communes de la Vie.
XXXV. Preuve, tirée d'une Comédie de PLAUTE. XXXVI. Que
les Païens ont emploié le Sort en matiére de choses peu sérieuses. De la
coûtume de créer par le sort un Roi
du Festin. Antiquité des Jeux de Hazard. XXXVII. Explication d'un
passage de PLATON, que Mr. D. J.
cite

cite à l'aventure. XXXVIII. *Paſſages d'autres Auteurs Paiens , qui
montrent qu'ils avoient du Sort u-
ne toute autre idée , que celle que
Mr.* D. J. *leur attribuë ſans preuve.*
XXXIX. *Autre raiſon , qui prouve
la même choſe. Là où l'uſage du Sort
étoit établi pour les Elections , on ne
laiſſoit pas d'examiner & de rejetter
quelquefois ceux qui avoient été déſi-
gnez par le Sort.* XL. *Paſſages de*
PHILON *& de* JOSEPH, *qui font
voir que les* Juifs *ne concevoient aucune ſainteté dans le Sort , ni aucune
Providence particuliére.* XLI. *Fauſſe imputation de Mr.* D. J. *au ſujet
de ce que j'ai dit de la Providence,
par rapport au Sort.* XLII. *Autre
endroit , où il prend mal ma penſée.
De l'exemple de* Matthias , *où Mr.*
D. J. *par une ſingularité ſans raiſon ne trouve rien que d'ordinaire.*
XLIII. *Fauſſe conſéquence qu'il tire
d'une façon de parler très-commune,
pour me faire regarder comme nageant
dans le doute.* XLIV. *Critique ridicule de ce que j'ai dit des* Contracts
d'Aſſûrance, *comparez avec les* Jeux
de Hazard. XLV. *Réponſe à une*
                                    ob-

objection frivole, tirée de ce qu'on peut jouer aux Dez ou aux Cartes sans que les Joueurs eux-mêmes les touchent. XLVI. *Autre critique absurde. Que la plûpart des* Jeux d'Adresse *seroient essentiellement criminels, selon les principes de Mr.* D. J. XLVII. *Déclaration de l'Auteur de ce Discours.* XLVIII. *Conclusion générale.*

C OMME j'allois faire un mot d'Avertissement sur cette seconde Edition des *Discours de Mr.* NOODT, on m'a apporté certaines (a) *Lettres* de Mr. DE JONCOURT, sur lesquelles j'ai jugé à propos de dire quelque chose, quoi que la matiére par elle-même n'aît aucun rapport avec celle du Pouvoir des Souverains, & de la Liberté de Conscience. Il y a long tems qu'on m'avoit donné avis, que ces Lettres étoient sous la presse, & que l'Auteur m'y attaquoit de compagnie avec Mr. LA PLACETTE. J'attendois fort patiemment de les voir enfin éclorre; & sur ce que je savois de la maniére dont l'Auteur s'y prenoit contre moi,

&

(a) *Quatre Lettres sur les Jeux de Hazard, imprimées à La Haie, en* 1713.

& du jugement qu'en avoient fait quelques perſonnes à qui il avoit communiqué ſon Ouvrage, j'étois bien perſuadé que je pourrois me diſpenſer d'y répondre dans les formes. La lecture du Livre même n'a fait que me confirmer dans cette penſée : & s'il n'étoit tombé entre mes mains dans un tems de Féries, & préciſément lors que je me diſpoſois à envoier aux Imprimeurs la Traduction que je redonne ici au Public, je ne crois pas que de ma vie il me fût venu dans l'eſprit de prendre la plume pour rien écrire contre un homme qui m'attaque avec tant de fierté & ſi peu de jugement, Je tâcherai, en le repouſſant comme il le mérite, de dire des choſes qui dédommagent le Lecteur de certaines diſcuſſions peu agréables, où je me vois obligé d'entrer malgré moi : & j'eſpére que dans ce Diſcours, on trouvera, avec une juſte idée de la Nature du Sort, bien des reflexions qu'on ne ſera pas fâché de lire.

§. I. J'AI été ſurpris, (& tout le monde, à mon avis, l'aura été comme moi) de voir qu'un homme, qui a tant déclamé contre les myſtiqueries de

de certains Théologiens en matiére de
chofes fpéculatives, & qui en les atta-
quant fans beaucoup de néceffité, s'eft
expofé à être repouffé par une forte
d'armes bien plus efficace que les raifons; qu'un tel homme, dis-je, vienne aujourd'hui débiter avec emphafe
& avec chaleur une des plus grandes
myftiqueries que l'on puiffe imaginer
en matiére de Morale. Il eft fans doute incomparablement plus dangereux
de propofer aux Chrétiens, par rapport à leurs Devoirs, de miférables
raifons, qui rendent inutile tout ce
que l'on dit de bon, telle qu'eft la
prétendue profanation dans l'ufage du
Sort appliqué au Jeu; que de donner
des explications typiques ou allégori-
ques de plufieurs endroits de l'Ecriture, où il n'y a rien que de fimple &
de litéral. D'ailleurs, le même tour
d'efprit qui enfante les derniéres, produit auffi les prémiéres; & cela fait
un plaifant contrafte dans la conduite
du Miniftre de *la Haie.*

§. II. IL ME donne par-ci par-
là, dans fa *Troifiéme Lettre*, dont la
moitié eft contre moi, des éloges que
je ne mérite point, & dont je l'aurois
affû-

affûrément tenu quitte. On y fent
d'ailleurs quelque chofe de forcé , &
on voit bien qu'il a voulu par là où
relever l'éclat de fon triomphe imaginaire , ou peut-être même adoucir en
quelque façon les airs peu modeftes &
peu civils qu'il fe donne. Il n'oublie
rien pour me faire regarder comme un
(a)Pag.101. Ecrivain *peu exact* (a) *dans ce que j'é-*
cris, dans les principes que je pofe, dans
les conféquences que je tire. Il prétend
(b) Pag. (b) que *je contredis mille fois dans mon*
111, 112. *gros Ouvrage les maximes & les reflexions*
fages , que j'avois établies d'abord ;
quoi qu'ailleuis il veuille bien recon-
(c)Pag.113. noître que (c) *les chofes bonnes & fages*
que je dis dans *une infinité de remarques*
& de reflexions fur les inconvéniens *&*
fur le danger *de toutes fortes de Jeux,*
font les trois quarts de mon Ouvrage. Il
(d) Pag. 98, infinuë autant qu'il peut , (d) que je
109, 172. ne fuis que l'écho de Mr. *La Placette,*
qui n'a jamais eu deffein, comme moi,
de donner un Traité complet fur le
Jeu, & qui, à ce que je crois, ne fera pas plus en ceci du fentiment de
Mr. *D. J.* qu'au fujet de la nature du
Sort. Pour empêcher néanmoins que
je ne tire avantage de cette conformité

té avec un si célébre Théologien, il a soin d'avertir le Lecteur, que (a) *ma Morale est moins exacte, moins chaste, & moins Evangélique* ; & que *je* (b) *ne suis pas fort rigide.* Ce qu'il y a de plaisant, c'est que, pour mettre dans un faux jour l'économie de mon Ouvrage, il (c) s'avise de le réduire à un Abrégé sec, étranglé, & mal entendu ; comme si je n'en avois pas moi-même donné le plan dans ma Préface, & comme si ce Livre étoit écrit à bâtons rompus, tels que sont ceux dont Mr. *D. J.* a regalé le Public. Il va jusqu'à me reprocher plus d'une fois (d) la grosseur de mon Livre ; il marque avec soin (e) en deux endroits le nombre des pages qu'il contient : cet article lui tient au cœur, je ne sai pourquoi, & j'en laisse chercher les raisons à ceux qui le connoissent de près.

(a) *Pag.* 140.
(b) *Pag.* 167.
(c) *Pag.* 112.
(d) *Pag.* 112, 139.
(e) *Pag.* 98, 139.

§. III. MR. *D. J.* à cela près qu'il (f) lâche quelques traits contre Mr. LA PLACETTE au sujet des *distinctions abstraites & métaphysiques* dont il l'accuse ici mal à propos, ménage d'ailleurs assez ce Moraliste fameux : mais avec moi il ne garde au-cu-

(f) Voyez *pag.* 28, 29, 32, 47, 48, 64.

cune mefure, quoi que je n'aie jamais
dit de lui ni bien, ni mal. Cette différence ne vient pas feulement de ce
que Mr. *La Placette* eft Miniftre : il y
a une autre raifon qui l'a mis de mauvaife humeur contre moi, & il la fait
affez connoître dès l'entrée de fa Lettre. J'ai témoigné dans ma Préface du
TRAITE' DU JEU, que j'étois peu
content de l'exactitude des *Prédiqa-*
teurs de nos jours à traiter des points de
Morale : il n'en falloit pas davantage
pour piquer un Prédicateur, c'eft un
crime impardonnable. Je n'avois pourtant rien dit là-deffus que de fort vague, rien que perfonne pût s'appliquer, fi ce n'eft ceux qui fe fentent
coupables d'un défaut qui n'eft que
trop commun & trop connu. Mr. *D. J.*
a donc cru, que, pour venger fon
honneur & celui de fes femblables, il
falloit à quelque prix que ce fût trouver dans mon Livre bien des *inexacti-*
tudes, les groffir autant qu'il pourroit,
& les étaler avec toute fa mauvaife
Rhétorique.

§. IV. LA *prémiére inexactitude* (a)
qui l'a frappé, comme celle qui a le
plus de rapport avec la principale caufe

(a) *Pag.* 101,
& *fuiv.*

se de son petit dépit, c'est l'exemple que j'ai allegué, dans ma Préface, des exaggérations excessives qu'emploient au sujet du Jeu (a) St. CYPRIEN & St. CHRYSOSTÔME deux Prédicateurs des prémiers Siécles. Il y reconnoît lui-même quelque chose d'outré: cependant il voudroit que je leur eusse donné une interprétation favorable, qui se réduisît à regarder le *Sort*, ainsi que fait Mr. *D. J.* comme une *chose sacrée*, & par conséquent les Jeux de Hazard comme une *profanation*. Mais c'est cela même qui m'auroit obligé encore plus à traiter les pensées, dont il s'agit, de pitoïables raisons, peu propres à faire quelque impression sur ceux qui jouent. Et qui croiroit que Mr. *D. J.* fût si jaloux de l'honneur des *Péres*, lui qui a dit il n'y a que six ans, (b) que *ce seroit un vrai plaisir pour lui d'avoir un Recueil exact & fidéle* D'UNE INFINITÉ DE BADINERIES QUE LES PERES DE L'EGLISE ET LEURS ENFANS ONT DEBITEES *sous le vénérable nom de mystéres.* On seroit étonné, ajoûte-t il, *du* RIDICULE *qu'on trouve souvent dans les Ecrits de la plûpart de*

ces

(a) Ou plûtôt un Auteur ancien, qui a emprunté le nom de ce Pére.

(b) Entretiens sur les différentes méthodes d'expliquer l'Ecriture & de prêcher &c. pag. 99, 100.

ces *Docteurs*, *qui font en poffeffion de nô-*
tre refpect. Il en allégue lui-même
deux exemples , & s'il vouloit faire à
l'égard des *Péres* ce qu'il a fait par
rapport aux *Coccéiens* , il pourroit à
peu de frais donner au Public plufieurs
gros Volumes. Mais ce que l'on par-
donne aux anciens Prédicateurs , en
faveur du Siécle où ils ont vécu, n'eft
pas pardonnable à ceux d'aujourd'hui ,
& j'en appelle à Mr. *D. J.* lui-même , qui remarque au même endroit,
(a) que *les libertez , ou les petits égare-*
mens , qui étoient VENIELS *dans les*
Anciens , font devenus INTOLE'RA-
BLES *dans les Philofophes de nos jours.*

(a) *Ibid.*
pag. 102.

§. V. MR. *D. J. ne* (b) *fauroit af-*
fez s'étonner que je me faffe une raifon ,
pour légitimer les Jeux de Hazard , de
ce que les Ecritures du V. & du N. Tef-
tament ne les défendent pas. Mais je
parle là (c) de tous les Jeux en général , & non pas feulement des Jeux de
Hazard : Mr. *D. J.* qui croit être fi
exact , ne devoit pas ainfi tronquer ma
penfée. De plus, il fuppofe mal à propos , & ici & (d) ailleurs , que j'allégue ce filence de l'Ecriture comme u-
ne chofe qui feule prouveroit l'inno-
cen-

(b) *Lettres,*
pag. 105,

(c) *Traité du*
Jeu , Liv. I.
Chap. I.
§. 9.

(d) *Lettres,*
pag. 117.

les Jeux de Hazard con......
....mêmes ; au lieu que ....
..... suis servi que comme par .....
....dance de ...., & après avoir démontré ...... la Raison, ... l'efprit de
la Religion .... ne nous ....ent rien de
contraire, ... comme il paroît par les paroles ...., qui finiffent le Chapitre : *D.... profond filence des Ecrivains
Sacrez , ... à .... que j'ai dit
dans ce Chapitre , ... inclure certainement &c.* Mr. .... prétend que je
devois tirer du filence de l'Ecriture
Sainte une conféquence diametralement
oppofée à celle que j'en ai tirée : mais
affûrément je ne le prendrai pas pour
mon Maître en Logique, & je ne penfe pas que perfonne le faffe, quand on
verra que tout ce qu'il dit (a) fe réduit (a) *Pag.* 107.
à fuppofer gravement ce qui eft en
queftion , pendant qu'il m'accufe de
*n'avoir pas apporté toute l'attention de
mon bon efprit.* Cela eft d'autant plus
ridicule, qu'il tombe lui-même dans
le défaut dont il me blâme fans caufe , puis que, de ce que tous les
exemples du Sort qu'on trouve dans
l'Ecriture Sainte regardent des chofes
graves & importantes, il conclut har-

E   di-

diment (a) que jamais on ne s'eſt ſervi du Sort, parmi le Peuple de Dieu, en matiére de choſes peu ſérieuſes & peu conſidérables, comme le Jeu. Ici il eſt clair que le ſilence ne prouve, par lui-même, ni que le Sort n'aît jamais été emploié, parmi les *Juifs*, à d'autre uſage; ni, quand cela ſeroit vrai, que tout autre uſage ſoit illicite. Pour tirer légitimement la prémiére conſéquence, il faudroit montrer par de bonnes raiſons, que les Ecrivains Sacrez ont eu quelque occaſion inévitable de parler de ces choſes peu ſérieuſes & peu conſidérables, où l'on auroit dû néceſſairement emploier le Sort, ſuppoſé qu'on eût cru pouvoir le faire ſans profanation. Or c'eſt ce que Mr. *D. J.* ne prouvera jamais. Mais, encore même qu'il fût certain que les *Juifs* ne ſe ſont jamais ſervis du Sort qu'en matiére de choſes graves & importantes, il ne s'enſuivroit de cela ſeul autre choſe, ſi ce n'eſt qu'ils ne s'étoient pas aviſez d'en faire uſage pour des bagatelles; de même qu'il y avoit bien d'autres Coûtumes qui ne s'étoient point introduites parmi eux : mais on ne pourroit pas en inferer que

DIEU

... on eût fait entendre d'une
... ou d'autre, qu'il y avoit de
... famation à user du Sort en ma-
... de chofe peu grave & peu importantes, ai même qu'ils le le fuffent
... fur quelque autre fon-
dement. Il y a plus, & je foûtiens qu'il
... faire que les *Juifs*, prévenu de quelque fauffe idée, euffent
... dans le Sort une efpece de fainteté, qu'il ... que *Miro*
... tirer aucun avantage. Je ne
feroit pas la feule chofe en quoi ce
Peuple, fi groffier & fi enclin à la Superftition, auroit eu des penfées peu
conformes à la nature des chofes, même en matiere de Religion. Et rien
n'auroit obligé la Sageffe de Dieu à
defabufer les *Juifs* d'une erreur innocente, tant qu'elle ne feroit point allée
jufqu'à regarder le Sort comme un O-
racle, comme un moien propre &
... de connoître la volonté de celui qui dirige toutes chofes. Je donc l'argument tiré du filence ne conclut rien;
il faut quelque chofe de plus, pour
prouver & l'ufage, & la défenfe. Mais
quand il s'agit d'établir une fimple permiffion, pour peu que la chofe ait été

E 2   en

en ufage, le filence eft de grand
poids, & il faut des raifons très-fortes
tirées ou de la nature même de la chofe, ou de quelque déclaration expref-
fe en matiére d'autres fujets femblables, pour avoir lieu d'inferer que la
chofe eft du nombre des défenduës.
Or les Jeux de Hazard étoient certainement connus parmi les *Juifs*, du
tems de JE´SUS-CHRIST & de fes
Apótres : & la Synagogue ne les défendoit point à caufe de la fainteté du
Sort, mais à caufe des abus communs
à toutes fortes de *Jeux*. Mr. *D. J.*
n'a qu'à voir SELDEN & HYDE.

§. VI. IL SE moque fort du commencement de mon Livre ; il trouve
étrange (a) *qu'un début fi beau & fi gra-*
ve foit fuivi d'un Plaidoïer en faveur
des Divertiffemens en général, & en par-
ticulier en faveur de l'innocence des Jeux
de Hazard. On me prendroit, à ce qu'il
dit, *pour un des plus févéres Moralif-*
tes, fi je n'avois pas averti dans ma Pré-
face, que J'AI EU TOUS LES E´-
GARDS QU'ON PEUT AVOIR
POUR LA FOIBLESSE DES HOM-
MES. Pour moi fi Mr. *D. J.* n'avoit
pas malicieufement retranché dans
les

(a) *Pag.*
111,112.

████ paroles les mots ſuivans, ████████ PREJUDICE DE LA VERI-███ ET DE LEUR DEVOIR : S'il ████████, ſupprimé cette reſ-triction █████ à deſſein de me faire regar-de ████████ Caſuiſte relâché ; de ████████ aveu ; j'aurois laiſſé paſſer ſon A████ deciſif, dont je ne redou-te guéres les conſéquences. Chacun █████ lire mon Livre, & voir, d'un côté, ſi les reflexions, qui en com-poſent le prémier Chapitre, ne ſont pas néceſſaires & bien aſſorties ; de l'autre, ſi ce que l'on appelle *un Plai-doier en faveur des Divertiſſemens* eſt mal raiſonné. Nôtre Prédicateur mal-gré ſes airs de ſuffiſance, paroît avoir ſi peu ce que c'eſt qu'écrire méthodi-quement & raiſonner juſte, qu'il n'eſt ████████ à craindre que ſes vaines cenſures & ſes froides exclamations nui-ſent à perſonne. Ce qu'il (a) dit en fa-veur de P A S C A L, ne ſert qu'à faire voir la conformité de ſon caractére a-vec celui de ce fameux Auteur, non pas pour la beauté du génie ni par rap-port à l'eſprit géométrique qu'il avoit d'ailleurs, mais à l'égard de ce tour ████████ & en matiére de Religion & de

(a) Pag. 115, 116, 151. & ſuiv.

E 3   Mo-

Morale , que l'on voit quelquefois bi-
zarrement affocié avec un jugement
exquis fur d'autres fujets.   Mr. *D. J.*
me renvoie (a) aux *Anges* , qui *n'ont
pas befoin* , dit-il , *de fe divertir* , &
auxquels les Divertiffemens ne font *ni
neceffaires ni permis* , comme une occu-
pation baffe & au deffous d'eux.   Je
m'étonne qu'il ne fe foit pas avifé de
refuter férieufement ORIGENE, qui,
fur un paffage du DEUTERONOME
(b) mal entendu, a dit (c) que les Anges, dans le Ciel, tirent au fort, pour
favoir de quelle Nation ou de quelle
Province chacun d'eux aura le foin, &
de quelle perfonne il fera le Gardien :
car il pourroit bien être que quelcun,
plein de refpect pour les penfées de cet
ancien Docteur de l'Eglife, demande-
roit à Mr. *D. J.* qui lui a dit que les
Anges n'ufent pas du Sort en matiére
d'autres chofes moins importantes , &
par maniére de recréation. Mais, rail-
lerie à part , j'avois prévenu la belle
objection de Mr. *D. J.* en (d) difant
de ceux qui fe font ici des idées myf-
tiques de Vertu & de Pieté ; *Permis
à eux d'afpirer à un état de perfection*
DONT LA NATURE HUMAINE
N'EST

(a) Pag. 135.

(b) Chap.
XXXII, 8.
(c) *In Jo-
fue*, Hom.
XXIII.

(d) *Traité
du fort*, Liv.
I. Chap. I.
§. 6.

PEUT-ETRE POINT CA-
TA, qui est du moins au dessus de
... du commun DES HABITANS
... LA TERRE &c. Faut-il apprendre à Mr. D. *. qu'il y a divers de-
grès de perfection dans les différens
Ordres d'Etres Intelligens, sur tout selon les divers états où ils peuvent se
trouver ; & qu'à cause de cela telle
chose qui seroit indigne de ceux d'un
certain Ordre ou d'un certain état,
n'est pas indigne de ceux d'un autre,
comme n'aiant rien d'incompatible a-
vec le degré de perfection qui leur convient, lequel, quoi qu'inférieur par
rapport à celui des autres Etres plus
parfaits ou qui sont dans un autre état,
est en eux le plus haut point de sageffe? Les *Hommes* sans contredit sont
faits de telle manière, qu'ils trouvent
nécessairement du plaisir à mille choses auxquelles les *Anges* ne pourroient
& ne devroient pas être sensibles. Prétendre donc que ce qui nous frappe a-
gréablement ici bas, & qui n'a d'ailleurs rien de contraire à la constitution de nôtre nature, soit, par rapport
à nous, *un bas amusement, un plaisir
faux & trompeur*, c'est une imagina-

E 4 tion,

tion¹, qui, quelque air de dévotion qu'elle puiſſe avoir pour certains Eſprits, tend par elle-même à blâmer le Créateur, qui a ainſi fait les Hommes. On défie Mr. *D. J.* & tous ſes ſemblables, de prouver que l'Homme le plus ſage, que le meilleur Chrétien du monde, ne puiſſe pas aimer en quelque ſorte un Jeu, même de Hazard, & s'y divertir innocemment, ſans déroger à ſon caractére. Je crois avoir détruit de fond en comble les idées fauſſes & outrées que Mr. *D. J.* ſuit ici, dans cette eſpéce de digreſſion longue, mais neceſſaire, qui compoſe le Chapitre III. du I. Livre de mon *Traité du Jeu*, & qui, ſi j'oſe le dire, eſt un des morceaux de l'Ouvrage que les (a) Connoiſſeurs ont le plus approuvé; quelque jugement qu'en puiſſe porter le Miniſtre de *la Haie*, qui en faiſant ſemblant de le louer, (b) tâche indirectement d'en donner mauvaiſe opinion à ceux qui ne l'ont pas lû.

§. VII.

(a) Voïez les *Nouvelles de la Rép. des Lettres*, Août 1709. pag. 179.
(b) *Lettres*, pag. 137.

(1) Ce ſont les propres termes, dont je me ſuis ſervi; & il eſt bon de les remarquer parce que Mr. *D. J.* ſuppoſe que je n'ai rien dit de ſemblable, puis qu'il parle ainſi, *pag. 117. Mais je crois qu'ON DOIT AJOUTER, que les Recreations... doivent être ſeantes à des Creatures raiſonnables... & ſur tout n'avoir rien de*

FAVUS (a) .... (a) *Traité*
.... loin que la Morale .... *du Jeu, Liv.*
... défendent une forte de Divertiss... *II. Chap. I.*
... , on peut dire de craindre qu'elles *S. 5.*
FONT QU'ON PREND-
... QU'ON D'HONNETE ET
DE CONVENABLE, *lors que cela est*
néceffaire pour réparer nos forces épuifées
par le travail. Mr. D. J. appelle cela
(b) *fe donner du large*, ou, comme il (b) *Lettres,*
s'exprime un peu plus haut, *relâcher* *pag. 116,*
(c) *un deux de la feverité.* Il veut *117.* (c) *Pag.*
que je lui produife là-deffus *une Or-* *114*
donnance de la Morale & de la Religion
Chrétienne, en bonne & due forme.
Mais s'il est vrai, comme (d) Mr. D. (d) *Pag.*
J. l'accorde, qu'il est permis de fe *117.*
divertir, à deffein de vaquer en fuite
à quelque chofe de férieux ; en faut-il
davantage pour conclure fûrement,
que la Morale & la Religion *veulent*
qu'on prenne quelque Divertiffement (i)
bon & convenable, lors que, faute
d'ufer de ce moien innocent, on cour-
roit

vifible & de criminel. Ce feroit un terme trop doux
que d'appeller cela inexactitude. Il y a une malignité
durant plus groffiere, que dans la page précédente,
... D. J. a lui-même rapporté tout du long le paffage de
fa Lettre, où fe trouvent les paroles qui ont don-
lieu à cette remarque.

E 5

roit rifque d'être moins en état de
bien vaquer à fes occupations ferieu-
fes ? N'eft-ce pas là une conféquence , qui fuit manifeftement de la nature de la chofe même ? Un homme qui , pour ne fe donner aucun relâche , pour ne fe permettre aucune recréation , tomberoit dans u-
ne noire mélancholie , ou s'attire-
roit quelque fâcheufe incommodité ;
feroit-il tout-à-fait excufable , & ne
pourroit - on pas dire qu'il *fait mal* ,
quand ce ne feroit qu'à caufe que par
là il fe rend moins capable de travailler affidûment & avec fuccès à ce qui
eft de fa vocation ? Mais il faut citer
à Mr. *D. J.* un Savant Théologien,
dont l'autorité fera pour le moins d'auffi grand poids que la fienne : c'eft
THOMAS GATAKER , dans un
Traité Anglois (a) *de la nature & de
l'ufage des différentes efpéces de Sort* ;
Ouvrage Hiftorique & Théologique,
que Mr. *La Placette* (b) dit avoir cherché par tout inutilement , & qui eft
heu-

(a) Il eft *in quarto*, & imprimé à *Londres,* l'an 1619.
(b) *Traité des Jeux de Hazard,* Chap. I. pag. 198.

(1) GATAKER cite ici ces paroles d'un Pére de
l'Eglife : Καὶ τὸ χαλὸν μὴ χαλὸν, ὅταν μὴ χαλῶς γίνη-
ται, ὅταν μὴ εὐχαίεσι. '' Les chofes même belles &
loua-

... ...ment tombé entre mes mains ... l'impreſſion de mon *Traité du* ... *Tout* (a) *le monde*, diſoit il y a (a) Chap. près de cent ans cet Auteur célébre, VI. §. 10. TOUT LE MONDE CONVIENT *que* pag. 138. *la Récréation en général eſt ſuffiſamment autoriſée par la* (b) *Parole même de Dieu,* (b) Il cite *comme une choſe* (c) NON SEULE- ici *Eccléſiaſ-* MENT PERMISE, MAIS, ENCO- *te*, III, 4. RE PRESCRITE; *finon directement* III, 10. & *& expreſſément, du moins* PAR UNE (c) *As a* JUSTE CONSÉQUENCE. Il s'ex- *thing both* prime ailleurs encore plus fortement. *permiſſion*, (d) *En matiére*, dit-il, *de toutes ſortes* *and injoyned* *de choſes, il importe beaucoup de les fai-* &c. *re à propos: car il y a* (e) *un tems pour* VIII. §. 2. *toutes les occupations légitimes, férieuſes* pag. 188. *ou non, ſacrées ou civiles. Une bonne ac-* III, 1. *tion* (1) *n'eſt pas bonne, lors qu'elle n'eſt* *pas faite en ſon tems; & une choſe de* *moindre importance ne peut pas être omi-* *ſe ſans péché, lors qu'il eſt tems de la* *faire — encore même qu'on ne la néglige* *que pour vaquer à une autre plus impor-* *tante par elle-même.* C'EST QUEL- QUE-

... louables ne le ſont pas, lors qu'on ne les fait pas comme il faut, & en leur tems. GREGOIRE DE NAZIANZE, *ad Eunom.* Serm. 1.

L 6 (1) In

QUEFOIS (1) UN PÉCHÉ, QUE
DE NE PAS SE DIVERTIR. *On ne
péche pas feulement en faifant un moindre bien, lors qu'on pouvoit & qu'on devoit en faire un plus grand ; mais encore
lors qu'on s'attache à une chofe d'ailleurs
meilleure, dans le tems qu'on eft appellé
à une autre moins bonne. C'eft ainfi, par
exemple, qu'un Domeftique feroit mal de
fe mettre à lire un bon Livre, fût-ce la
Bible, au moment qu'il doit fervir à la
Table de fon Maître.* Voilà des raifonnemens d'un Théologien judicieux &
éclairé. Mr. *D. J.* en critiquant ce que
j'ai dit fur ce principe, montre clairement qu'il ignore & les prémiers élé-
mens de la Morale, & ce principe de
Logique ou de Metaphyfique fi commun & fi inconteftable, *Que tout Etre
fage qui veut une fin, veut auffi les
moiens néceffaires pour y parvenir.*

§. VIII. IL COMPTE pour *la
plus grande (a) & la plus générale de
mes inexactitudes,* que prefque par tout
je mets dans un même rang les Jeux de
pure induftrie & les Jeux de Hazard.
Mais, quoi qu'il en dife, je ne croi-
rai

(a) *Lettres,* pag. 117, 118.

(1) *It is a finne for a man fometime not to recreate him-
felf* &c. On cite ici ce mot de THOMAS D'AQUIN
In

qu'on doive y mettre aucune différence, à les confiderer, comme tels, en eux-mêmes & indépendamment des abus qui les accompagnent par accident, je ne les diftinguerai pas, dis-je, à cet égard, jufqu'à ce qu'on m'ait prouvé par de bonnes raifons, que les Jeux de Hazard font de leur nature plus criminels, que ceux d'Adreffe, ce que perfonne, à mon avis, ne fera jamais, & Mr. *D. J.* moins que tout autre, comme il paroîtra par l'examen de fes fauffes & bizarres idées fur la nature du Sort. Dans l'endroit où il me reproche cette inexactitude *énorme* à fes yeux, il s'eft laiffé lui-même fi fort aveugler à la paffion, qu'il m'impute la plus infigne des fauffetez. Il n'a pas honte de dire, (a) *que je permets également* tous les Jeux & tous les Divertiffemens, SOUS LA SEULE CONDITION, QU'ON Y PRENNE DU PLAISIR; & là-deffus il repéte avec un air triomphant, que *je ne fuis guéres exact*, puis que je *ne demande* D'AUTRE PASSEPORT *pour les Jeux*, SI CE N'EST qu'on y

pren-

(a) *Pag.* 118.

In ludi defectu poteft effe peccatum. SUMM. Part. II. 2. q. 168. a. 4.

E 7

prenne du plaifir. Quelcun qui n'aura jamais lû mon Livre, n'aura-t-il pas lieu de s'imaginer, s'il veut bien en croire Mr. *D. J.* que je ne diftingue point entre l'ufage & l'abus, & que, pourvû qu'on *prenne du plaifir* à une chofe, de quelque maniére que ce foit, cela fuffit, felon moi? Mais, quand tout mon Ouvrage ne donneroit pas un démenti perpétuel à cette noire & groffiére calomnie, les paroles mêmes que Mr. *D. J.* cite, ne font-elles pas immédiatement précedées de celles-ci:

(a) *Il eft permis, pour fe donner du re- lâche, de goûter quelque Divertiffement* OÙ IL N'Y AÎT RIEN D'AIL- LEURS QUI LE RENDE ILLE- GITIME. On aura de la peine à croi- re que ce foit par une pure inadver- tence, toûjours entiérement inexcufa- ble, que Mr. *D. J.* a fupprimé une reftriction fi effentielle. Outre que, comme nous l'avons vû, il a ufé du même artifice en deux autres endroits; il s'exprime ici d'une maniére (b) à donner à entendre que l'épithéte qu'il me donne d'Ecrivain *peu exact*, eft de beaucoup trop douce, & qu'il me fait grace fans doute de ne pas m'appeller
le

(a) *Traité du Jeu, Liv. I. Chap. I. §. 8.*

(b) *Tout ce que je me permettrai de dire là-def- fus, c'eft &c. Let- tres, Pag. 318.*

ie plus relâché des Moralistes. Mais,
pour dire un mot sur la pensée, dont
il s'agit, prise dans son sens vrai &
complet, & sans les tours de passe-pas-
se de Mr. *D. J.* je voudrois bien savoir si, quand il est dans un Repas,
& qu'il mange d'un certain *Mets* ou
qu'il boit d'un certain *Vin* qui est de
son goût, il lui faut *d'autre passeport*,
si ce n'est qu'il y *trouve du plaisir* ; &
s'il ne s'en donne pas alors au cœur
joie, *sans s'en enquérir pour la Conscience ?* Je suppose qu'il veuille jouer aux
Echecs, plûtôt qu'à la *courte Boule*, (il
semble aimer le prémier de ces Jeux,
dont il fait l'apologie (a) en homme (a) *Pag.*
qui y prend quelque intérêt) lui fau- 162, 163.
dra-t-il alors *d'autre passeport*, si ce n'est
qu'il *trouve du plaisir* à montrer *son attention, & sa dextérité*, dans *les plans
& les projets raisonnez* qu'il forme pour
vaincre l'autre Joueur ? Lors que, las
de lire ses Lieux Communs, ou quelque Commentaire, qui lui fournissent
la matiére de ses Sermons, ou lors
qu'après avoir long-tems feuilleté les
Livres des *Cocceiens*, pour en extraire
des explications typiques ou allégori-
ques de l'Ecriture, il prend un *Poëte*,
un

un Livre de *Voiages*, un *Ouvrage de Bel Esprit*, pour s'amuser à une lecture plus agréable ; lui faut-il pour cela *d'autre passeport*, si ce n'est qu'il y *trouve du plaisir ?* Malgré donc tout le fracas de Mr. *D. J.* qui, par un effet ordinaire de l'esprit de haine & de dispute, se précipite dans de terribles extrémitez, je dirai avec le Théologien Anglois, déja cité ci-dessus, (a) que *tant que l'usage du Sort est dégagé de toute Superstition & de toute Impiété, & qu'il n'y a rien d'injuste ni de deshonnête, il ne doit pas plus être banni des recréations d'un Chrétien, que toute autre* (b) *Créature ou toute autre Coûtume qui a un pouvoir naturel de nous* DIVERTIR *& de nous* DONNER DU PLAISIR *de cette maniére.*

§. IX. IL EST vrai que Mr. *D. J.* voudroit rehabiliter l'opinion aujourd'hui ruinée sans ressource, de ceux qui ont cru, qu'il y a de la profanation dans l'usage du Sort en matiére de Jeux & de Divertissemens. C'est ici sur tout qu'il se félicite, qu'il *se fait de fête*, qu'il *se délecte*, pour me servir de quelques-unes de ses expressions favorites. Il croit avoir triomphé, non seulc-

(a) *Gataker, of the nature and use of Lots, Chap. VI. §. 7. pag. 134, 135.*

(b) *Than any other Creature or Ordinance whatsoever &c.*

le ——— de moi, mais encore de Mrs.
——— LACETTE & VAN DER
——— ULEN, par les *grands* & *sublimes*
——— de son imaginative. Il affecte
bien, pour se mettre à l'abri du grand
nombre & pour épouvanter par là ses
Adversaires, de dire en plusieurs endroits, qu'il ne fait que soûtenir le
sentiment commun des Théologiens.
Mais il ne manque pas de nous avertir,
que (a) *les Théologiens n'ont pas mis en* (a) *Lettres,*
œuvre tout ce qui pouvoit servir à fonder pag. 33.
leur sentiment, & à le mettre dans une
suffisante lumiére. Il ne sauroit (b) dire (b) Pag. 59.
si tous ceux qui ont condamné ou qui con-
damnent les Jeux de Sort, se sont suffi-
samment expliquez: mais, pour lui, gui-
dé par son petit sens, il A DEVINE *sans*
peine la raison pourquoi ils ont rapporté
la détermination du Sort à une direction
particuliére de la Providence.

   J'avoue, à l'égard des Théologiens
qui, avant Mr. *D. J.* ont absolument
condamné les Jeux de Hazard, que
leurs idées étoient fort embrouillées &
fort confuses; le parti qu'ils avoient
pris sur cette question ne leur permettoit guéres d'en avoir d'autres: ainsi il
est souvent assez difficile de savoir ce
qu'ils

qu'ils penſoient. J'ai donné, comme fait Mr. La Placette, à l'opinion de ces Théologiens, le ſens le plus raiſonnable dont elle eſt ſuſceptible, pour qu'elle aît quelque apparence de fondement : & comme je ne ſuis pas dévin, je n'avois garde de ſonger aux belles idées que Mr. *D. J.* a imaginées. Il ne devoit donc pas tant s'étonner, de ce que (a) *je ne me ſuis propoſé aucune des choſes qu'il a alléguées* quatre ans après la publication de mon Livre. Il me défie, de (b) *lui citer un Théologien entre mille, qui ait dit que la détermination d'un Dé eſt un miracle* ; & cependant il *avoué* (c) *qu'il n'a jamais lû aucun Caſuiſte ſur cette matiére.* Comment donc peut-il aſſûrer ſi hardiment un fait qu'il n'a point examiné ? Auſſi eſt-il très-facile de lui en faire voir la fauſſeté : car, ſans aller chercher bien loin pour cela, Gataker ſeul nous fournit des paſſages de divers Auteurs, où l'on voit clairement l'idée que Mr. *D. J.* ſe plaint qu'on attribuë aux partiſans de ſon opinion. Balmford, par exemple, raiſonne ainſi : (d) *Nous ne devons pas* Tenter le Tout-Puissant,

par

(a) *Pag.* 119.

(b) *Pag.* 121.

(c) *Pag.* 59.

(d) Dans les *Dialogues* Anglois *ſur les Jeux de Hazard*, Dial. II. Raiſon 2. *apud* Gatak. Cap. VI. §. 6.

désir qu'il MANIFESTE sa PUISSANCE ET SA PROVIDENCE PARTICULIÈRE, & dans les Jeux de Hazard, on fait cela, Donc &c. &c. autre. LAMBERT DANEAU, dans un Ouvrage Latin sur les Jeux de Hazard, soûtient auffi que (a) c'eft TENTER DIEU, & fe moquer de lui, que de le prendre pour Juge fans néceffité, afin qu'il DIRIGE EXTRAORDINAIREMENT une bagatelle comme le Jeu. FENNOR, Théologien Anglois, (b) appélle le Sort un ORACLE de Dieu. En voilà trois pour un que Mr. D. J. demande, & je les ai pris prefqu'à l'ouverture du Livre de GATAKER; j'en trouverois bien d'autres & là, & ailleurs, fi je voulois me donner la peine de les chercher. Mais ce n'eft pas dequoi il s'agit: il faut voir fi Mr. D. J. a inventé quelque chofe de plus fatisfaifant, que ceux qui l'ont précédé, pour prouver que l'ufage du Sort eft par lui-même illicite dans le Jeu.

§. X. J'AI lû & relû tout ce que nôtre Prédicateur débite là-deffus dans les *quatre Lettres*, avec fon ftile précieux & fes repétitions ennuieufes: mais je

(a) *De Ludo Alea*, Cap. IX. rat. I. apud *Gataker*. ubi fupra.

(b) Dans fon *Traité des Divertiffemens*, II. Part. Régle IV. Raifon 4. apud *Gatak*. ubi fupra §. 9. pag. 156.

je crois pouvoir dire hardiment, que c'eſt un des plus grands galimatias qui aient jamais été publiez ; & j'en appelle au jugement de tout Lecteur attentif. Il ſera très-facile de faire toucher au doit la foibleſſe de ce que l'on peut démêler dans le déſordre & l'obſcurité des penſées de Mr. *D. J.* qui ſemble les avoir jettées au hazard, comme ſi alors il eût joué aux Jeux qu'il condamne ſans reſerve. Nous allons le voir, à meſure que nous parcourrons le reſte des *inexactitudes* qu'il me reproche.

Après avoir copié la réponſe générale que je fais à l'objection tirée de ce que Dieu, ſelon les Théologiens qui condamnent les Jeux de Hazard, préſide ſur le Sort & le dirige d'une façon particuliére ; il (1) dit que *je me donne des airs de triomphe, & que je traite mes Adverſaires en Ecoliers.* Mais, quelque matiére de triomphe qu'il y eût là pour un homme qui aimeroit autant à triompher que Mr. *D. J.* je demande à toute perſonne qui lira cet endroit, ſi l'on peut alleguer ſes raiſons

_____

(1) *Lettres*, pag. 119. Il a eu ſoin de mettre cela, comme un chef remarquable, dans les ſommaires des ma-

fe ... fimplement & plus modefte-
m ... fatisfait, à moins que le tour
... négatif dont je me fuis fervi ne
... felon la Rhétorique de nôtre Prédicateur, qui l'employe fouvent lui-
même, une marque de mépris & de
vanité. Je ne crois pas qu'aucun autre, que Mr. D. J. ait trouvé dans
mes expreffions la moindre chofe qui
fente les airs de hauteur qu'il m'attribue, lui qui les prend par tout fi groffiérement.

Il voudroit (a) me promener dans (a) *Pag.* 120.
les efpaces de la *Théologie*, c'eft-à-dire, des Lieux Communs Scholafti-
ques, entre lefquels & la *Religion* ou la
vraie *Théologie* je mets une très-grande différence. Il cherche à m'engager
dans les Difputes de l'Ecole fur le *Concours de Dieu*, à quoi je fuis bien affû-
ré que les Ecrivains Sacrez n'ont jamais penfé. Mais, outre que je ne fuis
pas affez téméraire pour fonder les
voies d'une Providence infinie, il ne
prend pas garde que cette queftion eft
ici abfolument inutile. Car, de quelque maniére que les événemens, tant
for-

matiéres: *Il fe donne, dit-il, des airs de triomphe, dont
il profite.*

fortuïts qu'abſolument néceſſaires, dépendent de la Providence, quelque
part qu'elle aît aux effets des Cauſes,
tant inanimées qu'intelligentes; il s'agit
de ſavoir ſi dans le Sort il y a toûjours une attention & une direction
particuliére de la Providence, toute
différente de celle qui regarde les choſes où il n'entre point de Sort ? Or
c'eſt ici qu'on peut aſſûrer que Mr. *D.*
J. ne ſait ce qu'il dit, ni ce qu'il
veut.

§. XI. IL EXCLUT de l'uſage
ordinaire du Sort la *direction extraor-*
(a)*Pag.*191. *dinaire & miraculeuſe*, il dit que (a)
DIEU *ne déroge à aucune Loi Natu-*
(b)*Pag.*188. *relle :* & néanmoins il prétend (b)
Voiez auſſi qu'AUCUNE CAUSE SECONDE
Pag. 79. N'A AUCUNE INFLUENCE *ſur la*
détermination de l'événement, qui dé-
(c)*Pag.*192. *pend* (c) UNIQUEMENT DE LA
VOLONTE' ET DU CONCOURS IM-
MEDIAT DE DIEU; il regarde le
(d) *Pag.* 17. Sort comme *la* (d) *ſeule voie que nous*
aiyons pour connoître la volonté de DIEU
dans les cas d'équilibre, depuis que *nous*
n'avons PLUS DE PROPHETES NI
D'AUTRES MOIENS EXTRAOR-
DINAIRES. Peut-on voir une con-
tra-

tradiction plus palpable ? Car qu'eſt-ce
que *Miracle*, ſi ce n'eſt un événement dans lequel, ſelon la définition
de Mr. *D. J.* lui-même, (a) D I E U (a)*Pag.*191.
déroge aux Loix Communes de la Natu-
re ? Et par tout où les *Cauſes Secon-*
des n'ont aucune influence, par tout où
D I E U agit (b) *ſans l'intervention* D'U- (b) *Ibidem.*
N E A U T R E V O L O N T E' E T D'U N E
A U T R E V E R T U *que la ſienne*, n'y
a-t-il pas une opération extraordinaire
& miraculeuſe ? Ce qui eſt un moïen
de *connoître la volonté de Dieu*, au défaut de *Prophètes & d'autres moïens ex-*
traordinaires, comment le conçoit-on
ſi ce n'eſt comme un *Miracle* ? & quel
autre nom peut-on lui donner ?

Ainſi Mr. *D. J.* en même tems qu'il
ſe contredit, montre par là que, pour
ſoûtenir avec quelque apparence de
raiſon le parti deſeſpéré qu'il embraſſe,
il faut, bon gré malgré qu'on en ait,
en venir à l'idée d'une intervention
miraculeuſe, qu'il tâche néanmoins
d'éloigner autant qu'il peut. En effet,
il n'y a point ici de milieu : ou Dieu
fait tout dans le Sort, ou il n'agit pas
plus là, que dans tout autre événement
fortuit ou néceſſaire ; & par conſéquent
la

la Providence n'eft pas plus particuliére & immédiate, pas plus fainte & refpectable dans ce qui dépend du Sort, que dans ce qui n'en dépend point.

§. XII. MR. *D. J.* voudroit fort écarter les *Loix du Mouvement*, comme étant ici hors d'œuvre. Ces Régles fi merveilleufes & fi conftantes, établies par le Créateur Tout-fage & Tout-puiffant, qui y fait lui-même fi rarement des exceptions, incommodent fort nôtre Prédicateur; peu s'en faut qu'il ne les aboliffe de fa pure autorité, pour donner quelque couleur à fon Syftême. Mais il a beau faire, elles ne s'évanouïront pas & ne changeront pas à fa fantaifie. Il fera toûjours vrai que, par une fuite néceffaire des Loix naturelles du Mouvement, le Dé tombe infailliblement (a) fur tel ou tel point, felon la maniére dont on l'a jetté, & felon la difpofition du plan où il a roulé; à moins que Dieu, par un effet extraordinaire de fa Toute-puiffance, ne veuille fufpendre ou augmenter la force des Caufes Secondes, pour le faire tomber d'un autre fens. Ainfi & dans les Jeux de Hazard, & dans tout autre ufage ordinaire du
Sort,

(a) Voiez *Gataker*, Chap. VII. §. 4. & ce que dit Mr. *Bernard*, Rép. des Lett. Août 1709. pag. 184, 185.

Sort, la *Providence ne détermine pas plus* S E U L E *l'événement*, que dans les Jeux d'Adreſſe, dans les Exercices corporels, dans les Ouvrages Mécha-niques &c. puis que, dans les uns & dans les autres, l'effet eſt également une ſuite des Loix invariables du Mou-vement.

§. XIII. M A I S, dit Mr. *D. J.* (a) P*ag.* 57. (a) *dans les événemens qui réſultent de la force & de l'induſtrie des Hommes, il y a* D E U X V O L O N T E Z *qui concou-rent*; au lieu que *dans ceux qui naiſſent du Sort jetté, il n'y en a qu'*U N E *qui les dirige, & qui les détermine.* C'eſt-là ſe jouer ſur l'équivoque des mots de *di-riger* & *déterminer.* Car on peut *diri-ger* & *déterminer* un événement ou a-vec délibération & en ſuivant certaines Régles, ou ſans un choix éclairé & ſans aucune régle. Un Joueur *dirige* & *détermine* le *Sort* de la prémiére manié-re, & à cet égard l'effet du Sort éma-ne de ſa volonté : ainſi il y a là deux *volontez,* celle de l'*Homme*, qui pro-duit originairement l'effet, puis que, ſi elle ne s'étoit pas déterminée à mê-ler les Cartes ou remuer les Dez de tel-le ou telle maniére, il en auroit réſul-

F   té

té un autre point ; & celle de DIEU, qui laiſſe aller les choſes leur train, tant qu'elle n'intervient pas miraculeuſement, comme elle le pourroit, ce que Mr. *D. J.* ne veut pas qui arrive dans l'uſage ordinaire du Sort. Maïs qu'importe qu'il y aît deux volontez, ou qu'il n'y en aît qu'une ; & que celle de l'Homme agiſſe aveuglément, ou non ? Cela ne fait rien ici. Il s'agit de ſavoir, ſi l'influence de la volonté de Dieu eſt toute autre dans ce qui provient du Sort, que dans ce qui n'en dépend point : car ſi elle eſt la même, ſi elle ne concourt pas autrement avec les Cauſes Secondes ; quelque part que la Volonté Humaine aît ou n'aît pas à l'événement, on n'a aucune raiſon de ſuppoſer une Providence particuliére & immédiate, qui agiſſe *ſeule*, & qui doive être plus reſpectée, que celle qui intervient dans les effets de l'induſtrie & de la force des Hommes.

(a) *Pag.* 94.   §. XIV. L'ACTION (a) *de* DIEU, dit Mr. *D. J. qui eſt mêlée avec celle des Hommes, dans ce qu'il exécute par leur miniſtére, par leur ſageſſe, par leur force, par leur induſtrie, eſt alors plus*

ca-

cachée ; & la leur paroît plus à nos sens, & nous frappe davantage. De là vient qu'on dit, un tel Général a gagné une telle Bataille, a forcé les Lignes des Ennemis, a pris une telle Ville ; un tel Orateur a fait un discours fort éloquent ; un tel Prédicateur a fait une Prédication fort touchante. Mais ce que Dieu exécute seul, & qu'il ne partage avec personne, lui est attribué à lui seul. Or la détermination du Sort est de ce dernier ordre &c. Il paroît par cet endroit, & par plusieurs autres, que Mr. D. J. a des idées bien bizarres & bien singuliéres de la Providence. (a) Selon lui, la production de tous les évenemens est comme partagée entre Dieu & les Hommes, en sorte que tout ce qui n'est pas l'effet de la liberté, de la force, de l'industrie, & de la prudence des Hommes, ou, comme il parle lui-même, de leur (b) espéce de Providence, est (b) immédiatement & uniquement du ressort de Dieu. Il semble quelquefois exclurre toutes les Causes Secondes, qui ne sont pas mises en mouvement par les Hommes, ou leur ôter du moins toute vertu & toute efficace propre, & réduire ainsi tout

(a) Voiez pag. 20, & suiv.

(b) Pag. 21.

F 2 l'orl'ordre de l'Univers à un jeu de Marionnettes. De là vient qu'il prétend que D I E U *détermine la route d'un Navire avec un Pilote, mais qu'il détermine* (a) S E U L *la Foudre*, comme si la Foudre n'avoit pas des (b) Caufes naturelles & néceffaires, auffi bien que le mouvement du Navire! ou comme fi la chûte de la Foudre étoit toûjours un miracle! Il dit ailleurs, que (c) D I E U *détermine par des* V O L O N T E Z L I B R E S E T P A R T I C U L I E R E S *toutes les chofes que nous appellons cafuelles & indéterminées.* Cependant il ne veut point entendre parler de *miracle* dans l'ufage ordinaire du Sort : il accorde qu'il y a là (d) *des Loix générales du Mouvement, que Dieu fufpend quand il lui plaît, mais qu'il laiffe ordinairement les maîtreffes de la détermination des Corps qui fe meuvent.* La contradiction régne ainfi par tout & revient de tous côtez. Il eft faux d'ailleurs que *l'action de Dieu foit moins cachée* dans le *Sort* & dans les autres *événemens fortuits,* que dans ceux qui dépendent d'une direction éclairée des Hommes : & fi Mr. *D. J.* la découvre plus fenfiblement, il faut qu'il aît les yeux

(a) *Pag.* 94.

(b) Voiez les *Reflex. fur le Bonheur & le Malheur,* &c. par Mr. *Le Clerc,* pag. 102. *& fuiv.*

(c) *Lettres,* pag. 21.

(d) P*ag.* 129, 130.

yeux faits tout autrement que le reste
des Hommes. Que si, dans le langage ordinaire, on attribuë aux Hommes
d'une façon particuliére , ce qui provient d'un usage libre & éclairé de
leurs Facultez , par opposition aux é-
vénemens qu'ils procurent sans le savoir & sans les diriger avec connoissance : c'est par rapport à la *moralité* , à
la louange ou au blâme , comme Mr.
D. J. le dit (a) lui-même , & non pas
à parler *physiquement*, ou à cause de la
*différente maniére dont la Providence a-
git*. Car à ce dernier égard, un *Général* qui joue aux Dez est aussi bien *cau-
sé* du point qu'il a amené , que de la
Bataille qu'il a gagnée : & on ne peut
pas plus dire , que DIEU est l'*auteur
unique* de la *détermination du Sort*, qu'on
ne peut dire que DIEU a *fait* le Livre
de Mr. *D. J.* ou que DIEU a *prêché*,
quand Mr. *D. J.* descend de Chaire.
De la maniére que Mr. *D. J.* raisonne,
on diroit que la Providence, lorsqu'elle agit *seule* , ou sans la direction des
Hommes, a plus de peine à regler les
choses, & à procurer les événemens,
que lorsqu'elle concourt avec la force
& la prudence des Hommes.

(a) *Pag.* 20,
21.

F 3 §. XV.

§. XV. CE n'est donc qu'un misérable verbiage, de dire, comme fait Mr. D. J. *Que* (a) *par rapport aux effets de nôtre industrie, Dieu déclare les* événemens *par sa* volonté précédente, *qui nous a donné cette industrie;* au lieu que, dans le *Sort, Dieu tient sa volonté cachée, & ne la déclare que par les* événemens: *Que dans les prémiers nous abordons la volonté de Dieu avec lumiére, & le flambeau à la main;* au lieu que *dans l'autre nous la cherchons à tâtons & en aveugles: Que la détermination du Sort* (b) *est au dessus du pouvoir & de la volonté de l'Homme, & qu'au dessus de l'Homme nous ne pouvons concevoir que la volonté & le pouvoir de Dieu: Que dans le* Sort extraordinaire (c) *Dieu a manifesté les événemens* par sa volonté; *au lieu que dans le* Sort ordinaire *il manifeste sa volonté* par l'événement: *Qu'il n'y a pas deux Providen-* ces distinctes, mais (d) *seulement deux maniéres de répondre à la disposition des Hommes, selon qu'ils se prévalent des dons & des faveurs de Dieu, ou qu'ils y renoncent & s'en dessaississent* &c. On trouvera par tout, dans les *Lettres* de nôtre Prédicateur, de semblables pensées

(a) *Pag.* 58.
(b) *Pag.* 14.
(c) *Pag.* 35.
(d) *Pag.* 60.

fées inintelligibles, ou hors d'œuvre.

§. XVI. La vérité eft, que toute la différence réelle qu'il y a entre les *événemens qui dépendent du Sort, & ceux qui n'en dépendent point*, c'eft l'*incertitude du fuccès*; & il femble que ce foit-là ce qui a engagé Mr. *D. J.* dans toutes les fauffes conféquences qu'il tire, & dans tous les égaremens où il fe jette. Mais cette incertitude, qui n'eft que pour les Hommes, ne fauroit en aucune façon changer la maniére d'agir de la Providence, ni la rendre plus refpectable. Qui ne fait d'ailleurs, qu'en matiére de bien des chofes où les Hommes font ufage de leur force & de leur prudence, ils ne peuvent pas plus être affûrez de l'événement, qu'un Joueur d'avoir beau jeu & de gagner ? Si Mr. *D. J.* ne veut pas m'en croire, il en croira fans doute S a l o m o n, qui a dit, (a) *Que la Courfe n'eft point pour ceux qui font agiles, ni la Bataille pour les Forts, ni le Pain pour les Sages, ni les Richeffes pour les perfonnes intelligentes, ni la Faveur pour les gens habiles; mais qu'il y a un tems & un* H a z a r d *qui* Echet a tous, ou *dans toutes chofes.* Ce paffage eft d'autant plus remar-

(a) *Eccles.* IX, 11.

qua-

quable, qu'on y voit le mot de *Ha-zard*, emploié, felon l'ufage naturel & innocent de toutes les Langues, pour défigner fimplement & fans aucun rapport à une Providence particuliere, quelque événement produit par le concours de certaines caufes inconnues ou imprevûës & fans une direction éclairée de celui par rapport auquel il arrive

(a) *Chap.*II. §. 1. *pag.* 10.

fortuïtement. GATAKER, qui (a) a remarqué cet ufage du terme Hébreu

(b) *Chap.*II, 14, 15. III, 19. IX, 2, 3.

dans plufieurs (b) endroits de L'EC-CLESIASTE, & en d'autres (c) paf-

(c) I. *Rois*, V, 4. *Ruth.* II, 3.

fages du Vieux Teftament, ajoûte qu'un mot Grec (d) qui y répond, fe

(d) Κατὰ συγκυρίαν. Luc, X, 31.

trouve auffi emploié par N. S. JE-SUS-CHRIST lui-même, dans la Parabole du Samaritain. D'où il paroît que c'eft une pure déclamation, de

(e) *Lettres*, pag. 16.

dire, comme fait Mr. *D. J.* que (e) *ce je ne fai quoi qu'on appelle* Hazard, *fi on prétend le féparer de la direction de* DIEU (c'eft-à-dire, felon lui, d'une vûë diftincte de quelque Providence particuliére & immédiate) *ce n'eft* rien, *c'eft une* chimére, & RIEN, *ajoûte-t-il, ne fauroit faire la détermination de* QUELQUE CHOSE. *Ad populum phaleras.*

§. XVII.

§. XVII. Si l'incertitude de l'é-
vénement, dans les chofes fortuites,
n'emporte par elle-même aucun changement dans la nature des chofes ni
dans la maniére d'agir de la Providence; le *deffein des Hommes*, qui conviennent entr'eux d'attacher quelque
effet de droit au fuccès d'un tel événement incertain ; ce deffein, dis-je,
aura-t-il la vertu de faire intervenir
Dieu d'une maniére plus immédiate
& plus refpectable ? N'eft-ce pas une
chofe ridicule, de vouloir nous perfuader, que, lors qu'un Homme étant
feul jette deux Dez fur une Table,
ou fans deffein, ou fimplement pour
voir quelles combinaifons de points il
aménera, il *faffe* (a) *une action naturel-*   (a) *Lettres,*
le, qui répond à la Providence générale,   pag. 21, 22.
& qui n'a aucune conféquence, non plus
qu'une Pierre, qu'on pouffe du bout du
pied ; mais que, dès que deux Hommes jettent tour-à-tour deux Dez,
pour voir qui aura quelques fols qu'ils
ont voulu fe donner réciproquement,
au cas que l'un d'eux amenât un point
plus haut, *on doive alors raporter cet-*
te Convention à une Providence particu-
liere ?

F 5   C'eſt

(a) *Pag.* 192. C'eſt en vain que Mr. *D. J.* (a) prétend, que, la *Convention morale* (je
voudrois bien ſavoir où il a trouvé des
Conventions Phyſiques) que la *Convention*,
dis-je, dans laquelle il fait conſiſter
l'*eſſence* du *Sort*, emporte une ſoumiſ-
(b) *Pag.* 20. ſion à (b) *une déciſion de plus haut que
de nôtre raiſon & de nôtre induſtrie*, un
compromis par lequel on ſe remet à l'*arbitrage* de DIEU *ſeul*; une *petite con-
ſultation à* DIEU, *le ſeul Directeur,
le ſeul Maître du Sort*; une eſpéce de
priére, au moins tacite, par laquelle on
lui demande *à qui il veut donner le gain
que deux perſonnes déſirent également, &
qui ne peut être qu'à une ſeule.* Tout cela n'a pas la moindre apparence de ſolidité. Car, afin que le *Sort* pût être
regardé comme un arbitrage dans lequel on ſe remet à la déciſion de
DIEU, il faudroit que ce fût-là une
ſuite néceſſaire ou *de la nature même
de la choſe*, ou du moins de *l'intention
de ceux qui uſent du Sort.* Ce n'eſt pas
une ſuite néceſſaire de la *nature même
de la choſe*, puis que, comme nous
l'avons vû, on ne ſauroit alléguer la
moindre raiſon vraiſemblable, pour
prouver qu'il y aît dans les événemens
qui

qui dépendent du Sort une Providence particuliére & immédiate, qui agiffe *feule* & indépendamment des Caufes Secondes. Ce n'eft pas non plus u-
ne fuite néceffaire de l'*intention* de ceux
qui ufent du Sort, puis qu'on peut
fort bien s'en rapporter à quelque événement cafuel fans penfer & fans être
obligé de penfer en aucune façon à u-
ne direction toute particuliére de la
Providence, qui doive *feule* décider
de l'affaire dont il s'agit ; les Caufes
Secondes fuffifant, quelque inconnuës
qu'elles nous foient, pour produire l'effet qu'on a en vûë, & la décifion qu'on
y a attaché foi-même par fa pure volonté. Que fi les Hommes, en ufant
du Sort, *renoncent* (a) *à leur propre vo-* (a)Pag.188.
lonté & à leur propre induftrie ; il ne
s'enfuit point de là qu'ils s'en rappor-
tent dès-lors à la volonté & à l'arbitrage de DIEU, & qu'*ils* (b) *s'aveu-* (b)Pag.130.
glent volontairement fur les moiens qui
font emploiez dans le Sort. Il n'y a que
des Efprits fuperftitieux, ou prévenus
de fauffes idées, comme celles de Mr.
D. J. qui ne mettent point de milieu
entre les événemens produits par une
direction éclairée des Hommes, &

F 6   ceux

ceux qui dépendent uniquement d'une
direction particuliére & immédiate de
Dieu. Quelque confufes que foient les
idées que le Vulgaire a du Hazard,
tout Joueur fait affez que c'eft lui qui
mêle les Cartes, & qui jette le Dé;
& que, felon qu'il remuë les prémiéres, & qu'il laiffe aller le dernier, il
gagnera ou perdra : chacun conçoit
affez qu'il y a des événemens fortuïts,
fans penfer à une Providence qui les
dirige plus particuliérement, que les
événemens abfolument néceffaires, ou
que ceux dont on peut prévoir le fuccès avec plus ou moins de certitude.
Les effets où le Commun des Hommes reconnoît le plus le doit de Dieu,
ce font ceux dans lefquels il y a quelque chofe qui frappe les Sens d'une
maniére éclattante, ou effraiante. De
là vient que les *Eclipfes* & les *Cométes*
ont été autrefois regardées par tout,
& le font encore aujourd'hui par bien
des gens, comme des efpéces de miracle, & des fignes de la colére du
Ciel ; quoi que rien n'aît des caufes
naturelles plus conftantes & plus invariables. De là vient encore, que la
Pluie, l'*Arc-en-ciel*, les *Vents*, & fur
tout

tout le *Tonnerre* , & les *Tremblemens
de terre* , reveillent fouvent l'idée de la
Providence , & d'une Providence toute particuliére , dans l'efprit de quantité de perfonnes , qui femblent croire
que Dieu a toûjours la main à l'œuvre
pour diriger immédiatement ces Phé-
noménes , felon qu'il veut favorifer ou
punir les Hommes. Mais , dans les
chofes qui dépendent du Sort , il n'y
a rien de tel , qui fe faffe vivement
fentir , ou qui infpire de la fraieur : &
le mouvement des Caufes Secondes ,
d'où dépend l'effet , y eft très-fenfi-
ble , de forte que l'obfcurité de la détermination de ces Caufes ne fait d'ordinaire que laiffer l'Efprit dans l'incertitude du fuccès. Que s'il y a des
Joueurs , qui femblent indirectement
& confufément rapporter à une Providence particuliére les bons & les
mauvais coups , comme je l'ai remar-
qué (a) dans mon Livre ; je leur inter- (a)*Traité du
dis abfolument les Jeux , même ceux *Jeu*,Liv.III.
d'Adreffe , à l'égard defquels ils ne font Chap. V, §.
guéres moins prévenus de cette erreur ²¹.
qui paroît par là n'avoir pas uniquement fa fource dans l'idée qu'ils ont
de la nature du Sort. Mais la préven-

F 7   tion

tion de ces gens-là, non plus que celle de Mr. *D. J.* n'empêche pas que ceux qui jouent, ou qui usent du Sort de quelque autre maniére, sans avoir la moindre pensée de s'en rapporter à une direction particuliére & immédiate de la Providence, commettent aucune profanation; puis que cette intervention extraordinaire est une fausse supposition, qu'ils ne sont nullement obligez de faire. Il est si peu nécessaire, dans l'usage du Sort en général, d'y joindre quelque idée de Dieu, que l'on peut dire avec (a) GATAKER, qui le dit lui-même après (b) THOMAS D'AQUIN, que *le Sort ne laisse-roit pas d'avoir lieu, & d'être de quel-que usage, quand même par impossible on supposeroit qu'il n'y a point du tout de Pro-vidence qui le dirige.*

§. XVIII. DE LA il s'ensuit, que l'usage du Sort ne renferme nulle-ment par lui-même *une espéce de Priére, au moins tacite.* GATAKER ré-pondant à quelques Théologiens de son tems, qui soutenoient la même chose, & qui comparoient le *Sort*, à cet égard, avec le Serment, fait là-dessus des reflexions, que je vais rappor-

(a) Liv. I. Chap. II. §. 4.
(b) *De Sor-tilus*, Cap. V.

porter, d'autant plus volontiers, qu'elles servent à montrer encore mieux
l'abfurdité d'une penfée qui n'a en elle-même aucun fondement. On citoit
l'exemple de *Saül*, (a) qui prenant le (a) I. *Sa-*
filence de l'Oracle ordinaire parmi le *muel*, XIV,
Peuple de Dieu, pour une marque 41.
qu'il y avoit quelcun qui s'étoit rendu
coupable d'un crime digne de mort,
pria Dieu de le faire connoître par le
Sort ; & on y joignoit l'exemple des
Apôtres, qui avant que de jetter le
Sort pour l'élection d'un nouvel Apôtre, à la place de *Judas* adreffèrent à
DIEU une priére, que ST. LUC (b) (b) *Act.* I,
nous a confervée. " Ces paffages, dit 24, & *fuiv.*
,, GATAKER (c), ne concluent (c) *Of the*
,, rien. Ils prouvent feulement que l'on *nature and*
,, a quelquefois prié Dieu (& même *use of Lots*,
,, dans un (d) des deux exemples la &c. Chap.
,, priére étoit faite fans foi, n'y aiant VII. §. 8.
,, point de parole ni d'ordre de Dieu (d) Celui
,, qui l'autorifât) que l'on a, dis-je, *de Saül,*
,, quelquefois, dans le *Sort extraordi-* I. *Sam.*
,, *naire* où l'on attendoit un effet de la XIV, 41,
,, Puiffance & de la Providence ex-
,, traordinaire de DIEU, fait préce-
,, der la Priére, pour le fupplier de
,, vouloir bien diriger l'événement ; la
                                    ,, cho-

,, chofe, dont il s'agiſſoit alors, étant
,, telle, que le Sort n'étoit pas capa-
,, ble de la déterminer par aucun pou-
,, voir naturel ou de la Créature qui
,, jettoit le Sort, ou de celle qui étoit
,, emploiée à cet uſage. Mais une tel-
,, le priére n'a point de lieu, & n'eſt
,: pas même légitime, dans le *Sort or-*
,, *dinaire*, où ſimplement de partage.
,, Par exemple, quand on aſſignoit ou

(a) *Levit.*
XXVII, 32.

,, qu'on mettoit à part la dixme (a)
,, pour les *Lévites*, il n'étoit pas per-
,, mis, moins encore néceſſaire, de
,, prier Dieu qu'il dirigeât le Sort a-
,, fin que chaque Agneau ou chaque
,, Chevreau, qui ſe trouvoit le dixié-
,, me à meſure qu'ils ſortoient les uns
,, après les autres, ſe préſentât certai-
,, nement ou conſtamment de cette
,, maniére. Du reſte, les exemples
,, qu'on allégue de la Priére emploiée
,, dans le Sort, ne prouvent point
,, qu'elle faſſe partie du Sort, ou
,, qu'elle ſoit renfermée dans l'uſage
,, du Sort, comme elle fait partie du
,, Serment, dans lequel elle eſt toû-
,, jours renfermée, ſelon la définition
,, commune de cet acte religieux.
,, Dans l'élection aux Charges, tant
,, Ci-

„ Civiles qu'Ecclésiastiques , la Priére „ re est emploiée ordinairement , ou „ doit du moins l'être : il ne s'ensuit „ pourtant pas de là, qu'elle fasse par- „ tie de l'élection , ou que l'élection „ suppose de sa nature une Providen- „ ce particuliére, ou une présence de „ Dieu qui la détermine. Voilà comment raisonne ce savant & judicieux Théologien. J'ajoûterai ici, que, bien loin que le Sort soit toûjours accompagné d'une Priére , expresse ou tacite , il y auroit le plus souvent une espéce de profanation à faire intervenir la Priére dans l'usage du Sort le plus incontestablement reconnu pour légitime. Si un *Lévite* avoit *élevé* (a) *son cœur vers Dieu* , pour lui demander la grace de diriger la sortie fortuite des Agneaux ou des Chevreaux , de maniére que tous ceux qui se trouvoient les dixiémes fussent les plus beaux & les plus gras du Troupeau ; n'auroit-ce pas été-là une priére de goinfre, ou de gourmand , ou d'homme souverainement intéressé ? A la place d'un *Lévite*, mettons un *Ministre*, qui se trouvant en concurrence avec un autre auroit à tirer au sort pour savoir qui des
deux

(a) *Lettres*, pag. 16.

deux seroit, par exemple, Pasteur de
la Haie, plûtôt que de *Middelbourg*:
diroit-on qu'il lui *sied très-bien* (a) *d'é-
lever son cœur à Dieu*, pour le supplier
instamment de faire en sorte que la Cu-
re de grand revenu ou la plus honora-
ble lui échée, plûtôt que l'autre ? Or
de telles Priéres pourroient-elles abou-
tir à autre chose, & ne serviroient-el-
les pas par conséquent à nourrir l'Avarice, la Sensualité, l'Ambition, & autres mauvaises dispositions. Il faut dire
la même chose de presque tous les Partages en matiére d'affaires civiles ; car
il n'y a guéres que quelque passion, sinon vicieuse, du moins très-mal assor-
tie avec la Priére, qui puisse faire sou-
haitter d'avoir telle ou telle portion,
plûtôt qu'une autre. De sorte que Mr.
D. J. en voulant rendre le *Sort* une *chose sacrée*, en fait véritablement une occasion presque infaillible de *profanation*.

Ainsi tombe tout ce que Mr. *D. J.*
dit *d'une* (b) *espéce de sacrifice & d'hommage* qu'il veut que l'on *fasse à* Dieu
dans le Sort ; de la prétenduë *moque-
rie* par laquelle on (c) *prostituë la Providence*, & des *décisions qui ne viennent*, selon lui, *que de* Dieu seul,
enco-

encore même (a) qu'on ne songe point à la (a) *Pag. 83.*
Providence; de l'idée de Dieu, & de sa
présence, qu'il prétend que l'on (b) re- (b) *Pag. 75.*
veille davantage dans le Sort, que dans
les événemens non-fortuïts; de la com-
paraison du (c) Sort avec le Jurement, (c) *Pag. 76.*
& avec l'abus (d) des Passages de l'E- *& suiv.*
criture Sainte. (d) *Pag. 97.*

§. XIX. Il n'y a pas plus de fon-
dement dans la raison qu'il tire (e) de ce (e) *Pag. 16,*
que l'on doit rendre graces à Dieu de *17.*
l'heureux succès du *Sort.* Car il ne s'ensuit nullement de là, que la Providence
ait presidé sur le Sort, autrement qu'elle
ne préside sur les autres événemens.
Dieu est la prémiére Cause de tout le
bien qui nous arrive, entant que toutes
les facultez des Etres, tant Spirituels,
que Corporels, viennent de lui : & d'ailleurs il auroit pû, s'il l'eût voulu, faire en sorte, par un acte de sa Providence extraordinaire, que les choses
eussent tourné d'une toute autre maniére, contre leur disposition naturelle. Ainsi nous devons le remercier de
tout, de ce qui nous arrive par l'effet
certain d'une Cause nécessaire, aussi
bien que de ce qui nous arrive par un
cas entiérement fortuït. GATAKER
avoit

avoit répondu d'avance à cette foible raison. *J'avouë*, disoit-il, (a) *que* St. Augustin (1) *regarde les choses é-chuës par le Sort, comme un effet de la libéralité de Dieu ; selon ce que dit le Psalmiste ;* (b) Les cordeaux me sont échus en un lieu agréable, & j'ai un bel Héritage ; j'en louë Dieu. *Paroles néanmoins, qui doivent être entenduës dans un sens métaphorique, & non pas dans un sens propre, comme il paroît par celles-ci, qui précédent :* (c) L'Eternel est la portion de mon Héritage & de ma Coupe, & celui qui maintient mon lot. *Mais on voit aussi que toutes sortes de* (d) *Biens, soit qu'ils nous viennent* (e) *par la mort de nos Amis, ou que nous* (f) *les ayons gagnez par nôtre travail & nôtre industrie, ou aquis, de quelque autre maniére, le Repos même* (g) *& le* Sommeil, *une* (h) *bonne Femme, &* (i) *des Enfans ; nous sont représentez dans l'Ecriture Sainte comme autant de présens de Dieu, & comme venant tous de celui qui* (k) *donne toutes choses à tous, & qui opére* (l) *toutes choses pour tous, &* (m) *en tous.*

§. XX.

(a) Chap. II. §.3. pag. 17.
(b) Pseau. XVI, 6, 7.
(c) Ibid. vers. 5.
(d) Proverb. X, 22.
(e) Proverb. XIX, 14.
(f) Deuter. VIII, 18.
(g) Pseaum. CXXVII, 2.
(h) Proverb. XIX, 14.
(i) Pseaum. CXXVII, 3. Gen. XXX, 1, 2. Josué, XXIV, 3, 4.
(k) Act. XVII, 25. 1. Timoth. VI, 17.
(l) Esaïe, XXVI, 12.
(m) Ephes. I, 11. Hebr. XIII, 21.

(1) *Solent, qua sorte dantur, divinitus dari.* De Genesi ad lit. *Lib.* X. *Cap.* XVIII.

§. XX. MR. *D. J.* croit nous é- (a) *Lettres* blouïr par l'exemple de (a) *plusieurs Cri-* Pag. 17, *minels* qui *tirent aux billets, lors qu'on veut se contenter de faire valoir sur un seul les droits de la Justice.* Mais ici même autre chose est *d'oublier la Providence, & de ne parler que du hazard & du bonheur des Dez* ; & autre chose, de reconnoître que D I E U *a conduit & déterminé le Sort* d'une façon extraordinaire & immédiate. Le prémier est sans doute un effet *d'ignorance* & *d'ingratitude :* mais l'autre n'est point une suite nécessaire de la Reconnoissance la plus éclairée & la plus parfaite : Celui qui a été délivré par le Sort du danger de perdre ignominieusement la vie, doit savoir qu'il ne tenoit qu'à DIEU de faire tomber sur lui le billet de condamnation, & qu'il faut toûjours remonter à cet Etre Souverain, comme à la Cause prémiére de tous les Biens. Mais il ne sait point, & il ne peut savoir, si la Providence est intervenuë d'une façon extraordinaire, pour diriger, prémiérement la disposition & le mouvement des billets, & ensuite le bras du Criminel, qui a porté la main sur l'un, plûtôt que sur l'autre.

tre. Il ne fait pas non plus fi la Providence avoit quelque raifon particuliére
d'être attentive à fa confervation, plûtôt qu'à celle du Criminel malheureux ; & quand il en foupçonneroit
quelcune, fi la difpofition des Caufes
Secondes, que D I E U prévoioit certainement, ne concouroit pas avec fes
vuës, & ne lui épargnoit pas la néceffité d'intervenir extraordinairement.
Pourquoi donc cet homme fonderoit-
il fes actions de graces fur une fuppofi-
tion incertaine, & dont il lui eft im-
poffible de s'éclaircir avec la moindre
certitude ? Pourquoi s'amuferoit-il à
rechercher de quelle maniére il eft redevable au Confervateur des Hommes,
de ce qu'il a évité une mort ignomi-
nieufe ? Et pourquoi ne fe contente-
roit-il pas d'un mouvement fincére de
Reconnoiffance, produit en vuë de
l'idée générale d'une Providence, toûjours fouverainement admirable & digne de tous nos hommages, de quelque maniére qu'elle influë fur ce qui
nous arrive de bien ? En un mot, on
n'a

(1) *Non fit aliquid, nifi Omnipotens fieri velit, vel fi-
nendo, vel ipfe faciendo.* A U G U S T I N. Enchirid. Cap.
XCV. Je cite ce paffage, après G A T A K E R, qui l'al-
lé-

n'a aucune raifon de croire que DIEU préfide autrement à ce Sort, qui décide de la vie de ceux qui tirent les billets, qu'il ne préfide à la confervation de ceux qui ne font point attaquez d'une maladie contagieufe & épidémique, qui régne dans le lieu où ils demeurent, ou à la guérifon de ceux qui avoient été attaquez d'une maladie, dont plufieurs autres font morts.

Ce n'eft pas non plus proprement le but du Sort dans le cas dont il s'agit, ni l'intention de ceux qui l'ordonnent, de (a) *fe rapporter à Dieu de la vie &* *de la mort* des Criminels atteints & convaincus du même crime, & de connoître par cette voie *fa volonté.* On fait bien qu'il n'arrivera rien ici, non plus qu'en (1) toute autre rencontre, que ce que DIEU aura *voulu,* puis que s'il n'avoit pas voulu que les chofes tournaffent de telle ou telle manière, il avoit mille moiens en main pour l'empêcher. Mais, comme l'on fuppofe qu'il n'y a pas plus de raifon de faire grace à l'un des Criminels, qu'à

tout

(a) *Lettres,* pag. 17.

argue à la fin de fon *Chap.* V. en raifonnant fur le même principe, que moi.

tout autre ; on a recours au Sort dans
cette occafion , ainfi que dans les autres où il n'y va pas de la vie , comme
à une voie impartiale , qui ne laiffe
aucun fujet de plainte à celui qui
fouffrira le fupplice qu'il n'avoit pas
plus mérité , que les autres qui fe verront à couvert de l'effet de la Senten-
ce commune. Voilà ce qu'on fe propo-
fe principalement & directement. Que
s'il y entre quelque confidération de la
Providence , on ne fuppofe point pour
cela , qu'elle intervienne alors *extraor-*
dinairement ; on n'a du moins aucune
raifon de le fuppofer.   J'avouë encore
que le Criminel malheureux doit fe
foûmettre à la volonté de DIEU , &
regarder en quelque façon la décifion
du Sort comme un Arrêt du Ciel :
mais ce n'eft qu'entant qu'il n'a pas
plû à DIEU de diriger *extraordinaire-*
ment le Sort pour lui fauver la vie ,
comme il l'auroit pû , s'il l'eût voulu :
de même que ceux qui périffent dans
un Naufrage , dans un Incendie , ou
dans quelque autre péril commun , doivent fe foumettre à la volonté de Dieu,
qui n'a pas jugé à propos de leur fournir quelque moien de fe fauver , qu'il
ne

ne tenoit qu'à lui de leur faire trouver, auffi bien qu'aux autres.

§. XXI. SI la *volonté* que DIEU, felon Mr. D. J. *manifefte par l'événement* dans l'ufage ordinaire du *Sort*, étoit une volonté plus particuliére & plus pófitive; s'il dirigeoit toûjours le Sort d'une maniére immédiate, avec une attention & une opération, pour ainfi dire, plus appliquée; fi le Sort étoit toûjours un Oracle, comme Mr. D. J. nous le repréfente : il faudroit l'emploier prefque par tout, & s'en remettre à fa décifion pour la plûpart des affaires, tant civiles, que facrées, quelque fufceptibles qu'elles foient d'une direction humaine. Car il n'y en a guéres, où l'on puiffe compter fûrement fur la force & la prudence des Hommes: on y remarque prefque toûjours quelque mélange de doute & d'incertitude. Et là même où la direction des Hommes paroît avoir le plus d'efficace, ne vaudroit-il pas mieux laiffer faire celui qui peut fans contredit conduire les chofes mieux que ne feront jamais de foibles Mortels, avec toutes leurs lumiéres & leurs mefures les mieux concertées ? Plus l'affaire feroit importante, & plus on auroit raifon de renoncer à fa force, & à fa prudence, pour s'en rapporter au *Sort*, où DIEU *agit feul*, felon Mr. *D. J.* Ainfi un Juge, qui trouveroit quelque embarras dans une Caufe, devroit imiter le (a) Juge *Bridoie*, qui *fentencioit les Procès au fort des Dez.* Et l'exemple du (b) Général, que Mr. *D. J.* allégue mal-à-propos, pour rendre ridicule l'opinion qu'il combat, feroit très-jufte dans fon Syftême. Ce Général pourroit dire : *J'ai appris,* SIRE, *de quelques Prédicateurs, que la Providence dirige le Sort* AUTREMENT *que les Batailles : Que dans les Batailles il concourt avec la force & le courage des Soldats, avec la fituation des lieux, & autres chofes femblables, dont l'effet eft fort fujet à être traverfé par mille cas imprévûs ; mais que, dans le Sort,* DIEU *agit* SEUL ET SANS L'INTERVENTION DES CAUSES SECONDES, *qu'il le dirige d'une façon particuliére & immédiate. J'ai donc cru, qu'il étoit infiniment plus fûr de prendre cette voie, & de m'en remettre à l'*ARBITRAGE *& à la* DIRECTION IMMÉDIATE *de Dieu, que*

de

(a) *Rabelais*, Liv. III. Chap. XXXVII.
(b) *Lettres*, pag. 63, 64.

de m'exposer au danger d'une Bataille.

§. XXII. Voi là qui suit du
principe de Mr. *D. J.* s'il signifie quelque chose. Et cependant y a-t-il rien
de plus absurde? rien qui fût plus capable de bouleverser toutes les affaires
de la Vie? Il ne faut d'ailleurs que
considerer la variation & la bizarrerie
prodigieuse des décisions du Sort, pour
conclurre qu'elles ne partent pas d'une
direction immédiate & d'une volonté
positive de Dieu; & qu'on ne peut
les lui attribuer sur ce pié-là sans faire
tort à sa Sagesse. Voici encore là-dessus une reflexion judicieuse de Ga-
taker: (a) " Si dans l'affaire d'*Ha-*   (a) *Chap.*
» *can*, (dit-il) on eût jetté le Sort plu-   VII. §. 10.
» sieurs fois, ou que diverses person-   *pag.* 159,
                                            160.
» nes l'eussent jetté en même tems,
» selon l'ordre de Dieu; le Sort se-
» roit tombé constamment & invaria-
» blement sur la Tribu de *Jada*; &
» dans cette Tribu, sur la Famille des
» *Zérachites*; dans la Famille des *Zé-*
» *rachites*, sur la maison de *Zabdi*; &
» dans cette Maison, sur la personne
» d'*Hacan.* Mais il n'y a rien de plus
» incertain & de plus variable, que le
G 2   » Sort

„ Sort commun : à chaque coup qu'on
„ remuë le Vase ou le Cornet, on a u-
„ ne nouvelle sentence. Suppofons,
„ par exemple, qu'entre cent Minis-
„ tres de *Londres*, on veuille en choi-
„ fir un par le Sort, pour vifiter les
„ Peftiferez, & que l'on jette le Sort
„ quatre ou cinq fois de fuite avec les
„ plus grandes folemnitez du monde ;
„ croit-on qu'il tombera toûjours fur
„ le même Miniftre ? Ou fuppofons
„ qu'il y aît en divers lieux quatre ou
„ cinq Affemblées parmi lefquelles, a-
„ près avoir prié Dieu de vouloir pré-
„ fider à une Election pour un Em-
„ ploi vacant, on jette le Sort entre
„ les mêmes Prétendans ; eft-il, je ne
„ dirai pas certain, mais feulement
„ vraifemblable, que, dans toutes ces
„ Affemblées, la même perfonne fera
„ toûjours défignée par le Sort ?

Le même Théologien fait une autre reflexion, qui montre encore clairement, que la décifion du Sort commun ne fauroit être regardée comme
un Oracle, ni comme un Arrêt du
Ciel. " Après, dit-il, (a) que le Sort
„ eût été jetté entre *Matthias* & *Bar-*
„ *fabas*, le prémier, fur qui le Sort
„   „ étoit

(a) *Ibid.*
pag. 162.

,, étoit tombé, n'auroit pas pû se dé-
,, charger de l'Apoſtolat, & y renon-
,, cer en faveur de l'autre, par un ac-
,, cord fait entr'eux. Mais ſi le Miniſ-
,, tre choiſi par le Sort pour viſiter
,, les Peſtiferez, venant à être ſaiſi de
,, fraieur & d'épouvante, un autre
,, plus courageux offroit volontaire-
,, ment de prendre ſa place; ne pour-
,, roit-on pas légitimement accepter
,, les offres du dernier ? & feroit-on
,, ſagement de preſſer l'autre, qui ſe
,, ſent ſi fort incapable de cette dan-
,, gereuſe fonction ?

De là il paroît que, dans cet exemple, qui eſt un de ceux qu'allégue (a)
Mr. *D. J.* le but du Sort n'eſt pas
d'avoir une déciſion du Ciel, & ne
ſuppoſe d'ailleurs aucune direction particuliére & immédiate de la Providence. Mais la difficulté de choiſir entre
pluſieurs Miniſtres, également tenus
par leur Charge à viſiter les Peſtiferez, oblige de prendre ce parti, qui
ôte tout ſujet de plainte à ceux qui
croiroient avoir de meilleures raiſons
de refuſer une telle fonction, que les
autres qu'on en voudroit diſpenſer.
G A T A K E R dit auſſi, en parlant

(a) *Lettres,*
pag. 48.

G 3   d'un

d'un tems de Perſécution, (a) *que l'on peut tirer au Sort quels Paſteurs du Peuple demeureront, & quels ſe retireront & ſe reſerveront pour de meilleurs tems; afin que, par ce moïen, ceux qui reſtent ne puiſſent point être accuſez de préſomtion, ni ceux qui ſe retirent, de lâcheté.*

§. XXIII. La grande raiſon pourquoi Mr. *D. J.* prétend que l'on ne peut ſans profanation emploïer le Sort dans le Jeu, c'eſt qu'il s'agit (b) d'un *amuſement* & d'une *bagatelle*. De là vient qu'il a oſé avancer, (c) que P L U S I L Y A A G A G N E R E T A P E R- D R E, M O I N S L E S J E U X S O N T P R O F A N E S ; dequoi les grands Joüeurs, qui riſquent de groſſes ſommes, ne manqueront pas de le remercier, comme il le mérite. Mais ce qu'il dit de l'*amuſement*, va à rendre illicites les Jeux d'Adreſſe, auſſi bien que ceux de Hazard. Car puis que la Providence dirige les prémiers, auſſi bien que les derniers, n'eſt-ce pas la faire *miniſtre de nos amuſemens & juge de nos conteſtations pueriles*, que de l'obliger à intervenir dans ces ſortes de Jeux ? Qu'importe qu'elle agiſſe *ſeule*, ou

ou *avec nous?* Tout ce qui s'enſuivroit
de là, ce feroit qu'il y auroit un peu
moins de profanation dans les Jeux d'A-
dreſſe, que dans les Jeux de Hazard,
mais il y en auroit toûjours aſſez pour
devoir empêcher Mr. *D. J.* de jouer ou
de permettre que l'on joue aux *Echecs*;
exercice néanmoins qu'il *patrocine*, pour
lui renvoier une belle expreſſion qu'il
emploie gravement (a) en parlant de
ſes Adverſaires.

(a) *Pag.*
196, 197.

§. XXIV. A L'EGARD de la *ba-*
gatelle, ou du *peu d'importance de la*
choſe ſur quoi on s'en remet à la déciſion du Sort, Mr. *D. J.* qui permet
le Sort dans les Partages, où il eſt
auſſi emploié le plus ſouvent, n'a pas
pris garde que ce dont il s'agit là &
dans les autres affaires de la Vie Civile où l'uſage du Sort eſt généralement
reconnu pour légitime, eſt pour l'ordinaire très-peu de choſe. Quand on
tire au ſort pour ce ſujet, les portions
ſont auſſi égales qu'il eſt poſſible, par-
cè que c'eſt l'égalité de droit & de
prétenſions ſur les choſes à partager,
qui oblige d'aſſigner à chacun ſa part
de cette maniére; car ceux qui pré-
tendroient avoir quelque prérogative,

G 4   n'au-

n'auroient garde de confentir à la voie
du Sort, qu'après avoir tiré ce qui
leur revient de plus qu'aux autres. Ainf-
fi ce qu'il s'en faut qu'une portion ne
foit auffi confidérable que l'autre, eft
ordinairement de très-peu d'importance; & par conféquent, felon les principes de nôtre Prédicateur, ce feroit
une *profanation*, que de *proftituer* ainfi,
pour des bagatelles, la *direction parti-*
culiére & immédiate d'une Providence qui agit *feule*. Il a beau dire que
c'eft *pour le bien de la paix* qu'on tire
au fort : car cela n'empêche pas qu'il
ne s'agiffe au fond de peu de chofe : &
ainfi ou les intéreffez devroient tous
s'accorder de bonne grace, pour ne
pas profaner une *chofe facrée* comme le
Sort ; ou, fi quelcun n'en faifoit aucun fcrupule, les autres devroient plûtôt relâcher de leur droit, & laiffer le
choix aux moins religieux.

§. XXV. Après tout, de quelque maniére que la Providence intervienne dans le Sort, il eft certain que
les Hommes tirent au fort quand il
leur plaît, & que Dieu ne fait point
de miracle pour les en empêcher. Si
donc il y avoit dans le Sort une Pro-
vi-

vidence, telle que Mr. *D. J.* la conçoit, il ne tiendroit qu'aux plus che-
tifs Mortels d'obliger DIEU malgré
lui, pour ainſi dire, à être le *Miniſtre
de leurs amuſemens*, & l'*Arbitre de
leurs conteſtations puériles*, dont il ne
peut (a) *refuſer de ſe mêler*, ſelon nô-   (a) *Pag. 19.*
tre Prédicateur, du moment que le
Sort y entre pour quelque choſe.

§. XXVI. IL Y auroit ici bien
d'autres choſes à dire : mais en voilà
plus qu'il ne faut, pour faire toucher
au doit le peu de ſolidité d'un Syſtême,
qui n'étant appuié ſur rien, eſt d'ailleurs expoſé à de ſi abſurdes conſéquences. Après cela il n'y a nulle apparence, que Mr. *D. J.* puiſſe trouver aucune reſſource dans l'Ecriture
Sainte, qui certainement ne nous enſeigne jamais des abſurditez. Il cite le
fameux paſſage des (b) PROVERBES   (b) *Chap.*
de SALOMON ; mais il n'a garde de   XVI. verſ.
refuter les raiſons que j'ai alléguées a-   33.
près Mr. LE CLERC, pour faire
voir que ce paſſage ne prouve rien. Il
eſt vrai que ce ſont des raiſons critiques, dont un Prédicateur du caractère de Mr. *D. J.* ne s'embarraſſe guéres : il ne connoît d'autre régle pour

G 5   in-

interpréter les Ecrivains Sacrez , que
fon imagination & fes Lieux Communs, ou les idées métaphyfiques dont
il s'eft entêté , & qu'il regarde comme des infpirations : voilà tout le fondement de (a) la paraphrafe & de l'explication que donne Mr. *D. J.* Je n'y
veux oppofer que celle du Savant Théologien, que j'ai déja cité plufieurs fois,
& qui avoit ruiné de fond en comble
il y a près de cent ans , tout l'avantage que les *Foncourts* de fon tems prétendoient tirer de la fentence de SA-
LOMON. ,, Ces paroles , dit-il, (b)
,, de l'Efprit de Dieu , prononcées
,, par le Sage , fignifient feulement,
,, comme les expliquent divers (c)
,, Théologiens célébres & judicieux,
,, qu'encore que rien ne femble & ne
,, foit effectivement plus cafuel , que
,, le Sort , lors qu'il eft tel qu'il doit
,, être ; cependant il y a une Providen-
,, ce Divine dans la difpofition du
,, Sort , de même que dans tous les
,, autres événemens , de quelque na-
,, ture & de quelque qualité qu'ils
,, foient. Auffi voions-nous , que ce
,, qui eft dit ici du *Sort* , eft dit ail-
,, leurs (d) de toutes les *penfées* & de
,, tou-

(a) *Lettres*, pag. 91, 202.

(b) *Chap.* II. §. 3. pag. 16, 17.

(d) Il cite en marge, *Junius*, *La-vater*, *Mal-derus* , *Ru-dolph. Bain.* &c.

(d) *Proverb.* XIX, 21. & XVI, 1, 9. & X, 24. & XXI, 30, 31.

» toutes les *voies* des Hommes , de
» leurs *paroles* , de leurs *ouvrages* , de
» leurs *conseils* , des *mesures* qu'ils pren-
» nent ; parce que tout cela est à la
» disposition de Dieu , & qu'il n'est
» pas (a) absolument en nôtre pouvoir (a) *Jerem.*
» de procurer le succès tel que nous ^X, 23.^
» le souhaitterions....... (b) Il y a (b) *Gataker*
» mot pour mot dans l'Original : *Pour* ^pag. 144.^
» *ce qui* (1) *est du Sort , il est jetté au*
» *giron , & tout son jugement ,* ou tou-
» te sa disposition , EST DE DIEU :
» ce que l'on peut traduire , MAIS
» *tout son jugement* &c. de la même
» maniére qu'il est dit ailleurs : (c) (c) *Proverb.*
» *Plusieurs cherchent la face ,* ou la fa- ^XXIX, 26.^
» veur , *des Grands , mais tout juge-*
» *ment de l'Homme est de* DIEU. *Le*
» (d) *Cheval est préparé pour le jour de* (d) *Proverb.*
» *la bataille :* MAIS *le Salut est de* ^XXI, 31.^
» *Dieu ,* ou appartient à Dieu. Sur
» ce pié-là , le Sage ne veut dire au-
» tre chose , si ce n'est qu'il y a une
» Providence de Dieu en toutes cho-
» ses , même dans les moindres , dans
» les plus casuelles , & entr'autres dans
                                    » le

(1) *Eth haggoral.* GATAKER cite ici deux exemples
du sens qu'il donne à la particule *Eth , Nombr.* XXVI,
55. *Nehem.* IX, 32.

„ le Sort. Ainsi il n'attribuë ici rien
„ de plus au Sort, que ce qui est at-
„ tribué ailleurs à toutes les autres
„ choses casuelles, & même à toutes
„ les pensées, à tous les desseins, à
„ toutes les paroles & les actions, à
„ tous les conseils & toutes les entre-
„ prises des Hommes. .... En tradui-
„ sant même comme on fait ordinai-
„ rement : *Le Sort est jetté au giron,*
„ *mais toute sa disposition,* ou *tout ce*
„ *qui en provient,* est de l'Eternel ; on
„ peut aussi bien dire, & cela en ver-

(a) *Pseaum.*
XXXIII,
10.-20.
XXXVII, 6,
7.9,12--16.
CXXVII, 1,
2. *Proverb.*
X, 22. XVI,
1, 3, 9, 33.
XIX, 21.
XX, 24.
XXI, 30,
31. *Esaie,*
XXVI, 12.
XXXIV,15.
16. *Jerem.*
X,23. *Matth.*
VI, 26, 30,
X. 29, 30.

(b) *To crosse*
or give way
to them &c.

„ tu de plusieurs (a) autres passages de
„ l'Ecriture, que tout le succès, tou-
„ te l'issuë, de toutes choses, gran-
„ des ou petites, plus ou moins im-
„ portantes, vient de Dieu. Ce qui
„ n'exclud pourtant pas les moiens,
„ par lesquels ou avec lesquels Dieu
„ opére dans la plûpart de ces choses,
„ & n'emporte point une Providence
„ qui agisse toûjours immédiatement :
„ mais le but de SALOMON est de
„ faire voir qu'il dépend uniquement
„ de Dieu, de régler l'événement &
„ l'issuë de toutes choses, & de les (b)
„ traverser ou de les laisser aller leur
„ train, comme il le juge à propos.

§. XXVII.

§. XXVII. UN AUTRE paſſage de l'Ecriture Sainte, que Mr. *D. J.* allégue en faveur de ſon opinion, c'eſt (a) celui où SALOMON dit, Que (b) *le Sort fait ceſſer les Procès, & fait les partages entre les Puiſſans.* Mr. *D. J.* n'oſe ſoûtenir que le Sage *diſe-là en autant de mots, que le Sort ne* SERT POINT A AUTRE *choſe:* néanmoins *il paroît aſſez*, ſelon lui, tant par la *grandeur de ce qui y intervient, que par l'eſprit de ce paſſage, qu'il ne doit ſervir qu'à cela, ou à des choſes de même nature, qui intéreſſent conſidérablement la paix des Hommes* &c. GATAKER répondra (c) encore ici. " Le terme " Hébreu, dit-il, quoi que, ſelon ſa " propriété originale il ſignifie un " *Procès*, s'étend néanmoins dans l'u- " ſage commun à toute ſorte de dif- " putes & de démêlez, ſoit qu'ils " roulent ſur des choſes de grande ou " de petite importance. Et la prati- " que du Peuple de Dieu, telle que " nous la voions dans l'Ecriture, mon- " tre aſſez que les moindres choſes é- " toient ordinairement déterminées " par le Sort. En matiére de *Dîmes*, " par exemple, n'étoit-ce pas une " cho-

(a) *Lettres,* pag. 97.
(b) *Proverb.* XVIII, 18.

(c) *Chap.* VI. §. 4. pag. 128, 129.

,, choſe fort peu importante, que tel
,, ou tel Agneau fût donné à un *Lévi-*
,, *te*, pourvû qu'il eût un Agneau de
,, dix , deux de vint &c. cependant
,, le Sort (a) en décidoit. Il importoit
,, peu à quelle Porte du Temple tels
,, ou tels *Lévites* ſe tinſſent : (je ne
,, veux pas dire que ce fût une choſe
,, peu conſidérable en elle-même, d'ê-
,, tre Portier de la Maiſon de DIEU,
,, quoi que le Pſalmiſte (b) ſemble fai-
,, re regarder cette fonction comme
,, une des moindres qu'on pouvoit a-
,, voir dans ce Lieu Sacré) mais que
,, telle ou telle Troupe de *Lévites* fût
,, à telle ou telle Porte , plûtôt qu'à
,, l'autre , à celle du *Nord* ou à celle
,, du *Midi*, pour recevoir les libérali-
,, tez du Peuple à l'occaſion de quel-
,, que Collecte ; ce n'étoit pas certai-
,, nement une choſe de grande conſé-
,, quence ; & cependant on tiroit (c)
,, au Sort pour cela. Il n'étoit pas non
,, plus fort important , quel des Prê-
,, tres offrît l'encens, ou accommodât
,, les Lampes &c. pourvû que ce fût
,, quelcun d'entr'eux qui le fît : tout
,, cela néanmoins étoit réglé par (d)
,, le Sort. Puis donc que le Sort peut
,, être

(a) *Levit.* XXVII, 32. ſur quoi l'Auteur renvoie aux Notes de *Junius.*

(b) *Pſeaum.* LXXXIV, 10.

(c) I. *Chron.* XXVI, 13, 14.

(d) *Luc,* I, 9.

„ être légitimement emploié dans les
„ autres affaires communes de la Vie,
„ la Parole de Dieu l'autorisant en gé-
„ néral, & n'en restreignant nulle part
„ l'usage à aucune chose particuliére ;
„ la pratique des Gens-de-bien l'éten-
„ dant aussi jusqu'aux choses les moins
„ considérables (car ce n'étoient pas
„ les Charges elles-mêmes qu'on assi-
„ gnoit par le Sort , mais seulement
„ les diverses fonctions & les divers
„ postes entre ceux qui exerçoient la
„ même Charge :) je ne vois pas pour-
„ quoi le Sort devroit être banni de
„ nos Divertissemens , plûtôt que de
„ toute autre affaire civile , quoi que
„ sérieuse. Si d'ailleurs nous considé-
„ rons bien la nature du Sort & son
„ extrême incertitude , nous trouve-
„ rons que des choses peu importan-
„ tes , comme celles-là , sont celles
„ où il est le mieux appliqué ; & que
„ l'usage au contraire n'en est du tout
„ point convenable, quand il s'agit de
„ choses tant soit peu importantes. A
„ cause dequoi ceux qui l'emploient
„ en des affaires sérieuses, ont accoû-
„ tumé de prendre toutes les précau-
„ tions imaginables, pour disposer les
„ cho-

„ choses de telle maniére, qu'il n'im-
„ porte point de quelle maniére le
„ Sort tombe, ou que ce dont on lui
„ remet la décision soit aussi peu con-
„ sidérable qu'il est possible. Car quand
„ il est de quelque conséquence que
„ le Sort tombe de telle ou de telle
„ maniére, plûtôt que d'une autre
„ (je ne parle pas des cas où l'injusti-
„ ce d'autrui peut forcer quelcun à
„ accepter cette voie, comme le moin-
„ dre de deux inconvéniens) il n'y a
„ point d'Homme sage (a) qui remît
„ volontiers au hazard du Sort un in-
„ térêt comme celui-là...... " Il
„ faut expliquer, dit (b) ailleurs GA-
„ TAKER, ce passage de SALO-
„ MON, de la même maniére que ce-
„ lui de l'*Epître aux* HEBREUX, où
„ l'Apôtre assûre que (c) *le Serment*
„ *est, parmi les Hommes, la fin de tou-*
„ *te sorte de contestations.* Il y a sans
„ contredit d'autres usages légitimes
„ du *Serment*, comme celui de don-
„ ner des assûrances de l'accomplisse-
„ ment d'une Promesse ou d'une Con-
„ vention. Quelle dispute y avoit-il
„ entre *Jonathan* & *David*, lors qu'ils
„ jurérent (d) l'un à l'autre ? Ou en-
„ tre

(a) Voiez *Xénophon*, Choses mémorables de *Socrate*, Lib. I. Cap. II. §. 9. Ed. *Oxon.*
(b) *Chap.* VII, §. 15. pag. 172, 173.
(c) *Hébr.* VI, 16.
(d) I. *Sam.* XX, 16, &c.

» tre DIEU (a) & *Abraham?* ou en-
» tre *David* (b) & DIEU? Eft-ce
» pour terminer quelque différent que
» ceux qui entrent dans quelque Char-
» ge Eccléfiaftique ou Politique, pré-
» tent ferment? De même SALO-
» MON ne veut pas borner ou ref-
» treindre l'ufage du Sort à la déci-
» fion des différens, moins encore à
» la décifion des feuls différens qui
» roulent fur des chofes de grande im-
» portance, ou de ceux qui furvien-
» nent entre les perfonnes puiffantes,
» quoi qu'il faffe mention expreffé-
» ment de ces fortes de différens. Mais
» il parle de toute forte de contefta-
» tions en général : & au fond pour-
» quoi eft-ce qu'un petit Héritage ne
» pourroit pas être partagé par le Sort
» entre de pauvres gens, auffi bien
» qu'un gros Héritage entre des Ri-
» ches? Ou ne voit-on pas fouvent s'é-
» lever des difputes entre les Grands
» pour des bagatelles? Le but du paf-
» fage, dont il s'agit, eft donc d'en-
» gager toute forte de perfonnes à ter-
» miner leurs démêlez, grands ou pe-
» tits, par une voie auffi aifée & auffi
» impartiale que le Sort, plûtôt que
» de

(a) *Genef.* XXII, 16, 17.
(b) *Pfeaum.* CXIX, 106. CXXXII, 2, 3.

„ de s'expofer, par des pourſuites ar-
„ dentes en Juſtice, à de plus fâ-
„ cheux inconvéniens. Le Sage don-
„ ne en même tems à entendre, que
„ les perſonnes de baſſe condition doi-
„ vent d'autant plus volontiers pren-
„ dre cet expédient, qu'ils voient les
„ Grands eux-mêmes ſe ſoumettre ſou-
„ vent à la déciſion du Sort. A ces
judicieuſes penſées du Théologien Anglois, j'ajoûterai que, lors même que
le Sort eſt emploïé dans ce qui ſe rapporte en quelque maniére à la Religion, on ne s'en ſert pas comme d'u-
ne *choſe ſacrée*, mais comme d'un expédient aiſé, court, & commode,
pour régler des choſes que l'on pourroit régler autrement, ſi l'on vouloit;
comme il paroît par les exemples allé-
guez. Ainſi c'eſt en vain que Mr. D.
(a) *Lettres*, J. dit, (a) que les *Juifs* auroient *man-*
pag. 106. *qué de reſpect pour leur Religion*, *s'ils*
euſſent *emploïé à jouer ridiculement quel-*
ques fois, *le Sort qu'on avoit emploïé*
dans le Sanctuaire pour choiſir le Bouc
Hazazel; *dont* David & Salomon *s'é-*
toient ſervis pour régler les Emplois & les
Domiciles des Sacrificateurs, *& des au-*
tres Miniſtres du Temple &c. Autant
vau-

vaudroit-il dire , que les *Juifs* ne pouvoient fans profanation fe fervir d'*huile*
dans les Feftins ou dans quelque Illu-
mination faite pour fe réjouïr , parce
qu'on brûloit de l'huile dans les lampes
du Sanctuaire, & qu'on s'en fervoit pour
oindre les Sacrificateurs fous l'ancienne Loi.

§. XXVIII.   M r. *D. J.* croit tirer auffi un fort argument , de ce que
(a) *l'on ne trouve le Sort emploié dans* (a) *Pag.*193.
tous les exemples des Saintes Ecritures, Voiez auffi
que dans des occafions ou religieufes , ou *pag.* 68. 80,
du moins graves.   Mais j'ai déja dit là- 107.
deffus ce qu'il falloit ; & nôtre Prédicateur fe refute lui-même , lors qu'il
dit (b) en un autre endroit : *jamais,* (b) *Pag.*73.
QUE NOUS SACHIONS , *en des ba-*
gatelles de l'ordre de celles qui font fi
fort en vogue aujourd'hui parmi nos
Joueurs. Puis qu'il n'en fait rien, pourquoi tire-t-il de là quelque conféquence ?

§. XXIX.   N o u s allons le voir
maintenant faire le docte. Il veut per-
cer l'antiquité la plus reculée , pour y
découvrir l'origine du Sort, telle qu'il
la lui faut pour maintenir fon Syftême.
Ce Savant homme a trouvé , par fes
gran-

(a) *Pag. 173.* grandes & curieuſes recherches, (a) *Qu'au commencement l'uſage du Sort a é-té regardé comme ſacré parmi tous les Peuples.* Nous attendions là-deſſus des preuves de fait : nous aurons des raiſons de convenance, & Mr. *D. J.* ne ſe démentira point. Il avouë qu'*on ne*

(b) *Pag. 66.* (b) *ſauroit découvrir par l'Hiſtoire ni Sacrée, ni Profane, la prémiére inſtitution de cet uſage : il ne croit pas non plus qu'on puiſſe déterminer aiſément s'il a paſſé de la Religion dans les affaires Civiles, ou des affaires Civiles dans celles de la Religion.* Il *tient* néanmoins *pour certain, qu'il n'a été mis en œuvre dans ſes commencemens, que par rapport à des choſes graves.* Pourquoi ? Parce qu'*il*

(c) *Pag. 49, 50.* (c) *ne ſauroit imaginer autre choſe,* ſi ce n'eſt que ceux qui les prémiers ſe ſont aviſez de l'uſage du Sort, ont voulu par là *ſe rapporter de leurs intérêts à un Arbitrage au deſſus d'eux, & ſe remettre à Dieu, ou aux Dieux, Auteurs des biens, d'en faire la diſtribution.*

§. XXX. D'AUTRES, ſans être ſi déciſifs ſur le but primitif d'un uſage, dont Mr. *D. J.* avouë qu'on *ignore la prémiére inſtitution,* diront pour le le moins avec autant de raison & de vraisemblance, qu'ils conçoivent fort bien, que les Hommes n'ont d'abord fait usage du Sort qu'en badinant, & sans y chercher aucun mystére. Un Berger, en gardant son Troupeau, mettoit dans sa main quelques Cailloux, & la tenant fermée, disoit pour rire à son camarade: *Pair, ou non:* ou bien il prenoit deux brins d'herbe, ou deux pailles, & en donnoit une à tirer à l'autre, pour voir s'il rencontreroit la plus longue. Par là & par diverses autres maniéres de Sort, dont on pouvoit aisément s'aviser, on ne cherchoit qu'à s'amuser & on n'avoit garde de penser en aucune façon à DIEU ou aux *Dieux, Auteurs des biens.* Dans la suite, comme on avoit quelquefois de la peine à s'accorder sur certaines choses, où plusieurs prétendoient avoir un droit égal (par exemple, on ne pouvoit pas tous demeurer en un même endroit, faute d'une assez grande quantité de pâturages; on s'étoit emparé de quelque coin de Terre, qu'on ne vouloit pas cultiver en commun; des Enfans avoient à partager les Troupeaux & les autres biens qu'ils

qu'ils héritoient également de leur Pére &c. il vint dans l'efprit, que, pour
éviter l'embarras des difcuffions, &
pour terminer le différent, en forte
que perfonne ne pût raifonnablement
fe plaindre, il n'y avoit qu'à tirer à la
courte paille, qui iroit ailleurs paître
fes Troupeaux, ou qui auroit (1) tel
ou tel morceau de Terre, pour le cultiver & en jouir feul ; ou qui auroit
telle ou (2) telle portion de plufieurs
faites en gros.   Ainfi le Sort s'établit
dans les affaires férieufes : on en inven-
ta mille maniéres ; & on l'étendit enfin jufqu'à certaines chofes qui fe rap-
portoient à la Religion. D'où il arriva
avec le tems, que l'Ignorance & la
Superftition, fources fécondes de chi-
méres, firent regarder le Sort comme
un moien extraordinaire de connoître
le bon ou le mauvais fuccès des entre-
prifes, ou la volonté des Fauffes Divinitez.

§. XXXI.

(1) C'eft un des ufages du Sort le plus ancien, &
dont on trouve le plus d'exemples. Voiez le Scholiaf-
te d'HOMÉRE, fur *Iliad.* O, vers. 498. GATAKER,
Chap. IV. §. 12. & Mr. LE CLERC, dans fon Commentaire fur *Génef.* XXV, 18. & *Nombr.* XXVI, 55.
(2) De là vient qu'en Grec le mot κλῆρος fignifie
très fouvent un *Héritage.* Chacun fait que l'ancienne
Hif-

§. XXXI. JE laisse aux personnes judicieuses, qui connoissent un peu l'Antiquité, à examiner si cette courte histoire de l'origine & des progrès du Sort n'est pas infiniment plus conforme aux Monumens qui nous restent, que celle que Mr. D. J. a imaginée. Prenons HOMERE, le plus ancien des Auteurs Profanes, celui où l'on voit de plus grandes traces de la simplicité des prémiers tems, & qui certainement n'est rien moins que chiche de faire intervenir *Deum ex machina*. Nous y trouvons le Sort emploié dans le partage (a) des biens paternels; dans le (b) choix des Enfans d'une même Famille qui devoient aller à la Guerre, ou des (c) Guerriers qui devoient entrer en lice avec quelque Ennemi redoutable; dans les Combats singuliers, pour voir (d) quel des deux Champions lanceroit le prémier le Javelot; dans les Voiages, (e) lors qu'il fal-

(a) *Odyss.* Lib. XIV. vers. 208, 209.
(b) *Iliad.* Lib. XXIV. vers. 400.
(c) *Iliad.* Lib. VII. vers. 171, *& seqq.*
(d) *Iliad.* Lib. III. vers. 316, 317.
(e) *Odyss.* Lib. X. vers. 206.

Histoire, deguisée par le mélange des Fables, parle d'un tel partage fait par le Sort entre les trois fils de *Saturne*, qui étoient des plus anciens Rois de la Grèce, & qui vivoient apparemment vers le tems d'*Abraham*. Voiez LACTANCE, Instit. Divin. *Lib.* I. Cap. XI. §. 30. *& seqq.*

(1) Z 3

falloit envoier quelcun pour reconnoître une Ile voifine ; dans quelque autre entreprife périlleufe, comme quand
il s'agiffoit d'aller (a) crever l'œuil au
Cyclope ; dans (b) les Jeux de prix,
pour régler l'ordre des Exercices , &
de ceux qui devoient y difputer de force ou d'adreffe &c. Que Mr. *D. J.*
cherche, tant qu'il voudra, il ne nous
fera voir en tout cela aucune idée de
fainteté, que les Héros du Poëte, d'ailleurs très-fuperftitieux , paroiffent a-
voir attachée au Sort, ni d'aucune intervention particuliére de la Divinité, qu'ils cruffent y préfider plus qu'à
toute autre chofe indépendante du
Sort.

§. XXXII. Il y a à la vérité un
de ces exemples , où l'on trouve une
invocation de la Divinité : & je m'i-
magine que Mr. *D. J.* triomphera là-
deffus , comme fi je lui avois fourni
moi-même des armes ; fur tout quand
il lira l'endroit dans la Traduction de
Madame Dacier. C'eft celui du
VII. Livre de l'Iliade, où en même tems que les Héros Grecs , qui
prétendoient tous a la gloire de combattre
contre Hector , *remettent ce choix au*
fort ;

(a) *Odyff.*
Lib. IX.
vers. 331.
(b) *Iliad.*
XXIII. vers.
352, & *feqq.*
861, 862.

Sort ; toutes les Troupes levant leurs mains
aux Dieux , & attachant leurs regards
au Ciel , font cette priére : ” Grand
„ J U P I T E R, qui tenez en vos mains
„ tous les Sorts, & qui les gouvernez
„ comme il vous plaît, accordez à nos
„ vœux , ou *Ajax* , ou le fils de *Ty-*
„ *dée* , ou même le Roi de *Mycé-*
„ *nes.* “ Il pourroit bien arriver, que
Mr. *D. J.* fur cette verfion , s'écrie-
ra d'abord : *Ne voila-t-il pas une*
Priére , & une Priére où l'on reconnoî
formellement , que L A D I V I N I T E·
T I E N T E N S E S M A I N S T O U S
L E S S O R T S , E T L E S G O U V E R-
N E C O M M E I L L U I P L A Î T? Mais
rien n'eft plus facile que d'enlever à
nôtre Prédicateur ce fujet de joie.
Il n'y a (1) pas un mot , dans l'O-
riginal , de ces derniéres paroles, que
la Savante Interprête a ajoutées de
fon chef : & quand elles y feroient,
elles ne feroient rien en faveur de
Mr. *D. J.* car elles prouveroient feulement qu'on croioit que la Divinité
étoit

(1) Ζεῦ πάτερ , ἢ Αἴαντα λαχεῖν , ἢ Τύδεως υἱὸν ,
Ἢ αὐτὸν βασιλῆα πολυχρύσοιο Μυκήνης.
Iliad. VII, 179, 180.

H

étoit (1) abſolument maîtreſſe de tous
les événemens, & qu'elle pouvoit faire tourner à ſon gré les choſes les plus
fortuites, auſſi bien que celles qui ont
des Cauſes néceſſaires. C'eſt ſur ce
fondement que la Priére eſt emploiée,
dans HOMÉRE, pour obtenir un
heureux ſuccès dans toutes ſortes d'affaires.: & Mr. D. J. n'a qu'à lire un
peu plus bas, dans l'endroit même
dont il s'agit; il y trouvera cette autre
Priére, faite après la déciſion du Sort
en faveur d'*Ajax* : *En même tems les
Troupes adreſſent leurs priéres au Fils de
Saturne, & levant les mains au Ciel,
elles s'écrient :* " Pére des Dieux &
„ des Hommes, puiſſant JUPITER,
„ qui êtes adoré ſur le mont *Ida*, &
„ dont le thrône eſt environné de ma-
„ jeſté & de gloire, la victoire (2) dé-
„ pend de vous, accordez-la au vail-
„ lant *Ajax* : & ſi vous aimez *Hector*,
„ & que ſa vie ſoit précieuſe à vos
„ yeux

(1) —— Θεοὶ δέ τε πάντα δύνανται.
HOMER. Odyſſ. Lib. X. vers. 306.
Γένοιτο μὲν τ᾽ ἂν πᾶν, Θεῶ τεχνωμέϋκ.
SOPHOCL. Ajac. flagellif. vers. 86.
—— *Immenſa eſt, ſinemque potentia cœli
Non habet, & quidquid Superi voluère, peractum eſt.*
OVID. Metam. VIII, 618, 619.
(2) Δὶς

„ yeux, au moins qu'*Hector* ne triom-
„ phe point d'*Ajax*, & que ces deux
„ Héros sortent de ce combat avec un
„ égal avantage. Voilà sans doute une
de ces choses où la Providence n'agit
pas seule, & où elle *concourt avec la
force & l'industrie des Hommes.* Les
Grecs prient *Jupiter* de diriger les efforts des deux Combattans, comme
ils l'ont prié de diriger de telle maniére le Sort, que le caillou ou le morceau de bois qu'on tireroit le prémier
du Casque d'*Agamemnon*, après l'avoir
bien remué, fût celui qui portoit la
marque d'*Ajax*, ou de *Dioméde*, ou
d'*Agamemnon*. Ils ne regardent pas
plus le Sort *comme une chose vénérable
& comme une décision divine*, que la
victoire d'*Ajax.*

§. XXXIII. Mr. *D. J.* est assû-
ré (a) qu'il pourroit *trouver cent exem-*
ples dans les Historiens Profanes, pour
se convaincre que les Païens consideroient

(a) *Lettre,*
pag. 7*.*

le

---

(2) Δὶς νίκην Ἀιαντί καὶ ἀγλαὰν εὖχΘ- ἀρέθς.
    Homer. ubi supra, vers. 203.
    J'ai suivi dans tout ce passage la version de Madame
Dacier; quoi qu'il y ait quelques endroits où elle
me semble ne pas suivre son Original aussi exactement
qu'elle l'auroit pû. Mais cela est peu important pour
mon but.

H 2 (1) *Il*

le Sort comme un moien vénérable de re-
mettre à la décifion de la Divinité , ce
qu'ils ne vouloient par refpe&t , ou n'o-
foient déterminer eux-mêmes. Cependant il ne nous cite qu'un exemple ti-
(a) *Efther* , ré de l'Ecriture Sainte , (a) & un ex-
III, 7. emple où il s'agit du *Sort extraordinai-*
re. Car pourquoi eft-ce qu'*Haman* jettoit le Sort pour chaque Mois de l'Année l'un après l'autre , & pour tous les
Jours de chaque Mois, fi ce n'eft afin
de favoir par avance le fuccès de l'entreprife cruelle qu'il méditoit contre
les *Juifs* , & pour confulter là-deffus
fes fauffes Divinitez ? C'étoit donc un
Sort divinatoire , femblable à celui par
lequel un des Lieutenans (1) de C E´-
S A R fut expofé à être brûlé , par ordre d'*Ariov.fte* , entre les mains de qui
il étoit tombé. Et Mr. *D. J.* n'a-t-il
pas bonne grace de prétendre donner
ainfi le change au Lecteur, lui qui dé-
clame par tout contre fes Adverfaires,
comme s'ils confondoient le *Sort com-*
mun avec le *Sort extraordinaire ?*

§. XXXIV.   I L E S T certain que
le Sort étoit un des moiens dont la Su-
per-

(1) *Is* [Caius Valerius Prociflus] *fe préfente , de fe ter*
Sortibus confultum dicebat , utrum igni ftatim necarctur , an
in

perſtition s'eſt beaucoup ſervie pour tâcher de connoître l'Avenir, & la volonté des Dieux. Et de là vient, comme l'a (a) très-bien remarqué Mr. Le Clerc, que l'on a enſuite nommé en Latin *Sortes* toutes ſortes d'Oracles, & *Sortilegi* ceux qui ſe mêloient de deviner par le Sort ou autrement ; d'où tire auſſi ſon origine nôtre mot François *Sorcier*, qui ſignifie un Devin & un Magicien. Cet uſage ſuperſtitieux paſſa même dans le Chriſtianiſme, où malheureuſement il n'y a eu que trop de gens qui ont conſervé des idées & des pratiques Paiennes. On n'a qu'à voir là-deſſus (b) Gataker, (c) Van Dale, & les *Réflexions* de (d) Mr. Le Clerc, que j'ai citées. D'où il paroît aſſez, que, ſi les Péres de l'Egliſe, & leurs Diſciples, ont regardé le Sort en général comme une *choſe ſacrée*, c'étoit un reſte de Paganiſme, qui s'eſt perpétué juſqu'aux Théologiens Scholaſtiques, & à Mr. D. J. En quoi il ſemble même que les *Chrétiens* ſont allez plus loin que leurs prémiers Maîtres. Car, quelque

(a) *Reflex. ſur le Bonheur & le Malheur,* &c. Chap. IX. pag. 112.

(b) *Of the nature and uſe of Lots,* &c. Chap. X.

(c) *De Oraculis,* Cap. XIV.

(d) Chap. IX.

ver-

in aliud tempus reſervaretur ; ſortium beneficio ſe eſſe incolumem. De Bello Gallic. *Lib.* I. *Cap.* LIII.

H 3　　　　(1) ST.

vertu que les *Paiens* conçuffent dans
le Sort , lors qu'ils s'en fervoient en
certains lieux , & avec certaines cérémonies , pour favoir fi le fuccès d'une
entreprife feroit heureux ou agréable à
leurs fauffes Divinitez ; il ne paroît
pas que hors de là quand ils l'em-
ploioient dans l'ufage ordinaire de la
Vie , ils le regardaffent autrement que
comme une voie commode & impartiale de décider certaines chofes , &
qu'ils s'y figuraffent une Providence plus
particuliére, que dans toute autre forte d'événement.

§. XXXV. JE vais le montrer par
un exemple fenfible. Il eft tiré d'une
Comédie , c'eft-à-dire , comme chacun fait , d'une de ces Piéces où les
idées communes & les mœurs des anciens tems , font le mieux dépeintes.
Dans la *Cafina* de PLAUTE , deux
Efclaves difputent entr'eux qui aura
pour femme une Jeune Fille reputée
de condition fervile , à caufe du malheur qu'elle avoit eu d'être expofée
dans fon enfance. La Maîtreffe de la
Fille voiant que fon Mari fouhaittoit
fort que cette Fille fût accordée à l'un
des deux Efclaves, qu'il avoit à fa dif-
po-

pofition , & foupçonnant là-deffus a-
vec raifon quelque infidélité de la part
& de l'Efclave & du Maître ; s'obfti-
noit à vouloir que l'autre Efclave é-
poufât la Fille , & faifoit fort valoir
le droit qu'elle prétendoit avoir fur elle , comme l'aiant élevée avec beaucoup de foins & de frais. Le Mari
n'aiant pu obtenir de bonne grace le
confentement de fa Femme pour la
préférence de l'Efclave , dont les intérêts étoient mêlez avec les fiens , &
par politique ne voulant pas ufer de
toute fon autorité , s'avife enfin d'une
nouvelle batterie, dont le fuccès, quoi
qu'incertain , étoit la feule reffource
qui lui reftoit, dans le deffein où il é-
toit de ne pas faire de violence à fa
Femme, c'eft de faire tirer au fort les
deux Efclaves concurrens. Mais on ne
voit pas-là le moindre indice d'où l'on
puiffe inferer qu'il eût recours au Sort,
comme à une *chofe facrée* & qu'il vou-
lût engager fa Femme à y confentir,
comme à un Oracle du Ciel que le
refpect pour les Dieux ne lui permettoit pas de recufer : il paroît feulement
qu'il prit ce parti pour fournir à fa
Femme jaloufe & opiniâtre un moien
H 4   de

de ceder fans peine & fans honte , &
un moien qui lui laiffoit encore quelque efpérance de voir arriyer ce qu'elle fouhaittoit. Quand il lui en fait la
propofition, il lui parle ainfi : (1) *J'ai
raifon de croire que* C'EST LE MEIL-
LEUR ET LE PLUS JUSTE EX-
PEDIENT. *Si ce que nous fouhaittons
arrive , nous en ferons bien aifes ; finon,
à la bonne heure , nous nous en confole-
rons.* Voilà à quoi fe réduifoit le deffein de ceux qui jettoient dans un Seau
ou dans une Urne de petites boules de
bouis ou de terre graffe : ils n'y enten-
doient pas plus de myftére , qu'on ne
fait aujourd'hui , quand on tire aux
billets ou à la courte paille : c'étoit la
fortie fortuïte des petites boules, qu'ils
prenoient pour arbitre ; & nullement les Dieux , auxquels ils ne pen-
foient point du tout en cette occafion. S'ils y euffent penfé, je fuis fûr
que le Poëte leur auroit mis dans la
bouche des difcours qui le donneroient

---

(1) ST. *Optimum atque æquiffimum iftud effe, jure judico.*
*Poftremo, fi illud , quod volumus , eveniet , gaudebi-
mus :*
Sin fecus , patiemur animis æquis. tene fortem tibi.
Act. II, Scen. VI. vers. 23 , & feqq.
(2) Les

roient à connoître en quelque forte.

§. XXXVI. MR. *D. J.* prétend (a) *Lettres,* pag. 68.
encore, que l'on n'emploioit le Sort
que *dans des occasions graves, qui don-*
noient lieu à en faire un usage vénéra-
ble & respectueux. Il *défie que dans tou-*
te la Bible, qui contient l'Histoire d'en-
viron quatre mille ans, & qui rappor-
te souvent beaucoup de folies des NA-
TIONS PAIENNES, *on lui marque*
un seul exemple du Sort emploié à quel-
que bagatelle de l'ordre des badineries
qui font aujourd'hui si fort en vogue par-
mi les Joueurs. Mais ici il paroîtra
clairement, combien est fausse la raison qu'il tire du silence de l'Ecriture
Sainte, pour prouver que ni les *Juifs,*
ni les *Paiens* même, pendant l'espace
d'environ quatre mille ans, ne se font
servis du Sort qu'*en matiére de choses*
graves. Ignore-t-il, que parmi les anciens *Grecs* & *Latins,* lors qu'on se re-
galoit les uns les autres, on faisoit un
(2) Roi du Festin, qui étoit choisi par
le

(2) Les *Grecs* l'appelloient Συμποσίαρχῷ, Βασι-
λεύς, Στρατηγός; & PLAUTE a même latinizé le
dernier mot, *Strategus, Stich.* Act. V. Scen. IV. vers.
20. Les *Latins* disoient, *Modimperator, Arbiter bibendi,*
Dictator, Magister &c. & CICERON parle de cette
sorte de Roiauté, comme d'un usage fort ancien: *Σια*
H 5 *vera*

le Sort? coûtume qui s'est en quelque façon conservée parmi les *Chrétiens*, où chacun a vû tant de fois faire le *Roi de la Fêve*. Nôtre Prédicateur a-t-il oublié ces vers d'HORACE, qu'il a apparemment appris dans le bas Collége :

(a) Horat. Lib. I. Od. IV, 18.

(b) Idem. Lib. II. Od. VII, 25. 26.

(a) *Nec regna vini sortiere talis.*

· · · · · · · ·

—— —— (b) *Quem Venus arbitrum Dicet bibendi.* —— ——

Il ne manque pas d'exemples d'autres choses peu sérieuses, où les *Paiens* faisoient usage du Sort. Mais les *Jeux même de Hazard* ne sont-ils pas si fort anciens, que les Savans jusqu'ici n'ont pû en découvrir ni le vrai Auteur, ni la prémiere origine ? Mr. *D. J.* a pû

(c) Pag. 20. lire dans mon (c) *Traité du Jeu*, un passage de PLATON, où l'invention de ces sortes de Jeux est attribuée au fameux *Mercure* des *Egyptiens*. HO-
ME´-

vero & Magisteria delectant A´ MAJORIBUS INSTITU-TA &c. *De Senectute*, Cap. XIV. Voiez JUSTE LIPSE, Antiqu. Lect. Lib. III. Cap. I. HADR. JUNII Animadverf. Lib. II. Cap. V. GATAKER, *of the nature and use of Lots*, Chap. VI. §. I. OCTAV. FERRAR. Elector, Lib. I. Cap. XVI. &c. On tiroit aussi

213

MÈRE (a) fait mention du Jeu des Offelets, comme d'un Divertiffement commun depuis fort long tems : & un (b) Savant Théologien Anglois foûtient que rien n'empêche que ce Jeu ne foit auffi ancien, & plus ancien même, que le Déluge. A quoi penfe Mr. D. J. de fonder fes pauvres raifonnemens fur des faits dont il n'a aucune connoiffance, & fur des chofes dont il eft fi facile de lui démontrer la fauffeté ?

§. XXXVII. IL NE réuffit pas mieux à chercher dequoi appuier fon opinion, dans l'autorité des *Sages du Paganifme*. Il (c) a *trouvé citées*, je ne fai où, des paroles de PLATON, qu'il nous donne en François ainfi traduites : *Il eft néceffaire d'emploier quelquefois dans la République l'égalité du Sort, pour prévenir le tort que bien des gens croiroient leur être fait autrement :* CAR PAR CE MOIEN NOUS FAISONS CONNOÎTRE QUE NOUS INVO-

(a) *Iliad.* Lib. XXIII. vers. 88.

(b) *Thomas Hyde*, De Ludis Oriental. Lib. II. *pag.* 172.

(c) *Lettres*, pag. 70.

au Sort les portions que chacun devoit avoir de chaque mets. Voiez GATAKER, Chap. IV. §. 12. pag. 78. Voiez encore ce que dit SAUMAISE, au fujet des *Sortes convivales*, dans fon Commentaire fur LAMPRIDIUS, in Vit. Heliogabali, *Cap. XXII.*

H 6 (1) Thy

VOQUONS LA DIVINITÉ & *la
bonne Fortune*, & *les prions de diriger le
Sort à ce qui eft le plus jufte*. Là-deffus
il conclut d'un air triomphant, que
PLATON & *fes femblables* regardoient
l'élection faite par le Sort *comme un
hommage qu'ils rendoient à la Divinité,
en la prenant pour Arbitre* ; & qu'ils
prenoient cette idée dans la même fource
où *Néhemie* & *les autres Sages d'Ifraël*
avoient puifé, felon Mr. *D. J.*

Mais cette citation ne fervira qu'à
faire voir combien il eft ridicule à nôtre Prédicateur de s'ériger en redref-
feur des *inexactitudes* d'autrui. Il ap-
puie un fait confidérable, une opinion
commune, felon lui, chez les Philofophes Païens, fur un feul paffage de
PLATON, qu'il a pris au hazard dans
un Livre de quelque Auteur Moder-
ne, fans daigner recourir à l'Original,
dont apparemment il n'a jamais vû que
la couverture. Auffi a-t-il eu le fort de
ceux qui citent aveuglément fur la foi
d'autrui. Le paffage dont il s'agit,
n'eft

---

(1) Τὴν δὲ ἀληθεςάτην καὶ ἀρίςην ἰσότητα ἐκέτι ῥά-
διον παντὶ ἰδεῖν· Διὸς γὸ δὴ κρίσις ὅςι. καὶ τοῖς Ἀνθρώ-
ποις ἀεὶ σμικρὰ μὲν ἐπαρκεῖ· πᾶν δὲ ὅσον ἂν ἐπαρκέσῃ
πόλεσιν ἢ καὶ ἰδιώταις, πάντ᾽ ἀγαθὰ ἀπεργάζεται. τῷ
μὲν

n'eſt point, comme il le cotte, *du Livre de la République, dans le V. Dialogue* ; mais du Traité *des Loix*, Livre VI. Et ce paſſage doit être rendu tout autrement que ne fait Mr. *D. J.* qui l'aiant trouvé mal traduit, l'a peut-être gâté & tordu encore lui-même, pour le ramener à ſes idées ; ainſi que font tous les jours les Prédicateurs de ſa ſorte, en expliquant des Livres bien plus conſidérables que les Dialogues de PLATON. Voici le vrai ſens du Philoſophe. Il parle de l'*Egalité* que les Conducteurs de l'Etat doivent toûjours avoir en vuë, & dans laquelle il fait conſiſter la *Juſtice* du Gouvernement. Cette *Egalité* eſt, ſelon lui, de deux ſortes. L'une, (1) *véritablement telle & excellente en ſon genre*, laquelle demande une juſte diſtribution des honneurs & des autres avantages, à proportion du mérite de chacun : *Il n'eſt pas facile*, dit-il, *de découvrir cette Egalité, & il n'y a que la Divinité qui puiſſe la bien connoître.*

Les

μὲν γὰ μείζονι πλείω, τῷ δὲ ἐλάττονι σμικρότερα νέμει, μέτρια διδῖσα πρὸς τὴν αὐτῶν φύσιν ἐκατέρῳ. De Legibus, *Lib.* VI, Tom, II, pag. 757. B. C.

Les Hommes la rencontrent rarement; & par tout où ils ont le bonheur de l'établir, elle est une source féconde de biens, tant pour le Public, que pour les Particuliers. Mais l'autre sorte d'Egalité est très-sensible & très-aisée à pratiquer. Elle se réduit à une distribution (1) égale, selon le nombre, le poids & la mesure, sans aucun égard à la qualité des personnes. Et quoi que souvent elle soit presque directement opposée à la prémière, il n'y a pas moien de s'empêcher de la mettre en usage quelquefois, & d'emploier pour cet effet le Sort, si l'on veut prévenir les Séditions. C'est une espéce (2) d'indulgence nécessaire; & toute indulgence emporte quelque adoucissement, par lequel on s'éloigne un peu de la Justice exacte, & l'on relâche quelque chose du Droit rigoureux. *C'est pourquoi*, ajoûte PLA-TON, (3.) *il est peut-être nécessaire de se*

(1) Δυοῖν γὰ̓ ἰσοτήτοιν ἔσαιν, ὁμωνύμοιν μὲν, ἔργῳ δὲ τις πολλὰ σχεδὸν ἐναντίαιν· τὴν μὲν ἑτέραν εἰς τὰς τιμὰς πᾶσα πόλις ἱκανὴ παραγαγεῖν, καὶ πᾶς νομοθέτης, τὴν μέτρῳ ἴσην, καὶ σταθμῷ, καὶ ἀριθμῷ, κλήρῳ ἀπευθύναν εἰς τὰς διανομὰς αὐτήν. Ibid. B.

(2) Τὸ γὰ̓ ὅπεικὲς καὶ σύγγνωμον τᾶ τελέᾳ καὶ ἀκριβᾶς, παρὰ δίκην τὴν ὀρθὴν, ὅτι παρατεθρυσμενον, ὅταν γίγνηται, Ibid, D. E. J'ai exprimé le sens & la liai-

se servir de l'égalité du Sort, pour ne pas choquer le Peuple: ET ALORS MEME *il faut prier la Divinité & la Bonne Fortune, de diriger le Sort à ce qui est le plus juste.* Je demande à tout Lecteur, qui a le sens commun, s'il entrevoit-là rien qui approche des idées de Mr. *D. J.* & si au contraire on n'y sent pas d'abord que le Philosophe regardoit le Sort purement & simplement comme un moien d'établir l'égalité dans sa République, & de ne donner aucun lieu aux murmures sur la préférence en matiére des choses auxquelles chacun croiroit avoir droit de prétendre également. Bien loin de concevoir ici quelque intervention particuliére de la Divinité, ou un arbitrage du Ciel auquel on se remette, par une suite même de la nature du Sort; il fait regarder le Sort comme une voie sujette à bien des inconvéniens, comme une décision aveugle, à laquel-

liaison de ces paroles, que ni *Marsile Ficin*, ni *De Serres* n'ont pas compris. Le dernier sur tout donne entiérement à gauche.

(3) Διὸ τῶ τὸ κλήρε ἴσως ἀνάγκη προσχρήσασθ, δυσκολίας ᾗ πολλῶν ἕνεκα, Θεὸν καὶ ἀγαθὴν Τύχην ΚΑΙ ΤΟΤΕ ἐν εὐχαῖς ὑπικαλεσθίας, ἀπορθῶν αὐτὸς ᾗ κλῆρον πρὸς τὸ δικαιότατον. Ibid. E.

(1) Ὡ.

quelle on n'a & on ne doit avoir recours que quand on ne peut faire autrement, & *autant qu'il est possible, lorsqu'il ne s'agit que de choses* (1) *de très-
petite importance.* C'est pour prévenir
les effets pernicieux qui en pourroient
resulter, qu'il veut qu'on implore le
secours de *la Divinité & de la Bonne
Fortune*, afin qu'elles président extraordinairement au Sort : ET ALORS
MEME IL FAUT &c. Car il entend
apparemment ici la *Divinité Suprême*,
qui *gouverne toutes choses* ; & quelque
Puissance inférieure qu'il concevoit
confusément sous le nom de *Bonne
Fortune*, comme *gouvernant toutes* (2)
les affaires humaines avec DIEU, celles
qui dépendent de l'industrie des Hommes, aussi bien que celles où il entre
du hazard. De sorte que rien n'est
plus éloigné de la pensée de PLA-
TON, que de regarder l'usage du Sort
comme emportant par lui-même une
Prié-

---

(1) Ὡς δ' ὅτι μάλιϛα [χρηϛέον] ἐπ' ὀλιγίϛοις τῇ ἑτέ-
ρα, τῇ τ τύχης δεομθίη. Pag. 757. E. & 758. A.

(2) Ὡς Θεὸς μθὶ ΠΑΝΤΑ, καὶ μτ' Θεῦ Τύχη καὶ
Καιρὸς ΤΑΝΘΡΩΠΙΝΑ διακυβερνῶσι ΣΥΜΠΑΝ-
ΤΑ. De Legib. *Lib.* IV. pag. 709. B.

(3) Κλῆροι δέ τινες, οἶμαι, ποιητέοι κομψοὶ, ὥϛε τ̃
φαῦλον ἐκεῖνον αἰτιᾶϑ̃ ἐφ' ἑκάϛης συνέρξεως τύχην, ἀλλὰ
μὴ

Priére. Il y joint au contraire la Priére, comme un accessoire qu'il croioit devoir suppléer en cette occasion aux inconvéniens des décisions du Hazard.

Cela paroît encore par une chose que l'on trouve en deux autres endroits de ses Dialogues. Il veut que les Nôces des Citoiens de sa République se fassent par une espéce de Sort, que les (3) Conducteurs de l'Etat aient soin de diriger par quelque artifice, de maniére qu'il ne tombe que sur ceux qu'ils jugeront à propos ; & que cependant l'artifice soit si bien caché, que ceux qui se croiront mal assortis, ne s'en prennent qu'au Hazard & à la Fortune. Ce Philosophe auroit-il voulu faire servir le Sort à tromper, quoi qu'innocemment, les Hommes, s'il y eût conçû quelque chose de sacré ?

Lors donc qu'il établit une page après le passage de question (car je veux indiquer moi-même à Mr. *D. J.* tout

ce

μὴ τὲς ἄρχοντας. De Republic. *Lib.* V. pag. 460. A. Ὡς τὲς ἄρχοντας ἔφαμὲν καὶ τὰς ἀρχέσας δεῖν εἰς τὴν τῶ γάμων σύνερξιν λάθεα μηχανᾶδγ κληρὶς τισὶν, ὅπως οἱ κακοὶ χωρὶς οἴτ' ἀγαθοὶ ταῖς ἐμοίαις ἐκάτεροι ξυλλέξονται, καὶ μή τις αὐτοῖς ἐχθεα διὰ ταῦτα γίγνηται, τύχην ἡγεμθίοις αἰτίαν τ῀ ξυλλέξεως. In Timæo, *Tom.* III. *pag.* 18. D. E.

(1) Τὰ

ce dont il croiroit pouvoir tirer quelque avantage) lors , dis-je , qu'il établit pour régle dans fa République, de choifir par le fort un certain nombre de *Prêtres* , (1) & de *laiffer ainfi à la Divinité le foin de diriger l'évènement, comme elle le jugera à propos :* Et lors que traitant des différentes maniéres d'aquérir de l'autorité fur les autres Hommes , il met au dernier rang le *Sort*, dont il appelle la décifion, une (2) voie *agréable à la Divinité , & une chofe qui eft l'effet du bonheur :* Cela fignifie feulement, que la Divinité, qui *conduit toutes chofes* , peut, quand elle le juge à propos , intervenir extraordinairement pour faire tomber le fort de telle ou telle maniére ; & qu'elle approuve, en certaines occafions, qu'on prenne cette voie impartiale pour régler des chofes , qui autrement donneroient lieu à bien des conteftations.

§. XXXVIII. ARISTOTE, Difci-

(1) Τὰ μὲν ἐν τ᾿ Ἱερῶν, τῷ Θεῷ ὀπιτρέπουτα αὐτῷ τὸ κεχαρισμένον γίγνεϑ᾽ , κλήρῷ ὅτῳ τῇ ϑεία τύχη ἀποδίδοντα. De Legg. Lib. VI. pag. 759. C.

(2) Θεοφιλῆ δέ γε καὶ εὐτυχῆ τινὰ , ἑβδομὴν ἀρχὴν εἰς κλῆρόν τινα προάγωσι· καὶ λαχόντα μὲν , ἄρχειν, δυσκληρῶντα δὲ , ἄρχεϑς, τὸ δικαιότατον εἶναι φαμὲν. De Legg. Lib. III. pag. 690. C.

(3) Ἐν μὲν γὸ τῇ κληρώσει τὴν τύχην βραβεύειν. In A-

ciple de *Platon*, parle en plufieurs (a) endroits de l'ufage du Sort : mais jamais il ne dit la moindre chofe qui donne à entendre, qu'il le conçoive autrement que comme un événement cafuel auquel on fe rapporte, pour maintenir l'égalité, & pour prévenir les plaintes fur la préférence. C'étoit-là veritablement l'idée qu'en avoient les Sages du Paganifme ; & non pas celle que Mr. *D. J.* leur attribuë, pour tâcher de les mettre de fon parti. I-SOCRATE dit, que (3) *dans le Sort, c'eft la Fortune qui préfide.* PLUTARQUE appelle le *Sort*, après EURIPIDE, *l'Enfant de la Fortune* (4), *lequel,* ajoûte-t-il, *ne donnant la préférence ni aux Richeffes, ni au Crédit ou à la Réputation, mais tournant tantôt d'un côté, tantôt de l'autre, comme il fe rencontre, reléve le cœur du Pauvre & de l'homme de baffe condition, & lui laiffe le plaifir de penfer qu'il n'a pas entiérement perdu*

fa

(a) Voiez, par exemple, *Politic.* Lib. IV. Cap. XVI. Lib. VI. Cap. II.

Areopagit. pag. 248. Ed. Paris. 1621.

(4) Καὶ τῇ τῆς Τύχης παῖδα Κλῆρον, ὡς Εὐριπίδης φησὶν, ὃς ὅτε πλούτῳ νέμων, ὅτε δόξῃ τὸ κρατεῖον, ἀλλ', ὅπως ἔτυχεν, ἄλλως ἄλλοτε συμφερόμενΘ, τῇ μὲν πένητα καὶ ταπεινὸν ὑπηγαυροῖ, καὶ ἐκ ἐξαίρει γε νῦν τινΘ αὐτονομίας, τῇ δὲ πλούσιον καὶ μέγαν ἐθίζων ἰσότητι μὴ δυσκολαίνειν, ἀλύπως σωφρονίζει. Sympofiac. Lib. II. Cap. X. *in fin. Cap. & Lib.*

(1) *Quid*

sa liberté ; comme d'autre côté, en ac-
coûtumant les Grands & les Riches à souf-
frir patiemment l'égalité, il leur donne
de salutaires leçons, d'une manière qui
ne sauroit les choquer. CICERON dit,
en parlant même des *Sorts divinatoires,*
(1) *Qu'est-ce que le* SORT ? *C'est à peu*
près la même chose, que de jouer à la
mourre, ou de jouer aux Offelets on aux
Dez : en quoi il n'y a point de raison ni
de délibération éclairée, mais un pur ha-
zard & un choix aveugle. Tout cela n'est
qu'une invention de quelques Fourbes, qui
ont voulu se procurer du gain, ou s'ac-
commoder à la Superstition du Vulgaire,
ou abuser de sa crédulité pour le jetter
dans l'illusion... *Mais,* ajoute plus
bas l'Orateur & Philosophe Romain,
cette sorte de divination est aujourd'hui
fort décriée dans le monde. On ne parle
plus

---

(1) *Quid enim* SORS *est ? Idem propemodum , quod mica-*
re , quod tales jacere , quod tesseras. quibus in rebus teme-
ritas & casus, non ratio nec consilium valet. tota res est in-
venta fallaciis , aut ad quæstum, aut ad superstitionem, aut
ad errorem.... Sed hoc quidem genus divinationis vita jam
communis explosit. Fani pulcritudo & vetustas, Prænestina-
rum etiam nunc retinet SORTIUM *nomen , atque id in vulgus.*
Quis enim Magistratus , aut quis vir illustrior utitur sorti-
bus ? ceteris vero in locis plane refrixerunt. De Divinatione, *Lib.* II. *Cap.* XLI.
(2) Voiez , par exemple , XÉNOPHON , Memo-
ráb. Socrat. *Lib.* I. *Cap.* II. *§.* 9. *Ed.* Oxon. ARISTO-
TE,

plus des Sorts , qu'à Préneste *; & là-
même il n'y a point de Magistrat, ni de
personne un peu distinguée, qui s'avise de
les aller consulter.*

§. XXXIX. VOILA les idées &
le langage des Sages Paiens , au sujet
du Sort. Si le Sort avoit passé dans
leur esprit pour une chose sacrée , &
pour un Oracle du Ciel , ils en auroient certainement conseillé l'usage
dans toutes les occasions importantes,
& ils auroient regardé sa décision comme un Arrêt irrévocable. Or , bien
loin de là , ils blâment en mille endroits (2) ceux qui faisoient tirer au
Sort pour les Charges, ou en d'autres
affaires considérables : & là-même où
la coûtume en a été le plus établie,
(3) on revoquoit quelquefois la senten-
ce du Sort , lors qu'il étoit tombé sur
des

TE, Rhetoric. *Lib.* II. *Cap.* XX. PLUTARQUE, ad-
versus Colotem, *init.* pag. 1107. *in fin.* PHILOSTRA-
TE, Lib. III. Cap. XXX. pag. 121. *Ed. Olear.* TACI-
TE, Histor. *Lib.* IV. Cap. VII. &c.

(3) Chacun fait qu'à *Athénes* , dans la distribution
des Charges, on examinoit la capacité, la vie & les
mœurs de ceux même qui avoient été choisis par le
Sort; ce qu'on appelloit Δοκιμασία. Voiez GATAKER,
pag. 99, 164. PLATON, immédiatement après le passage déja cité, au sujet des *Prêtres* , veut aussi qu'on
procéde envers eux à un semblable examen, après le
Sort tiré. VALERE MAXIME, Lib. VI. Cap. III.
num.

des personnes incapables ou notoire-
ment vicieuses.

§. XL. Mr. *D. J.* ne sauroit
prouver non plus que les *Juifs* pensas-
sent comme lui, au sujet du Sort : mais je
puis lui citer un passage de PHILON,
qui suffiroit pour le désabuser, s'il é-
toit capable de se rendre à la force des
raisons. Ce fameux Auteur Juif, qui,
comme l'on sait, aimoit extrémement
à chercher par tout du mystére, bien
loin d'en trouver ici, commence son
Traité *de la création des Magistrats Sou-*
verains, par censurer fortement ceux
qui avoient introduit dans une affaire
si importante, l'usage du *Sort*, dont
(1) *la décision, dit-il, n'est point une*
preuve de mérite, mais l'effet d'un heu-
reux hazard pour ceux sur qui le sort
tombe. Il allégue divers exemples des
inconvéniens qui en résultent ici & ailleurs, & de la circonspection avec laquelle on évite de l'emploier en ma-
tié-

---

num. 3. rapporte, que le Gouvernement de la Province d'*Espagne* étant échu par le Sort à un des *Scipions*,
le Sénat cassa cette élection, par la raison que celui
qui avoit été choisi *rette facere nesciret.*

(1) Εὐτυχίαν γδ', ἀλλ' ἐκ ἀρετὴν, κλῆρος ἐμφαίνει. De
constitutione Principis, *pag.* 722. C. *Edit. Paris.*

(2) Οὐ τοίνυν προσήκει δεσπότας καὶ ἡγεμόνας ὅλων
πόλεων καὶ ἐθνῶν ἀποφαίνειν, τὰς κλήρῳ λαχόντας, ὀλίσ-
ᄀω

tiére de plusieurs choses moins considérables : d'où il conclut, qu'à plus
forte raison (2) ne doit-on pas s'en remettre, pour le choix de ceux qui auront à gouverner des Villes & des Nations, à *un événement* QUI DEPEND
DE LA FORTUNE, C'EST-A-DI-
RE, D'UNE CHOSE FORT IN-
CONSTANTE ET FORT INCER-
TAINE. Il ajoûte, que *c'est pour* (3)
cela que MOÏSE *ne parle jamais d'aucu-*
ne Charge conferée par le Sort. Voit-on
là la moindre trace de quelque sainteté
attachée au Sort ? ou de quelque Providence particuliére qui y préside ? Et
n'a-t-on pas tout lieu au contraire d'en
inferer, que ce que Mr. *D. J.* attribue aux *Juifs* ne leur est jamais venu
dans l'esprit ? L'Historien JOSEPH,
en parlant du bonheur qu'il eût de res-
ter un des deux derniers, lors qu'il fut
contraint de tirer au Sort qui mour-
roit le prémier de la main d'un des
qua-

Θεῷ τινὶ τύχης, ἀβεβαίᾳ καὶ αἰδρύτῳ πράγματῷ. I-
bid. D.

(3) Ταῦτα ᾦν ὁ πάνσοφῷ Μωϋσῆς τῇ ψυχῇ θεασά-
μψῷ, κληρωτῆς μψ ἀρχῆς ἐδὲ μέμνηται. Ibid. pag. 723.
C. On ne voit non plus aucune trace de quelque idée
de sainteté, dans ce que PHILON dit en parlant du
Bouc Hazazel, Lib. III. *Legis allegor.* pag. 1096.

(1) Κα-

quarante avec qui il étoit enfermé dans
une Caverne dit, (1) qu'il fut ainfi
fauvé *foit par un effet du hazard, ou par
la Providence Divine.* Un homme, qui
auroit expliqué le paffage des PRO-
VERBES, XVI, 33. comme fait Mr.
D. J. fe feroit-il exprimé de cette maniére?

§. XLI. JE CROIS avoir ruiné
de fond en comble tout le Syftême de
Mr. *D. J.* & j'en laiffe le jugement au
Lecteur. Il n'aura pas lieu de fe plaindre, que j'aie tronqué fes penfées, ni
ômis aucune de fes raifons. Bien loin
de là, je fuis perfuadé que je les ai
rangées en meilleur ordre, & qu'on
verra mieux ici, que dans fon Livre
même, ce à quoi fe réduit tout ce que
l'on peut comprendre de fes idées &
de fes preuves. S'il y a quelque chofe
que je n'aie point touché, on trouvera que ce ne font que de miférables
déclamations, qui fe détruifent d'elles-mêmes, & qui ne méritent pas
d'être rapportées. Je ne ferai plus que
quel-

(1) Καταλείπεται δὲ ἔτ᾽, εἴτε ὑπὸ τύχης χρὴ
λέγειν, εἴτε ὑπὸ Θεῶ προνοίας, σὺν ἑτέρῳ &c. De
Bell. Jud. *Lib.* III. *Cap.* XXVI. pag. 853. F. *Edit.*
Lipf.

quelques courtes remarques fur ce qui
me regarde en particulier.

Nôtre Prédicateur (a) fe récrie fort (a) *Lettres*,
contre moi, fur l'exemple des *deux La-* pag. 122,
quais & des deux Crocheteurs, que j'ai 123.
allégué après Mr. L A P L A C E T T E;
& il voudroit là-deffus me faire paffer
pour un homme qui croit que Dieu
eft fpectateur oifif des *petites chofes* ou
des *petits événemens*, comme indignes
de fa direction & de fes regards. Mais
ce que j'ai dit dans mon Livre (b), (b) *Traité*
des cas où je conçois qu'il peut y avoir *du Jeu*, Liv.
dans le Jeu une direction extraordinai- I. Chap. II.
re & miraculeufe de la Providence, ne §. 4.
fuppofe-t-il pas néceffairement que les
moindres événemens qui dépendent du
Sort font fous les yeux & fous la direction de la Providence, quoi que
pour l'ordinaire elle n'y intervienne
pas autrement, que dans ceux qui
n'ont rien de cafuel? Ainfi l'accufa-
tion eft encore plus mal fondée, que
ce que Mr. *D. J.* impute (c) à Mr. (c) *Lettre*,
L A P L A C E T T E, d'avoir emploié pag. 54.
un petit artifice de Rhétorique, plus pro-
pre à éblouir l'efprit du Peuple, qu'à con-
vaincre la raifon d'un Philofophe?

§. XLII. I L (d) *paffe à une nou-* (d) *Lettres*,
vel- pag. 123.

I

velle inexactitude, pour ne rien dire de plus. Cette inexactitude épou-
vantable confiste en ce que j'ai dit,
que DIEU *peut préfider & qu'il préfide quelquefois effectivement fur le Sort,
mais rarement & en des occafions graves
& importantes* &c. Là-deffus il s'écrie:
Voilà une belle Théologie ! Cependant
nôtre grand Théologien ne fait ici que
brouiller tout, & il n'entend pas ou
ne veut pas entendre les autres, comme apparemment il ne s'entend pas lui-
même. Je parle d'une *direction particuliére & extraordinaire* ; & il me cenfure
rudement comme fi je niois la *direction
générale & ordinaire de la Providence.* Il
allégue & ici, & ailleurs, l'exemple
de *Matthias*, comme s'il n'y avoit là
rien que de commun : & il faut avouer
qu'on ne peut pas lui contefter ici la
gloire de la fingularité ; car je ne crois
pas qu'une penfée fi abfurde foit encore venuë dans l'efprit d'aucun Interprête, ni d'aucun Théologien. La nature même de la chofe, & toutes les
circonftances de la narration de ST.
LUC, tendent manifeftement à faire
voir que le choix de *Matthias* étoit un
effet d'une direction extraordinaire de
la

la Providence, & que ceux qui jettoient le Sort le faisoient dans cette
vuë, par un ordre, sinon exprès, du
moins tacite, de D I E U. Il s'agissoit
de choisir un Apôtre, qui devoit annoncer l'Evangile & servir à l'établir
dans le monde. Les onze Apôtres, qui
se déterminérent à faire tirer au Sort,
étoient sans doute animez de l'Esprit
de Dieu, qui leur suggéra cet expédient comme un moien extraordinaire
en cette occasion de connoître sûrement la volonté de leur Maître. La
priére qu'ils adressent à D I E U fait
voir manifestement qu'ils attendoient
un Oracle. Convaincus qu'ils ne pouvoient juger des qualitez personnelles
de *Matthias* & de *Barsabas*, que par
des marques extérieures, sujettes à ê-
tre fort équivoques ; sachant d'ailleurs
que, pour une vocation comme celle-
là, toute extraordinaire, il falloit un
choix divin : ils crurent avec raison,
que D I E U ne manqueroit pas de dé-
ploier sa Toutepuissance pour faire
tomber infailliblement le Sort sur celui des deux Disciples qu'il jugeroit le
plus propre à ce grand Ouvrage. C'est
pourquoi, dans leur Priére, ils quali-

fient DIEU, celui *qui connoît les Cœurs :* ils le supplient de *montrer quel des deux il a choisi.* Peut-on marquer plus clairement ce qui distingue le *Sort extraordinaire* d'avec le *Sort ordinaire ?* S'il n'y avoit ici *rien d'extraordinaire que le sujet*, comme le prétend Mr. (a) *D. J.* si la direction ordinaire de la Providence suffisoit en de pareils cas ; le plus sûr moien d'élire les Magistrats & les Ecclésiastiques, ou plûtôt l'unique que l'on devroit emploier dans cette supposition, ce seroit de faire tirer au Sort. C'est dommage qu'on ne profite de cette belle conséquence du Systême de Mr. *D. J.* pour faire un tel établissement dans l'Etat & dans l'Eglise: on éviteroit par là une infinité de brigues, & on seroit assûré que ceux sur qui le Sort tomberoit, tiendroient immédiatement de *Dieu* leur autorité. Les Ministres alors pourroient se dire au pié de la lettre les *Ambassadeurs de Dieu.*

(a) *Pag.* 38.

§. XLIII. J'AVOIS dit, que *ceux qui condamnent absolument les Jeux de Hazard*, le font *sur un fondement* (b) *très-foible, & du moins fort douteux.* De là nôtre Prédicateur inféré, (c) que *je nage dans le doute.* Est-il possible qu'un

(b) C'est ce qu'emporte mon expression, *aussi foible, aussi douteux, que* &c.

(c) *Lettres pag.* 125.

qu'un homme , qui se fait imprimer,
connoisse si peu la force des termes,
& les régles du langage les plus communes ? Y a-t-il tout au plus dans mes
expressions, autre chose qu'un *dato non
concesso* ? Et peut-on soupçonner là-
dessus avec la moindre apparence, que
je ne suis pas clairement convaincu de
la fausseté des idées de ceux qui regardent les Jeux de Hazard , considérez
en eux-mêmes , comme une profanation ? N'est-il pas clair que j'ai voulu
dire, que tout ce qu'on peut accorder
aux partisans de cette opinion , c'est
qu'ils avancent quelques raisons , qui
peuvent éblouïr d'abord certaines personnes , mais qui ne suffisent pas ,
quand elles auroient quelque légere
vraisemblance , pour donner lieu de
condamner sans restriction les Jeux de
Hazard sur ce fondement ? Mr. *D. J.*
se flatte de n'*avoir pas laissé ce fondement fort douteux , en l'expliquant comme il l'a fait.* Mais je n'en suis pas
moins assûré , que je l'étois auparavant , de la fausseté de son opinion :
& je crois que ceux qui pourroient a-
voir eu quelque doute là-dessus , en seront délivrez entiérement , quand ils

ver-

verront le peu de folidité de tout ce
qu'a dit Mr. *D. J.* pour les convaincre, & le malheureux fuccès de fes
grands efforts. Ainfi je n'ai nul befoin
de m'engager ici à traiter la queftion,
comment & jufqu'où le Doute oblige
à s'abftenir d'une chofe.

§. XLIV. MR. *D. J.* a tâché ci-
deffus de me faire regarder comme un
mauvais Théologien & un Moralifte
relâché : il va maintenant prouver que
je fuis mauvais Marchand , & que je
(a) *Pag.* 131. *ne connois* (a) *pas les ufages du Négoce.*
Comme il n'ignore rien, il me trouve
ici en faute fur ce que j'ai dit des *Con-*
tracts d'Affûrance, comparez avec les
Jeux de Hazard. J'ai remarqué, en
parlant de la convention par laquelle
les Joueurs remettent le gain ou la perte à la décifion du Hazard , que, s'il
y avoit là quelque chofe d'abfurde,
les *Contracts d'Affûrance feroient plus*
déraifonnables, parce qu'*aucune des Par-*
ties ne fauroit là contribuer en rien à fai-
re que le Vaiffeau arrive à bon port , ou
non : au lieu que les Joueurs font *origi-*
nairement les Auteurs de l'événement,
quoi qu'ils ne le produifent que par une
détermination aveugle & fans aucun choix.

Nô-

Nôtre Prédicateur, habile Négotiant, me veut apprendre là-deffus, (a) qu'un (a) *Pag.* 126. fage Affûreur examine bien avant toutes chofes fi le Vaiffeau , dont il doit affûrer la charge , eft conduit par un bon , ou un mauvais Pilote ; & (b) (b) *Pag.* 131. qu'il demande une plus groffe fomme pour un long voiage , par exemple, lors que le Vaiffeau vient de *Batavia,* que pour un petit voiage, comme celui de *Londres* à *Amfterdam.* Il faut affûrément avoir long-tems fréquenté la *Bourfe d'*A M S T E R D A M , pour favoir de fi grands & fi rares fecrets du Négoce. Mais après tout, que fait cela ici ? En eft-il moins vrai que l'Affûreur ne met pas lui-même la main à la direction du Vaiffeau ? D'ailleurs, outre qu'il peut fe tromper dans l'opinion qu'il a du Pilote , eft-il plus en état d'empêcher ni de prévoir même les tempêtes, les pirateries, & autres femblables accidens, qu'un Joueur, qui ne pipe pas le Dé , ne peut compter d'amener tous les *fix* ou tous les *as ?* Il eft même effentiel au contract que la chofe foit ainfi : car fi un Affûreur favoit avec quelque certitude que pendant tout le tems du voiage il ne

foufflera point de Vents fàcheux , &
qu'il ne fe trouvera point de Corfaire
dans la route ; le gain qu'il feroit alors
feroit certainement accompagné d'injuftice.

(a) *Pag.* 7.   §. XLV.   MAIS , dit (a) Mr. D.
J. on peut fuppofer une maniére de
jouer aux Dez ou aux Cartes , dans
laquelle il n'entrera aucun mouvement
produit par les Joueurs mêmes.   Ce
n'eft pas ainfi qu'on jouë ordinairement : mais quand on le feroit, il faudroit toûjours un *choix* de la part des
Joueurs ; & ce feroit alors à ce *choix*,
quoi qu'*aveugle* , que la convention des
Joueurs auroit attaché le Sort : de même que , dans le Jeu de *Croix ou pile* ,
celui qui jette la piéce donne à deviner à l'autre.   Quand j'ai parlé du mouvement des Dez & des Cartes , je ne
l'ai pas confidéré précifément & uniquement comme un mouvement des
bras ou des mains, mais comme l'effet
d'une détermination, quoi qu'aveugle,
de nôtre Volonté ou de quelcune de
nos Facultez.   Que cette Faculté foit
Corporelle ou Spirituelle , il n'importe , la détermination du Sort provient
toûjours d'elle , à parler *phyfiquement* :
com-

comme l'effet attaché à cette détermination provient de la libre *volonté*
des Contractans. Lors même que le
Sort confiste à déviner, le mouvement
de la Langue y entre fi bien, pour
quelque chose, que fi quelcun par dif-
traction, au lieu de dire, par exemple, *fix*, comme il le penfoit, dit
quatre, il ne peut plus en revenir, à
moins qu'il ne fe reprenne inceffam-
ment, & avant qu'on aît regardé le
point des Dez qui font fous le cha-
peau, ou le nombre de piéces que
quelcun a dans la main. Mais qu'il y
aît du mouvement dans les Jeux de
Hazard, ou qu'il n'y en aît point, cela ne fait rien contre moi. Ce n'eft pas
fur le mouvement, produit par les
Joueurs même, que j'ai fondé l'innocence de ces fortes de Jeux, confidérez en eux-mêmes. La reflexion que
j'ai faite, fur ce que les Joueurs procurent l'événement, quoi que fans le
favoir & fans le diriger avec connoiffance, tendoit uniquement à montrer,
qu'il n'étoit point néceffaire de fuppofer une Providence extraordinaire qui
diftribuât les bons ou les mauvais coups,
puis qu'il y avoit une caufe toute trou-
I 5 vée,

vée, favoir le mouvement des Dez &
des Cartes. Et comme tous les Jeux
communs de Hazard font accompa-
gnez d'un tel mouvement, la comparaifon que j'en fais à cet égard avec les
Contracts d'Affurance, étoit très-raifon-
nable, & demeure en fon entier, malgré les vaines attaques de nôtre Prédicateur. Du refte, & dans le Jeu, &
dans toute autre maniére de Sort, on
peut auffi bien attacher quelque effet
de droit à une chofe fans mouvement,
ou à quelque mouvement auquel on
n'a foi-même aucune part, qu'à certains mouvemens qui proviennent de
nous-mêmes ; fans qu'on aît pour cela
plus de raifon d'y fuppofer une Providence immédiate & particuliére. Il y
aura toûjours-là quelque Caufe Phyfi-
que ou Morale, & un confentement
des Parties, fur quoi eft fondée toute
la vertu de la décifion.

§. XLVI. ENFIN, fur ce que
j'ai dit, qu'*il n'y a guéres de Jeux d'A-
dreffe, où il n'entre quelque forte de Hazard* ; Mr. *D. J.* grand Logicien, &
toûjours à l'affut pour ne laiffer paffer
aucun faux raifonnement, *arrête la
confequence.* (a) *Il falloit dire,* à ce qu'il
pré-

(a) Pag. 132.

prétend , *il n'y a* point *de Jeux d'A-*
dreſſe où il n'entre toûjours autant *de*
hazard que dans les autres. C'eſt-à-dire,
en un mot, il falloit dire qu'il n'y a point
de Jeux d'Adreſſe. Peut-on voir une
critique plus inſenſée ? Si les Jeux des
Dez & des Cartes ſont criminels , à
cauſe du Hazard d'où ils dépendent,
par tout où ce Hazard ſe trouvera, &
pour peu qu'il y en aît, ne devra-t-on
pas dire auſſi qu'il y a du crime ? Mr.
D. J. condamne abſolument les Jeux
mêlez de Hazard & d'Adreſſe , (a) par (a) *Pag.* 22.
là raiſon que *le mélange d'une choſe in-*
différente avec une choſe criminelle ne
guérit de rien. Puis donc que, de ſon
propre aveu, ce que j'ai dit du hazard,
qui entre ſouvent dans les Jeux d'A-
dreſſe , eſt *exactement vrai* ; ne s'enfuit-il pas de là manifeſtement , que,
ſelon ſes principes , on devroit condamner preſque tous les Jeux d'Adreſſe ; qui eſt tout ce que j'ai voulu prouver ? Cela me ſuffit auſſi pour montrer
l'abſurdité de l'opinion de nôtre Prédicateur, qui fait grace à tous les Jeux
d'Adreſſe ſans exception.

§. XLVII. E N   V O I L A` plus qu'il
ne faut ſur les *inexactitudes* que Mr. D.

I 6   J.

J. croit avoir trouvées dans les trente prémiéres pages de mon *Traité du Jeu*. Il a voulu entamer le III. Chap. du I. Livre : mais tout s'eſt réduit à deux *obſervations* , qu'il a raiſon d'appeller *nouvelles* ; car j'ai de la peine à croire qu'elles euſſent pû venir dans l'eſprit de tout autre que de lui , tant elles ſont pitoiables. Je les laiſſe donc-là , avec leur Auteur ; & las d'examiner tant de pauvretez , je l'abandonne à Mr. LA PLACETTE, qui , à ce que j'apprens , vient de lui répondre. Je finirai donc ici par une déclaration dont je prie le Lecteur de ſe ſouvenir ; & par une concluſion générale ſur la matiére de ce Diſcours.

Je me pique d'exactitude ; tout homme qui travaille pour le Public , doit s'en piquer , & je m'en piquerai toûjours de plus en plus, quoi qu'en diſe Mr. *D. J.* qui m'en fait une matiére de reproche. Je ne ſuis pourtant ni aſſez vain pour me croire incapable de tomber dans des inexactitudes , ni ſi peu docile, que de ne pas avoir le courage de les reconnoître ingénument & de les redreſſer au plûtôt , ſoit que je les apperçoive moi-même , ou que d'au-

d'autres me les faffent remarquer. J'en
pourrois indiquer des preuves parlan-
tes.   Mais je crois pouvoir me flatter
fans préfomtion, que, s'il n'y avoit
dans mes Ouvrages d'autres inexactitudes, que celles que Mr. *D. J.* y a
trouvées, ou qu'il eft capable d'y trouver, j'aurois lieu de me tenir à l'abri
de toute jufte critique. J'avouerai encore, que fi je n'avois regardé qu'à
moi-même, j'aurois pû ne pas répondre un feul mot, fans avoir à craindre
que les Lettres de Mr. *D. J.* fiffent
aucun tort ni à moi, ni à mon Livre.
Mais j'ai penfé, qu'au hazard de fe
donner un peu de peine, il eft quelquefois bon, pour l'exemple, de rembarrer vigoureufement ceux qui cherchent de toutes parts avec qui rompre
une lance. Cependant Mr. *D. J.* me
permettra, s'il lui plaît, de ne pas
lui tenir tête jufqu'au bout ; j'ai de
meilleures chofes à faire.   Il doit être
affez content que je n'aie pas gardé à
fon égard un parfait filence, qu'il auroit pû prendre pour une marque de
grand mépris. Mais s'il lui prend envie
de revenir à la charge, & qu'il trouve
des preffes pour publier fes Livres qué-

I 7   rel-

relleux ; il peut compter pour sûr, qu'il n'ira pas avec moi jusqu'à la Duplique, & que désormais je lui laisserai volontiers le plaisir qu'il a quand il est en Chaire, de parler tout seul & sans que personne le contredise.

§. XLVIII. V o i l a` ma déclaration : voici maintenant ma conclusion générale. J'emprunterai encore ici les termes de G A T A K E R, pour faire voir à Mr. *D. J.* que je sai rendre justice aux Prédicateurs éclairez & judicieux, & aux Théologiens raisonnables. " Dans les *Jeux* de Hazard, il " faut, dit-il, (a) soigneusement distinguer " tinguer *l'action de la Créature*, & " *l'action du Créateur.* Autre chose est " l'événement casuel par rapport à la " Créature ; & autre chose, la Providence " vidence de Dieu qui le dirige, comme " me toutes les autres actions. On " peut donc faire servir l'une à se divertir " vertir, sans que l'autre entre pour " rien dans nos Divertissemens : de " même qu'on le fait en matiére des " choses non-casuelles, & qui, quoi- " que conduites par l'adresse & l'industrie " dustrie des Hommes, ne sont pas " moins accompagnées d'une direc- " tion

(a) *Chap.* VII. §. 2. pag. 143.

„ tion de la Providence. Ce n'eſt
„ pas ce qu'il y a de caſuel dans un E-
„ vénement, qui le rend l'objet d'une
„ Providence immédiate : car il y a
„ bien des choſes caſuelles, qui ne ſont
„ pas pour cela des effets d'une Pro-
„ vidence immédiate, & qui n'em-
„ portent nullement une préſence par-
„ ticuliére de DIEU ; comme, par
„ exemple, lors qu'un Oiſeau vole tout
„ d'un coup devant quelcun, ou qu'un
„ Dogue, qui paſſe, vient à arrêter
„ la boule d'un Joueur &c. Si donc le
„ Sort, à cauſe du hazard qui y do-
„ mine, ſuppoſoit une Providence im-
„ médiate & une préſence particulié-
„ re de DIEU ; il faudroit dire la
„ même choſe, par la même raiſon,
„ de tous les Evénemens caſuels. Car
„ ce qui convient à une choſe, com-
„ me telle, convient auſſi néceſſaire-
„ ment à toutes les autres choſes de
„ même genre.

FIN *du Diſcours ſur la nature du* SORT.

DES

DES DROITS

DE LA

PUISSANCE SOUVERAINE;

& du vrai sens de la

LOI ROIALE

DU PEUPLE ROMAIN.

Différence qu'il y a entre un *Prince*, & un *Tyran*.

***Ce Discours fut prononcé le 9. de *Février* 1699. jour auquel Mr. NOODT devoit haranguer, selon la coûtume, en quittant le Rectorat de l'Université de *Leide*.**

JE me suis souvent étonné, * MESSIEURS, de voir que de Grands Hommes, qui ont pris à tâche de traiter du Pouvoir des Souverains, attribuent les mêmes droits au Prince & au Tyran : deux caractéres néanmoins si opposez, qu'on ne sauroit concevoir rien de plus incompatible. (1) En effet,

(1) PLATON fait en mille endroits des descriptions vives & naturelles du *Tyran*, sur tout aux Liv. VIII. & IX. de sa *République*. L'on peut voir encore DION CHRYSOSTOME, dans ses Harangues I. & III. *du Roiaume*, & VI. *de la Tyrannie* : comme aussi le Dialogue de BUCHANAN sur le *droit des Rois en Ecosse*, pag. 28. *& seqq.* & le fameux Livre intitulé, VINDICIÆ CONTRA TYRANNOS, Quæst. III. pag. 134. *& seqq.* Edit. Francof. 1622.
(2) C'est ce que les Loix enseignent à chacun, comme.

fet, l'un commande aux Citoiens avec
leur confentement : l'autre , malgré
eux. L'un a uniquement en vûe le
Bien Public : l'autre ne cherche que
fon avantage particulier. L'un maintient les Loix : l'autre les foule aux
pieds. L'un regarde la Vie, la Liberté, & les Biens de chaque Particulier,
comme autant de chofes facrées, auxquelles il n'oferoit toucher , & dont
il (2) éloigne fes mains , fes yeux, &
fes défirs même : l'autre s'imagine que
tout cela eft à lui , & qu'il peut en
difpofer abfolument à fa fantaifie. L'un
enfin , femblable à D I E U, & fe faifant un plaifir, à fon exemple, de procurer l'avantage du Genre Humain ,
eft aimé , refpecté, adoré, pour ainfi
dire, & de fes Sujets & des Étrangers;
tous (3) courent à lui, comme à l'Auteur de leur confervation & de leur
féli-

---

me le difoit C I C E R O N, dont Mr. N O O D T emploie
ici les propres termes. Docemur. . . . auctoritate nutuque
Legum, domitas habere libidines, coërcere omnes cupiditates,
AB ALIENIS MENTIS, OCULOS, MANUS AB-
STINERE. De Orat. Lib. I. Cap. XLIII.

(3) L'Auteur imite un beau paffage de S E N E Q U E,
que l'on ne fera pas fâché de voir ici. Illius demum
magnitudo ftabilis fundataque eft , quem omnes tam fupra fe
effe , quam pro fe fciunt ; cujus curam excubare pro falute
fingulorum atque univerforum quotidie experiuntur ; quo pro-
ce-

félicité, prêts à se sacrifier courageu-
sement pour ce Chef dont ils sentent
que l'esprit les anime, les unit, les
gouverne, les fait fleurir & prospérer:
l'autre, vraie peste publique, ne faisant du bien à personne, faisant du mal
à tout le monde, & par là se rendant
l'objet de l'horreur & de l'exécration
de chacun, porte après soi de tous côtez la terreur, l'épouvante, l'effroi, la
désolation; toutes les fois qu'il se montre, on croit voit sortir en fureur de
sa tanière une Bête féroce d'une grandeur prodigieuse, & qui ne respire que
rapine & que carnage. La Raison veut
donc, que l'on ne confonde point le
Prince avec le Tyran; & que l'on
n'étende pas non plus le Pouvoir du
Prince aussi loin que son caprice, mais
qu'on le resserre dans les bornes de la
Justice & des Loix. Cependant je ne
sai par quelle fatalité on entend soûtenir communément dans le monde, qu'à
moins que d'anéantir la force & l'usage
de

cedente, non tanquam malum aliquod aut noxium animal è
cubili profilierit, diffugiunt, sed tanquam ad clarum ac be-
neficum sidus certatim advolant, objicere se pro illo mucro-
nibus insidiantium paratissimi, & substernere corpora sua, si
per stragem illi humaniter ad salutem struendum sit . . . . .
Ille est enim vinculum, per quod Respublica cohæret: ille spi-
ritui vitalis, quem hæc tot millia trahunt: nihil ipsâ per se
su-

de la Souveraineté, il faut reconnoître
que le Prince est au dessus des Loix:
en sorte que, quoi qu'il ne pense qu'à
son intérêt particulier, & nullement à
l'utilité de ses Sujets, ceux-ci n'aient
d'autre ressource que la (1) gloire d'o-
béïr & de souffrir patiemment; & que
le Prince ne soit responsable de sa conduite qu'à Dieu seul, de qui, comme
on le suppose, l'Autorité Souveraine
vient originairement. Il y a très-peu
de gens qui prennent ici le parti du
Peuple: la plûpart défendent la cause
du Tyran sous le nom du Prince; &
ils tâchent de se persuader & de persuader aux autres, que, s'il se trouve
une telle opposition entre les intérêts
du Prince & ceux du Peuple, qu'il
faille que l'un des deux soit affoibli ou
périsse même, il est & plus juste &
plus avantageux d'accorder au Prince
un plein pouvoir d'opprimer ses Sujets
par des injustices & des cruautez énor-
mes, que de laisser aux Sujets la liberté

futura nisi onus & præda, si mens illa Imperii subtrahatur.
De Clement. *Lib.* I. *Cap.* III. IV.
(1) C'est ce qu'un Chevalier Romain disoit autrefois, en parlant à l'Empereur *Tibere*: *Tibi summum
rerum judicium Dii dedere: nobis obsequii gloria relicta est.*
Tacit. Annal. *Lib.* VI. *Cap.* VIII. *num.* 5.

(1) II

té de réprimer la fureur du Prince qui
veut les perdre : comme ſi ceux qui
ſont réduits par leur condition à la néceſſité d'obéir, n'étoient pas de même
nature que ceux qui commandent, &
qu'on ne dût regarder ſur le pié
d'Hommes, que ceux à qui le conſentement des Hommes a mis en main
l'Autorité ſur leurs ſemblables. Pour
moi, quand je cherche les raiſons d'un
ſentiment ſi outré, ſi dur & ſi inhumain, je n'en trouve aucune qui ſoit
conforme à la Loi de la Nature. Qui
que vous ſoyiez qui êtes dans cette
penſée, ſoit Princes, ſoit Courtiſans,
permettez-moi de le dire, vous gâtez
malheureuſement (1) une choſe très-
bonne & très-ſainte d'elle-même : vous
tournez à la ruine des Hommes, par
vôtre ambition démeſurée ou par vos
lâches flatteries, le Gouvernement Civil, qui a été établi afin que chacun
pût jouïr, dans une profonde tranquillité, des commoditez & des douceurs
de la Vie : vous rejettez des maximes
juſ-

(1) Il y a ici une alluſion à ce qu'un ancien Auteur Latin a dit des Déclamateurs, par rapport à l'E-
loquence : *Pace veſtra liceat dixiſſe , primi omnium Elo-*
quentiam perdidiſtis. PETRON. Satyric. Cap. II.

(2) C'eſt la réflexion judicieuſe de TACITE : *Nec*
nm-

juftes, fûres, & utiles, pour fuivre des maximes injuftes, incertaines, & pernicieufes ; une Puiffance (2) fans bornes ne pouvant jamais être affûrée & durable.

Certainement il eft de l'intérêt de tout le monde, des Princes auffi bien que des Particuliers, qu'une erreur fi générale foit entiérement détruite ; & qu'en faveur des droits naturels de la Verité, on laiffe enfin parler ouvertement & fans détour fur les droits du Souverain. Or à qui convient-il mieux de fe charger de cet emploi, qu'à un Jurifconfulte, à un Homme qui fait de l'étude des Loix l'objet de toutes fes veilles ? Quand eft-ce qu'il en trouveroit une occafion plus favorable, qu'aujourdhui qu'il doit, felon la coûtume, fe démettre folennellement du Rectorat de l'Académie, en préfence d'une fi belle Affemble ? Et quel lieu plus propre pourroit-il choifir, que cette fameufe Ecole du Bon-Sens & du Savoir, pour traiter un fujet qui renferme

Deffein de ce Difcours.

umquam fatis fida potentia, ubi nimia eft. Hift. Lib. II. Cap. XCII. num. 3.
　　Quidquid exceffit modum,
　　Pendet inftabili loco.
　　SENEC. Oedip. v. 909, 910.

(1) Voiez

me toute la majesté des Choses (1) Divines & Humaines, Publiques & Particuliéres, (& pour défendre avec foin, felon les Regles de l'Art, mais d'un Art très-honnête & très-légitime, la Liberté commune du Genre Humain ? en déclarant néanmoins, qu'un bon Citoien doit rendre à fon Souverain tout le refpect qu'on peut avoir pour un Homme ; & qu'un Pouvoir établi pour la Sûreté publique ne fauroit jamais être trop indépendant & trop étendu ; pourvû qu'on l'exerce non felon les fuggeftions de la Cruauté ou de l'Orgueil, mais conformément aux Régles de la Raifon, & à l'Utilité commune des Citoiens.

PRE'MIE'RE PARTIE de ce Difcours, qui contient les Raifons & les Objections générales qu'on allégue fur cette matiére. 1. Une Licence fans bornes n'eft pas une fuite néceffaire de la Grandeur.

EN EFFET, MESSIEURS, on fe trompe, fi l'on croit, que la Diffolution, l'Avarice, la Violence, la Cruau-

(1) Voiez le Fragment de la *Loi Roiale*, qui fera cité plus bas, dans la Seconde Partie de ce Difcours, & que l'on trouve tout entier dans la Harangue de GRONOVIUS, jointe à cette Edition.

(2) *Hécube*, dans la Tragédie d'EURIPIDE qui porte fon nom, (verf. 798, & feqq.) fait cette réflexion :

Ἡμεῖς μὲν ἦν δᾶλοί τε κἀσθενεῖς ἴσως,
Ἀλλ' οἱ Θεοὶ σθένουσι, χ' ὁ κείνων κρατῶν
Νόμ©. Νόμω γὰρ τὰς Θεὰς ἡγούμεθα.

„ Nous fommes Efclaves, & foibles : mais il y a des „ Dieux puiffans, & une Loi [du Jufte & de l'Injuf- „ te]

Cruauté, la Perfidie, & tous les autres déréglemens qui font le malheureux fruit d'une funeste Licence, foient
des caractéres & des priviléges de la
Grandeur. Ce font des marques de fureur, & non pas de puiffance : Et pour
vous en convaincre par l'exemple d'u-
ne Grandenr vraie & fans mélange
de baffeffe, y a-t-il quelque Majefté
plus relevée & plus augufte, que celle
de D I E U, que nous adorons comme
le Seigneur & le Maître, non d'un
Peuple particulier, mais de tout l'U-
nivers ? cet Etre Souverain n'exerce
pas néanmoins un Pouvoir qui aille jufqu'à fe permettre toute forte d'excès :
il fe conduit au contraire par certaines
Loix (2) qu'il s'eft lui-même impofées ;
& il n'en eft pas moins puiffant, ni moins
abfolu, (3) pour ne pouvoir pas s'éloigner

,, te] à laquelle les Dieux même font foûmis. Car
,, nous jugeons de leur conduite par cette Loi. " P L U-
T A R Q U E dit, que le Prince doit obéïr à cette Loi,
que *Pindare* appelle *le Roi des Mortels & des Immortels.*
Voiez le paffage, que j'ai cité tout du long & traduit,
dans mes Notes fur P U F E N D O R F, Liv. VII. Chap.
VI. §. 3. *Not.* I.

(3) *Neceffe eft enim ei eadem placere, qui nifi optima placere non-poffunt : nec ob hac minus liber & potens eft : ipfe e-
nim eft neceffitas fua.* S E N E C. Præf. *Quæft.* Nat. pag.
626. Mr N O O D T femble avoir eu devant les yeux ce
paffage. Ajoûtons ce mot de S E N E'Q U E : *Tantum e-
nim,*

gner le moins du monde de ce qui eſt le meilleur. D'où vient donc que l'on ſe fait une autre idée du Prince? Pourquoi ne veut-on pas, que celui qui repréſente DIEU ici-bas, ſe tienne, à ſon exemple, dans les bornes exactes de la Raiſon, & qu'il ne ſoit indépendant & autoriſé à faire tout ce qu'il veut, qu'autant qu'il croit avoir les mains liées en tout ce qui eſt contre ſon Devoir, & qu'il ſe ſoumet lui-même à la néceſſité de ſuivre cette maxime? (1) Il eſt juſte ſans contredit, que le Prince qui ſe voit au deſſus des autres par ſon rang, ne céde à perſonne en Grandeur d'Ame : & il n'y a rien de plus abſurde, ni de plus honteux pour un homme de ce caractere, que de regarder (2) comme le partage des Particuliers, la Piété, la Fidélité, la Juſtice, & les autres Vertus néceſſaires pour l'entretien de la Société Humaine ; pendant que lui s'i-

nim., quantum vult, poteſt, qui ſe, niſi quod debet, non putat poſſe. Epiſt. XC. pag. 402.

(1) *Minimum decet libere, cui multum licet.*

SENEC. Troad. verſ. 336.

Cela eſt d'autant plus vrai, à l'égard des Grands, que plus ils ont de pouvoir, & plus il eſt à craindre qu'ils n'en abuſent, comme le dit très-bien une ancienne Sentence:

(2)

s'imagine être en droit de faire, non tout ce que demande le Bien Public, mais tout ce qui lui vient en fantaifie, fans autre raifon que la Force & les Armes, qui néanmoins lui ont été mifes en main pour protéger & faire fleurir les Loix, & non pas pour lui fournir les moiens de fe plonger impunément dans le Crime.

Il ne faut pas non plus écouter ici ceux qui prétendant que *l'Autorité Souveraine eft originairement & uniquement établie de* DIEU *même*, concluent de là, que, quand les Sujets fouffrent par les effets de la cruauté ou de la perfidie de leur Prince, celui-ci eft à la vérité refponfable de fa conduite devant la Majefté Divine, qui fe trouve alors offenfée; mais qu'il n'appartient pas aux foibles Mortels de s'ériger en Juges des actions du Souverain, quoi qu'il puiffe faire. Car, quand même on accorderoit, que le Prince tient de DIEU

2. Quand même Dieu feroit l'Auteur de la *Souveraineté*, (ce qui n'eft pas) les Princes n'auroient pas pour cela une Puiffance fans bornes.

Cui plus licet, quam par eft, plus vult, quam licet.
Publ. Syr. verf. 142. Ed. Lug. B. 1708.
(2) C'eft le langage qu'un ancien Poëte Tragique met dans la bouche d'*Atrée* :
—— Sanctitas, Pietas, Fides,
Privata bona funt : quà juvat, Reges eant.
SENEC. Thyeft. v. 216, 217.

K   (1) Voiez

DIEU seul la Puiffance Souveraine;
y a-t-il quelcun d'affez impie pour
s'imaginer, que cet Etre Suprême, qui
n'eft pas moins infini en Bonté, qu'en
Grandeur, aît revêtu le Prince d'un
tel Pouvoir pour la ruine des Hommes,
& pour le mettre en état de s'abandonner impunément à toute forte de
Crimes? Oferoit-on nier, que quand le
Prince abufe infolemment du caractére
dont Dieu l'a honoré, il ne fe rende
coupable & envers DIEU, dont il a
paffé les ordres, & envers fes Sujets,
à qui il a fait du tort? Mais la vérité
eft, que la *Souveraineté* tire proprement
(1) & immédiatement fon origine des
Hommes. Que fi quelquefois on fe fert
d'expreffions qui femblent l'attribuer à
DIEU, c'eft dans le même fens que
les Loix & les autres établiffemens faits
ou abolis par les Hommes conformément aux maximes de la Raifon, font
regardez comme faits ou abolis par la
volonté de DIEU? En effet, a t-on
jamais ouï dire, qu'aucun Roi ou Prince, en un mot aucun Magiftrat Sou-
ve-

(1) Voiez *le Droit de la Nature & des Gens*, de PU-
FENDORF, Liv. VII. Chap. III.
(2) Voiez la BIBLOTHÉQUE CHOISIE de Mr.
Le

verain, quelque titre qu'on lui donne, aît été envoié du Ciel, & non pas élû par la volonté & le confentement des Hommes? N'eft-il pas de la derniére évidence, que c'eft uniquement la Raifon Naturelle, cette lumiére fûre & véritablement divine, qui a la prémiére uni les Hommes entr'eux, & qui leur a infpiré de former des Loix & des Gouvernemens Civils comme des chofes fans quoi la Société ne fauroit fe maintenir? Et ne fuffit-il pas de pouvoir dire que D i e u établit ou change les Gouvernemens Civils, quoi que formez ou abolis immédiatement par les Hommes, à caufe que les Hommes le font pour l'entretien de la Société, fuivant les confeils de la Raifon, & par conféquent avec l'approbation de D i e u même?

Mais, pour développer ceci plus diftinctement & plus en détail, il faut reprendre les chofes dès la prémiére origine. (2) Il eft certain, que les noms de *Souverain* & de *Sujet*, de *Maître* & d'*Efclave*, font inconnus à la Nature :

3. Tous les *Hommes* font naturellement égaux.

Le Clerc, Tom. VIII. pag. 162, & fuiv. & Tom. X. pag. 311, & fuiv.

K 2   (1) Voiez

ture : elle nous a fait fimplement Hommes, (1) tous égaux, tous également
libres & indépendans les uns des autres.   Car d'où vient qu'elle a armé
chacun des forces néceffaires pour fe
défendre? D'où vient qu'elle infpire à
chacun, en venant au monde, un A-
mour propre fi tendre & fi invincible,
qu'on ne fauroit jamais aimer rien plus
que foi-même? D'où vient qu'elle donne à chacun un vif fentiment de ce qui
lui eft Utile ou Nuifible, & qu'elle le
porte irréfiftiblement à rechercher le
prémier, & à fuïr l'autre? Pourquoi
tout cela, fi ce n'eft parce qu'elle a
voulu, que ceux en qui elle a mis
les mêmes Facultez, foient revêtus des
mêmes droits par rapport à toutes les
chofes qu'elle leur offre en commun
pour leur propre confervation? de même que les autres Animaux font cen-
fez naître libres, parce qu'ils font tous
naturellement portez à chercher leur
propre bien, & en état de fe le procurer par leurs propres forces.

* Cependant, quoi que la Nature aît
conféré à l'Homme le droit de rechercher

* Cette Li-
berté Natu-
relle n'au-
torife pour-
tant pas la
Licence.

(1) Voiez PUFENDORF, *Droit de la Nature & des Gens*, Liv. III. Chap. II.

cher ce qui lui eſt avantageux, elle ne l'a pas pour cela autoriſé à mal faire. Au contraire, pour l'empêcher d'abuſer de ce droit, elle l'a formé d'une façon particuliére, qui le met fort au deſſus du reſte des Animaux. Car, au lieu que ceux-ci n'ont en partage que les forces du Corps, elle lui a donné de plus la Raiſon, à la faveur de laquelle il peut non ſeulement penſer au Préſent, mais porter même ſes vûes ſur l'Avenir, les comparer l'un avec l'autre ; préférer un moindre Bien à un plus grand, & un Bien de longue durée à un Bien paſſager ; diſcerner enfin ce qui eſt véritablement Utile, d'avec ce qui ne l'eſt qu'en apparence.

Les Hommes étant ornez de ſi belles Facultez & du Corps & de l'Ame, il étoit naturel qu'ils cherchaſſent à ſe joindre les uns avec les autres, ſoit pour l'union des deux Sexes, à laquelle ils ſe ſentoient entraînez par un doux panchant ; ſoit pour éviter l'ennui de la Solitude, & pour trouver dans leurs ſecours mutuels de plus grandes commoditez & en plus grand nombre, que chacun n'auroit pû en avoir tout ſeul ;

La Nature a porté les Hommes à vivre en ſociété.

ſoit

soit enfin pour se mettre à couvert des Dangers que la foiblesse de la condition humaine leur faisoit appréhender, s'ils continuoient à vivre chacun à part, dispersez par les Forêts & par les Campagnes, continuellement exposez & à la fureur des autres Animaux, & aux insultes des autres Hommes, qui se trouvoient ou plus entreprenans, ou plus forts & plus robustes.

Elle veut qu'ils observent tout ce qui est nécessaire pour l'entretien de la Société Humaine.

Mais la Nature ne s'est pas bornée là. Après avoir porté les Hommes à vivre en société par l'avantage réciproque qu'ils en esperoient, elle a voulu encore que, pour former cette union, & pour la rendre ferme & durable, en sorte qu'elle ne pût pas facilement être troublée ou rompue, chacun observât avec soin, dans la conduite de sa Vie, tout ce (1) sans quoi la Société ne sauroit ou subsister absolument, ou se maintenir en bon état ; & cette Loi Naturelle peut être regardée comme une Loi véritablement divine. En effet, quiconque veut une Fin, doit vouloir en même tems tous les Moiens sans lesquels il n'est pas possible d'y par-

(1) Voiez PUFENDORF, *Droit de la Nature & des Gens*, Liv. II. Chap. III.

parvenir ; c'eſt une maxime inconteſtable de la Raiſon. Or DIEU ſait
ſans contrédit que la Société eſt utile
& néceſſaire aux Hommes, & il leur
ordonne certainement de rapporter tous
leurs deſſeins à la recherche de ce qui
peut les rendre heureux ; c'eſt une
ſuite néceſſaire de la maniére dont ſa
Providence toute ſage les a faits. Pourquoi donc ne diroit-on pas, qu'il leur
preſcrit par cela même à chacun tout
ce qui paroît propre à former & à entretenir la Société Humaine, & qu'il
leur défend au contraire tout ce qui
tend à la troubler ou à la détruire?

Tenons donc pour une vérité conſ- *En quoi*
tante & indubitable, que l'*Etat de Na-* *conſiſte la*
ture eſt un état de *Liberté*, mais d'u- *Liberté de*
ne Liberté (car je ne ſaurois m'empê- *l'Etat de*
cher de le répéter ici) qui n'a rien de *Nature.*
commun avec la Licence : en un mot,
que quiconque ſuit la Loi de la Nature Humaine, ſelon les lumiéres de la
Raiſon, a droit de ſe ſervir de ſes Membres & de ſes Biens, pour ſe conſerver, autant qu'il lui eſt poſſible, lui ou
quelque autre perſonne en qui il prend
intérêt : de repouſſer une injuſte Violence, qui le menace de quelque mal,

K 4   lui

lui ou un autre : & (1) de punir même
les Injures qu'on peut lui avoir faites ;
non pour jouïr du plaisir inhumain de
la Vengeance, mais pour faire un exemple qui serve à le mettre désormais en
sûreté, lui & ses semblables. Du reste,
que de gaieté de cœur on fasse du mal
à un autre Homme, avec qui l'on est
uni par la conformité d'une même origine & d'une même Raison, qui est,
comme nous, sensible au Bien & au
Mal ; & également l'objet des soins de
la Nature, ou plutôt de la Providence ;
cela est contre la Raison, qui veut que
les Hommes soient sociables, & par
conséquent qu'ils se rendent utiles &
commodes les uns aux autres : car le
moien de se flatter que ceux dont le
commerce est dangereux ou incommo-
de, trouvent des gens qui veuillent vivre avec eux ?

Inconvé-
niens qui
obligérent
à renoncer
à la Liberté
de l'Etat de
Nature, &
à former
des *Sociétez*
Civiles.

Et plut-à-Dieu que les Hommes eûs-
sent tous bien compris l'importance &
la nécessité de cette Loi sacrée & inviolable qui leur est imposée par la Nature ! Ils auroient pû certainement, selon

(1) Mr. NOODT suit ici les mêmes principes, sur
lesquels j'ai raisonné, dans une grande Note sur PUF-
FENDORF, Liv. VIII. Chap. III. §. 4. *Note* 3. de la 2.
Edi-

lon leur deftination naturelle, vivre chacun à fon gré; & rien n'auroit o-bligé perfonne à-fe conduire par la vo-lonté d'autrui, plûtôt que par la fienne propre. Mais une fâcheufe expérience fit voir enfin, qu'il falloit prendre d'au-tres mefures. (2) On reconnut, que fi chacun continuoit de vivre à fa fantai-fie, il n'y auroit ni paix, ni repos, ni liberté parmi les Hommes, mais des troubles, des craintes, & des infultes perpétuelles; & par conféquent une Vie trifte, malheureufe, toûjours fur le point d'être ravie: parce que l'Ambi-tion & l'Avarice, ces mauvaifes Con-feilleres, étouffoient les lumiéres de la Raifon, fur lefquelles la Nature veut qu'on fe régle, pour trouver le jufte tempérament d'une Utilité folide. D'ail-leurs, chacun alors décidant lui-même de fes droits en dernier reffort, & é-tant Juge & Vengeur du tort qu'il croioit avoir reçû (car naturellement nul Homme n'eft foûmis à la Jurifdic-tion d'aucun autre); le moien qu'on jugeât équitablement & fans prévention

dans

Edition, où il y a en cet endroit quelques additions.
(2) Voiez le Droit de la Nature & des Gens, de Pu-FENDORF, Liv. VII. Chap. I.

K 5   (1) Les.

dans sa propre cause? L'un étoit pré-
occupé par les illusions de l'Erreur ou
de l'Ignorance; l'autre se laissoit em-
porter à la Colére; l'autre étoit séduit
par l'Avarice, ou par quelque autre
Passion, qui l'empêchoit de voir la Vérité, & qui lui faisoit passer les bornes
de la Justice dans le maintien de ses
droits : d'où il naissoit des disputes,
des querelles, des combats, des meurtres, des pillages, en un mot mille desordres. Parmi tant de Guerres, & de
Guerres dont l'issue étoit si incertaine
& si périlleuse, conçoit-on qu'il fût
possible de vivre heureux & content?
Qui est-ce qui pouvoit compter sur ses
forces ou sur son habileté, de telle sorte qu'il se crût à l'abri de la violence
ou des embûches d'autrui, en tout
tems, en tout lieu, de la part de tous
les Hommes? Plusieurs donc, las d'ê-
tre ainsi dans des craintes & des inquié-
tudes perpétuelles, s'aviserent d'unir
ensemble leurs forces, & de dresser le
plan d'une Societé, dans laquelle ils
esperérent trouver de grands avantages, & une vie paisible, & tranquille,
au lieu de la vie sauvage & pleine de
dangers qu'ils menoient auparavant,
&

& à laquelle ils renoncérent de bon
cœur ; agiffant en cela même d'une
maniére conforme à la Loi de Nature, qui veut que chacun travaille à fa
propre confervation. Par cette com-
munauté de Droit, où ils entrérent
alors, ceux qui auparavant vivoient
chacun en fon particulier & difperfez
de toutes parts, formérent un Corps
d'Etat, dans lequel ils convinrent que
chacun jouïroit de fa Liberté, fans
donner aucune atteinte à celle des autres, & que, fi quelcun ofoit l'entreprendre, l'Offenfé ne repoufferoit
pas l'infulte de fon autorité privée,
comme il pouvoit le faire auparavant,
mais qu'il feroit défendu par les mefures concertées & les forces réunies
de toute la Société. Comme on vit
enfuite, qu'il n'étoit pas poffible que
tous les Membres de la Société s'af-
femblaffent à chaque moment pour régler les affaires publiques & particuliéres ; & que cependant il étoit néceffaire de défendre & de venger par
des voies conformes à la Loi de la Nature, ceux qui, au mépris des Réglemens de la Société, viendroient à être
infultez ou à recevoir du dommage : on

trou-

trouva à propos d'élire d'un (1) commun accord quelque personne d'une probité & d'une sagesse reconnue, qui étant chargée du soin de veiller au bien de la Société, écoutât paisiblement les raisons des Parties, prononçât sur leurs démêlez sans animosité, sans passion, & d'une maniére conforme à l'Utilité Publique, & maintînt le Droit commun de la Nature par l'observation d'une juste Egalité. Pour le mettre en état de s'aquitter d'un tel emploi, & de réprimer la folie & la malice de ceux qui ou ne comprendroient point, par stupidité, les avantages de la Vie Civile, ou les fouleroient insolemment aux pieds par une férocité brutale; chaque Membre de la Société conféra à cette personne les forces & le pouvoir qu'il tenoit de la Nature.

La nature même & le but des Sociétez Civiles fait voir que l'Autorité du Souverain ne s'étend pas au delà de ce qui est nécessaire pour le Bien Public.

Pourquoi pensez-vous, Messieurs, que je vous raméne ici au commencement des Sociétez Civiles? C'est pour

(1) Les Anciens nous représentent à peu près de cette maniére l'origine des Gouvernemens. Il suffira de rapporter ici deux passages de CICERON. *Omnes antiquæ Gentes Regibus quondam paruerunt : quod genus Imperii primùm ad homines justissimos & sapientissimos deferebatur. De Legib. Lib. III. Cap. II. Mihi quidem non apud Medos solùm, ut ait Herodotus, sed etiam apud Ma-*

pour vous faire voir, que la Souveraineté n'eſt pas une choſe naturelle,
comme les Loix de la Société Humaine ; mais que les Hommes naiſ-
ſant tous libres , & Juges ſouverains
chacun de ce qui regarde ſon propre
avantage, ont, avec le tems, établi
volontairement & par des conventions
entr'eux, l'Autorité Souveraine du
Gouvernement Civil. Ainſi, quoique
par un tel établiſſement chaque Particulier aît ceſſé d'être lui-même le
Défenſeur de ſa propre Liberté ; &
qu'il ne lui ſoit plus permis de vouloir que ce que le Prince ou le Magiſtrat Souverain juge être utile à la Société, cette Puiſſance Suprême n'a pas
été établie pour la ruine des Citoiens,
mais pour leur défenſe, & pour régler
tout ce qui regarde leur Utilité commune. En un mot, on n'a point prétendu ſe ſoûmettre à tous les caprices
& à toutes les fantaiſies du Souverain ;
mais

Majores noſtros , juſtitia fruenda cauſa videntur olim bene
morati Reges conſtituti. Nam cùm premeretur inops multitu-
do ab iis , qui majores opes habebant, ad unum aliquem con-
fugiebant , virtute præſtantem , qui cùm prohiberet injuriâ te-
nuiores , æquitate conſtituenda ſummos cum infimis pari jure
retinebat. De Offic. Lib. II. Cap. XII.

mais on s'eſt mis ſous ſa protection, en
comptant ſur ſa bonne foi & ſur ſon
intégrité. Y a-t-il la moindre apparence, que des gens qui avoient le Sens
Commun, & qui ſe joignoient enſem-
ble ſous un même Gouvernement Civil, à deſſein de s'aſſûrer une jouiſſan-
ce paiſible & tranquille des biens qu'ils
tenoient de la Nature, ſoient venus à
cet excès de folie, que de vouloir enſuite, lors que la Société a été formée,
détruire entiérement le but pour lequel ils l'avoient établie, & ſe dépouiller en faveur du Souverain de leurs
droits & de leurs avantages naturels,
pour être déſormais comme un troupeau
de Bêtes, dont le Maître tire tout le
profit qui en provient, les paît, les
chaſſe, les trait, les tond, les tue, les
écorche, les mange, comme il le juge à propos? Loin d'ici une penſée ſi
contraire à la Raiſon, au Sens Commun, à la Loi de Nature! Ce n'eſt
pas pour avoir un Prince ou un Roi,
que l'on a ſubi le joug du Gouvernement Civil : mais la raiſon pourquoi
chaque Particulier a mieux aimé ſe
ſoûmettre au Jugement de l'Etat ou de
ceux qui le repréſentent, que de con-
ſer-

ferver le droit de fon propre Jugement, c'eft afin qu'à la faveur du refpect de la Puiffance Souveraine, il pût librement & en fûreté faire d'ailleurs ce qu'il jugeroit à propos, être maître de fon Corps, & difpofer de fes Biens. Si l'on me demande donc, jufqu'où s'étendent les droits de la Souveraineté, il m'eft aifé de fatisfaire en un mot à cette queftion: car vous comprenez bien par ce que je viens de dire, que le Prince ou le Magiftrat Souverain, (1) quelque titre qu'on lui donne, n'a reçû de Pouvoir fur fes Sujets & fur ce qui leur appartient, qu'autant que le demande l'intérêt de la Société Civile, c'eft-à-dire, autant qu'il en faut pour que chacun puiffe demeurer libre & vivre en fûreté; mais que s'il paffe ces bornes, & qu'il faffe un mauvais ufage des forces publiques & particuliéres qu'il a en main, il dément fon caractére, il n'agit plus en Prince ou en Magiftrat.

Voilà, MESSIEURS, quelle eft ma penfée: fi vous trouvez quelque chofe

4. Il n'eft pas néceffaire que le Peuple ait déferé au Prince l'Autorité Souveraine fous claufe commiffoire.

(1) *Ideo Principes Regefque, & quocumque alio nomine funt tutores Status publici &c.* SENEC. de Clement. Lib. I. Cap. IV.

(1) Un

ſe qui vous frappe davantage, il vous
eſt permis de l'adopter ; car je ne force perſonne à entrer dans mes ſentimens. Je ne vous demande qu'une choſe, c'eſt de vous tranſporter, pour ainſi dire, ſur les lieux, & de bien conſidérer, je ne dis pas de vos eſprits,
mais de vos yeux ſeulement, toutes les
clauſes & les conditions de l'acte par lequel on défére au Prince l'Autorité Souveraine. Car ſi l'on eſt convenu, comme il n'y a rien de plus juſte, que le
Bien Public ſeroit la Souveraine Loi ;
il eſt hors de doute, que tant que le
Prince agit pour cette fin, il eſt autoriſé par le Peuple ; & que, ſelon les
Ré-

(1) Un Juriſconſulte Allemand, qui d'ailleurs rend
à nôtre Auteur la juſtice qu'il mérite, a critiqué cet
endroit, mais en le prenant tout de travers, comme
s'il s'agiſſoit du droit qu'a le Peuple de reſiſter à un
Tyran, & de le mettre à la raiſon ; au lieu que Mr.
NOODT parle manifeſtement, comme toute la ſuite
du diſcours le fait voir, du pouvoir qu'a le Prince de
punir ceux qui violent les Loix. Voiez BOHMERI
Introductio in Jus Publicum Univerſale &c. imprimez à
Hall en 1710. pag. 279. Ce n'eſt que vers la fin de ce
Diſcours, que l'Auteur traite du droit des Peuples par
rapport à un Prince devenu Tyran ; & là il a prévenu toutes les objections qu'on peut lui faire raiſonna-
blement. De ſorte que, ſi Mr. BOHMER prend la
peine de bien examiner les principes établis dans ce
Diſcours, il trouvera qu'il n'étoit pas néceſſaire de
lui répondre. J'en dis autant, & avec beaucoup plus
de raiſon, de certains Journaliſtes, qui ont traité les
deux

Régles de tout Droit Divin & Humain, (1) il peut punir ceux qui violent manifeſtement une Loi établie pour maintenir le ſalut & la liberté de chacun, & à laquelle tous ont donné leur conſentement ſelon les lumiéres de la Raiſon Naturelle, & par conſéquent avec l'approbation divine. Mais auſſi, lors que le Prince va au delà de ces juſtes bornes, & que, ſans conſulter d'autre régle que ſon caprice, il ſe ſert des forces publiques & particuliéres dont il eſt armé, non pour procurer l'avantage du Peuple de qui il les tient, mais pour travailler à ſa ruïne; n'eſt-il pas de la derniére évidence, qu'en ce cas-là

deux Harangues de Mr. N o o d t, de *Diſcours ſeditieux*, & l'Auteur, de *Faiſeur* de *Diſcours*. Ces Mrs, ont trop d'intérêt à tenir les Hommes humblement ſoûmis à la Tyrannie, & dans le Temporel, & dans le Spirituel, pour que leurs emportemens & leurs vaines déclamations nuiſent, dans l'eſprit des perſonnes raiſonnables, à un Auteur du mérite de Mr. N o o d t, & à des Piéces auſſi ſolides, que celles-ci. Ils devroient du moins avoir un peu d'équité, & laiſſer dire ceux qni les laiſſent faire. On ne peut pas tout avoir. Ils ont en main la force & l'artifice : que ne laiſſent-ils les raiſons à ceux qui n'ont & ne veulent avoir d'autres armes? Auſſi bien eſt-ce en vain qu'ils voudroient gagner quelque choſe, en diſputant de cette maniére. Le ſujet ne le permet pas. On veut bien être plus généreux qu'eux, & ne pas ſe battre avec un ſi grand avantage.

(1) *Prim*

là il agit uniquement de fon chef, &
nullement en vertu du Pouvoir que le
Peuple lui a confié? Et il ne ferviroit
de rien de diftinguer ici entre les
Princes à qui l'on a fait promettre folennellement de veiller au Bien Public,
faute dequoi ils feroient déchûs du titre & des droits de la Souveraineté; &
ceux à qui elle n'a pas été déférée fous
claufe commiffoire: car, de quelque maniére que le Prince foit revêtu de fon
Autorité, il la tient toûjours uniquement du Peuple; & le Peuple ne dépend jamais d'aucun Homme mortel,
qu'en vertu de fon propre confentement: Du refte, il vit dans l'indépen-
dance de l'Etat de Nature, où la Raifon & Dieu même lui permettent fans
contredit de faire ufage de fes forces,
foit pour fa propre confervation & pour
fa propre liberté, foit pour celle d'autrui, contre tout Ennemi, quel qu'il
foit.

Voilà qui eft bien, dira-t-on, lors
que

5. Il n'im-porte pas non plus que *le Prince fe foit lui-même enga-gé, ou non, d'une ma-niére folen-nelle, à fui-vre certai-nes Loix.*

(1) *Principio rerum, Gentium Nationumque Imperium pe-nes Reges erat: quos ad faftigium hujus majeftatis non am-bitio popularis, fed fpeltata inter bonos moderatio provehebat. Populus nullis Legibus tenebatur: arbitria Principum pro Le-gibus erant.* Justin. Lib. I. Cap. I. Voiez auffi Seneque, Epift. XC.

(2) *Qm-*

que le Peuple a aſtreint le Prince à
ſuivre certaines Loix. Mais que di-
rons-nous des *Princes qui ont été pure-*
ment & ſimplement établis, ſans s'enga-
ger à rien ? DIEU nous garde de tels
Princes ! Ce n'eſt pas qu'il ne puiſſe
arriver que la Souveraineté ſoit confé-
rée de la ſorte à quelcun, quoi qu'a-
vec beaucoup de lâcheté ou d'imprudence. S'il en faut même croire les
monumens de l'Antiquité, (1) cela ſe
pratiquoit ainſi ordinairement dans la
ſimplicité des prémiers Siécles, où
les Rois étoient élevez ſur le Thrône,
non par des factions & des brigues,
mais par l'opinion avantageuſe qu'on
avoit de leur Sageſſe & de leur Vertu. En ce cas-là donc, le Prince à la
vérité gouverne l'Etat (2) comme il le
juge à propos ; ſa volonté tient lieu de
Loi, & il a en un ſens un Pouvoir illimité : cependant la nature même de
la choſe, & la conſidération de la maniére dont les Hommes agiſſent ordi-
nai-

(2) *Omniaque* MANU *à Regibus gubernabantur.* C'eſt
ce qui eſt dit des prémiers Rois de *Rome*, dans le DI-
GESTE, Lib. I. Tit. II. *De Origine Juris*, Leg. II. §.
1. où il y a une expreſſion, dont Mr. NOODT ſe
ſert ici.

(1) PLI-

nairement, ne permettent pas de croire que le Prince aît été autorifé à commettre toutes fortes d'infamies , de
crimes, d'injuftices, fous prétexte que
le Peuple, le regardant comme une
perfonne de probité , l'a choifi pour
Arbitre Souverain de ce qui concerne les intérêts , tant de l'Etat, que
des Particuliers ; & n'a pas crû qu'il
fût befoin, en le revêtant d'un Pouvoir fi grand & fi abfolu, de l'engager par un Contract folennel à ce à
quoi il paroiffoit porté de lui-même.
A plus forte raifon, (1) lors que le Peuple n'a pas expreffément donné au Prince un Pouvoir illimité, il doit être cenfé avoir ftipulé de lui tacitement, qu'il
uferoit de fon Autorité, non felon fon
caprice, mais fuivant les Régles de la
Loi Naturelle. Car qu'y a-t-il de plus
conforme à la conftitution des Hommes, qui ne perdent jamais de vûe leur
propre Bien, que d'expliquer leur in-
ten-

---

(1) PLINE *le Jeune* dit , que la Domination abfoluë , & le droit d'un Prince font deux chofes différentes de leur nature ; & que ceux qui ont le plus
d'averfion pour le Pouvoir Defpotique, font ceux qui
aiment le mieux de vivre fous un bon Prince : *Scis,*
ut funt diverfa naturâ Dominatio *&* Principatus , *ita*
non aliis effe Principem *gratiorem, quàm qui maxime* Do-
mi-

tention de telle forte, qu'on préfume toûjours qu'ils ne négligent point leurs intérêts, (2) & qu'ils ne veulent pas être eux-mêmes la caufe ou l'inftrument de leur perte? Si donc le Prince fe conduit par cette maxime, s'il répond à l'attente du Peuple, cela lui donne un droit inconteftable de fe faire obéir: mais s'il ne prend pas foin du Peuple, ou qu'il travaille à le perdre, il agit contre la volonté du Peuple, & par conféquent fans aucun droit. Car, quoi que le Peuple, en lui remettant purement & fimplement toute fon Autorité, fans fe referver rien par une claufe formelle, foit cenfé lui avoir conféré la Souveraineté la plus abfolue; on ne doit pourtant pas préfumer, qu'il aît prétendu lui donner plus de Pouvoir, que n'en avoit chaque Particulier avant la fondation des Sociétez Civiles. (1) Or qui eft-ce qui avoit alors le droit de fe faire du mal, à lui ou aux au-

minum *graventur.* Panegyric. *Cap.* XLV, *num.* 3. *Ed. Cellar.*

(2) Voiez J U N I I B R U T I *Vindiciæ contra Tyrannos*, Quæft. III. pag. 99, *& feqq.*

(3) C'eft ce qu'il faut bien remarquer: car il en réfulte que la conceffion d'un Pouvoir abfolument arbitraire eft une chofe contraire à la volonté du Créateur

autres? Perſonne ſans contredit : chacun pouvoit ſeulement veiller à ſa propre conſervation, & à celle d'autrui.
Lors donc qu'ils ſe ſont joints pluſieurs
en un Corps de Peuple, afin de jouïr
en commun de leurs Droits Naturels, &
qu'ils ont pour cet effet établi ſur eux
un Chef ou un Prince ; il eſt clair qu'ils
ont eû cela en vûe, & rien autre choſe.

**6. Un Peu-
ple, *qui ſe
met à diſcre-
tion* ſous la
domina-
tion d'un
Prince, ne
lui donne
pas pour
cela une
Puiſſance
ſans bor-
nes.**

Ce ſeroit, Messieurs, ména-
ger mal le tems, que de s'étendre davantage ſur des véritez ſi claires. Il
faut aller plus loin, & ſuivre les réflexions que la matiére nous offre. Ne
ſe peut-il pas faire, dit-on, que le
Peuple aît voulu ſe ſoûmettre à une
Domination Deſpotique ? J'avoue qu'on
a vû (1) des Peuples ſe réſoudre, non
ſans beaucoup de peine, à cette fâ-
cheuſe extrémité : lors, par exemple,
qu'après de rudes échecs une Nation
aiant

teur & du Souverain Maître des Hommes , qui ordonne à chacun de ſe conſerver ſoi-même. Voiez ſur
Pufendorf, *Droit de la Nat. & des Gens*, Liv. VII.
Chap. VIII. §. 6. Note 2.
(1) Voiez-en des exemples dans Grotius, *Droit
de la Guerre & de la Paix*, Lib. I. Cap. III. §. 8. *num.*
3, *& ſeqq.* & dans Pufendorf, *Droit de la Nat. &
des Gens*, Liv. VII. Chap. VI. §. 5.
(2) C'eſt la formule dont ſe ſervent les Députez
des

aiant perdu la fleur de sa Jeuneffe, &
voiant l'Etat fur le panchant de fa
ruine, fe (2) livroit, avec fes Villes,
fes Terres, fes Temples, & tous fes
Droits Divins & Humains, entre les
mains du Vainqueur, ou de quelque
autre Peuple, à qui elle fe rendoit à
difcretion; ou lors que, dans une grande Famine, on ne trouvoit point d'autre reffource pour vivre, que de fe
donner à un autre à des conditions fi
dures; ou même lors que les affaires
fe trouvoient dans une telle fituation,
qu'on croioit que l'Etat ne pouvoit
guéres fubfifter que fous la Domination,
& la Domination Abfolue d'un feul
Homme. En ces cas-là, celui qui eft
devenu le Maître du Peuple, aura-t-il
donc lieu de croire, qu'il peut difpofer
à fa fantaifie de tout ce qui concerne
le Salut de l'Etat, & des Particuliers,
qui fe font ainfi rangez fous fes Loix?
Je

---

des *Campaniens*, dans TITE LIVE, Lib. VII. Cap.
XXXI. *Quandoquidem*, inquit, *noftra tueri adverfus vim
atque injuriam juftâ vi non vultis; veftra certè defenderis.*
ITAQUE POPULUM CAMPANUM, URBEMQUE
CAPUAM, AGROS, DELUBRA DEUM, DIVINA
HUMANAQUE OMNIA, IN VESTRAM, PATRES
CONSCRIPTI, POPULIQUE ROMANI DITIO-
NEM DEDIMUS.

(1) N.

Je vois, MESSIEURS, des gens qui
entrent dans une penſée ſi étrange, &
qui oſent ſoutenir, qu'un tel Peuple
déſormais peut être regardé comme
une troupe d'Eſclaves, ſur qui le Souverain Abſolu a tous les droits que chacun d'eux avoit auparavant ſur lui-même & ſur ce qui lui appartenoit : que
le Peuple y a conſenti par cela même
qu'il a donné au Prince un Pouvoir illimité : & qu'ainſi il ne ſauroit légitimement ſe plaindre, qu'on exige de
lui une ſoûmiſſion à laquelle il s'eſt engagé volontairement. Mais cela ne fait
rien contre moi, ſi je montre, comme il n'y a rien de plus aiſé, que même dans un Contract de cette nature
le Peuple qui ſe met à diſcrétion ſous
l'empire d'un autre, ne laiſſe pas d'a-
voir en vûe ſon propre bien : je dis
plus, que quand même il voudroit y
renoncer entiérement, il ne ſeroit pas
en ſon pouvoir de le faire. C'eſt ſans
contredit une Loi de la Nature, que
chacun recherche ce qui lui eſt utile,
& évite au contraire ce qui lui eſt nuiſible. La Providence Divine a établi
cet-

(1) *Naturalia quidem Jura, quæ apud omnes Gentes per-
æquè obſervantur, divinâ quadam providentiâ conſtituta,*
                                 ſem-

... la conſervation du Gen...
... Suite perſonne ne doit
... & quand quelqu'un vou-
... il lui ſeroit impoſſible. Si quel-
... efois l'on ſouhaite le Mal, ce n'eſt
... comme tel, mais comme une choſe où l'on ſe figure moins de deſavan-
tage ... de déſagrément, que dans une
autre dont on veut ſe délivrer. Lors,
par exemple, que l'on déſire la Mort,
après laquelle on dit communément
que les Malheureux ſoûpirent, ſi on
la demande à Dieu, ce n'eſt pas
ſous l'idée d'une choſe mauvaiſe, mais
comme la fin d'une Vie triſte & mi-
ſérable. Cela étant, oſeroit-on ſoûtenir, qu'un Homme qui s'eſt engagé à
quelque choſe où il ne va pas de moins
que de ſa perte, ſoit obligé, par la
Loi Naturelle, de tenir religieuſe-
ment une telle Convention? Certainement, de quelque manière qu'il ſe ſoit
engagé, il n'a point eu par là deſſein
de ſe perdre, mais il s'eſt propoſé un
bien qu'il croioit devoir lui revenir de
cet engagement, qui ſe trouvé néanmoins lui être funeſte. Lors donc qu'il
voit ſes eſperances fruſtrées, il eſt clair
qu'il

_____

... firma atque incondita permaneat. INSTITUT.
Lib. I. Tit. II. §. II.

L   (1) Voiez

qu'il n'a point donné fon confentement :
car il trouve ce qu'il ne cherchoit pas,
& il ne trouve pas ce qu'il cherchoit.
Ainfi il eft tenu, par la Loi Naturelle, de fuivre non ce en quoi il s'eft
trompé, & qui tend à fa ruine , mais
ce qui eft veritablement conforme à
fon interêt ; aucun Mal reconnu tel ne
pouvant être l'objet de la Volonté, ni
faire feulement la matiére de quelque
deliberation. On obferve conftamment
cette (1) maxime dans les Contraîts de
Particulier à Particulier : à combien
plus forte raifon doit-elle avoir lieu
dans les Traitez Publics, qui font fans
contredit de plus grande conféquence ?
Car, dans les prémiers, il n'y a qu'une
ou peu de perfonnes intéreffées , &
qui puiffent en fouffrir ; au lieu que
des autres dépend la confervation d'u-
ne infinité de gens. D'ailleurs , le
Corps d'un Peuple fe formant, comme
perfonne ne l'ignore , par l'union du
confentement de tous les Particuliers ;
la Raifon ne permet pas de croire,
qu'en fe joignant enfemble ils aient a-
quis fur eux-mêmes un droit que la Nature refufoit auparavant à chacun. En
effet,

(1) Voiez P u f e n d o r f , *Droit de la Nature & des*
Gens, Liv. V. Chap. XII. §. 22.

but de ceux qui ont fondé les
___ Civiles, n'a pas été d'y é-
___ les Obligations que la Loi Na-
___ imposoit auparavant à chacun,
au contraire c'est pour être en état d'y
satisfaire paisiblement, que chacun est
entré dans la confédération. Et au fond
qu'est-ce que la Loi Naturelle, si ce
n'est une Régle de la Raison, que Dieu
même a établie pour diriger les Actions
des Hommes, soit qu'ils vivent chacun
en particulier, soit qu'ils fassent partie
d'un Corps où ils se sont rassemblez
pour jouir paisiblement de leurs Droits
par leurs secours réciproques ? A moins
qu'on ne soit assez extravagant pour
s'imaginer, que les Hommes ont cessé
d'être Hommes, du moment qu'ils ont
renoncé à la Vie sauvage & grossiére
qu'ils menoient auparavant, pour goûter les douceurs de la Société, & pour
s'assûrer la jouissance de leurs Droits
Naturels, par l'établissement des Magistrats & des Tribunaux Civils. Certainement, de quelque caractère que
les Hommes soient revêtus par la Fortune, ils ne laissent pas d'être toûjours
Hommes. La Nature a tracé un certain modéle pour toutes leurs Actions

&

& toutes leurs Conventions, tant Publiques, que Particuliéres : en forte
que, dans quelque état qu'ils fe trouvent, elles n'ont de force qu'autant
qu'elles s'accordent avec cette Loi Primitive & Eternelle, & par conféquent avec la Volonté Divine : laquelle fe propofant la confervation & l'utilité de tous les Hommes fans exception, il s'enfuit néceffairement, que
toute Convention qui tend à la ruine
du Genre Humain, eft contraire à la
Loi de la Nature.

Celui qui vend fa Liberté, ne donne pas pour cela à fon Maître un Pouvoir fans bornes, dans l'ufage duquel il ne doive confulter d'autre règle que fon caprice.

Mais, dit-on, un *Particulier* peut
vendre fa Liberté : pourquoi ne feroit-
il pas permis à un *Peuple* entier de vendre la fienne? Quand je l'accorderois,
Messieurs, cela ne feroit rien au
fujet. Il n'eft pas queftion de favoir fi
celui qui s'eft lui-même dépouillé de fa
Liberté doit fe réfoudre à être Efclave ; mais fi un Peuple ou un Particulier, après avoir confenti à fon Efclavage, ne peut pas reprendre fa Liberté, lors que celui qu'il s'étoit donné
pour Maître, ufe envers lui ou par
cruauté, ou par fureur, de toutes fortes de mauvais & indignes traitemens.
Vous me direz fans doute, qu'un Efclave

... doit tout souffrir : que c'est là u-
... nécessaire de la perte de sa Li-
... , & du droit de Propriété que
... Maître a acquis sur lui ; puis que
l'Esclave n'étant pas réputé une Personne , & appartenant à son Maître
comme un Bœuf, comme un Mouton,
comme un Pommier, comme un Poi-
rier, il est permis au Maître d'en faire ce qu'il lui plaît, tout de même que
de son Bêtail, de ses Arbres, & de
ses autres biens, qu'il peut conserver
ou détruire selon que bon lui semble,
soit par raison, ou par caprice, sans
que personne ait droit de l'en empêcher. Mais, de grace, trouvez bon
que je parle franchement, c'est-là
supposer faux, & conclurre mal : &,
si vous faites usage de vôtre bon-sens,
vous n'entrerez point dans une telle
opinion, quelque grand nombre de
partisans qu'elle puisse avoir. Car, à
moins que de vouloir renverser les
véritables noms des choses, la Raison
n'approuvera jamais que l'on appelle
ce prétendu droit sans bornes, le droit
d'un Maître sur son Esclave, ou d'un
Propriétaire sur son Bien : elle nous le
fait regarder plûtôt comme une fu-

L 3

reur,

reur, née uniquement de l'orgueil des
Hommes, & entiérement oppofée au
Droit (1) des Gens, fur lequel eft fondé l'établiffement & de l'Efclavage,
& de la Propriété des Biens. Si vous
voulez me donner quelques momens
d'attention, je vais vous convaincre
par des preuves fans replique d'une
vérité fi importante & fi manifefte.
Commençons par le droit qu'a un *Maître* fur fon *Efclave*, en vertu de la *réfignation* que celui-ci lui a fait de *fa
Liberté*. A confulter les lumiéres de la
Raifon, on n'a pas plus de fujet de ne
compter pour rien un Efclave dans la
Société Humaine, qu'on n'en auroit
de regarder le Maître fur ce pié-là.
Un Efclave eft toûjours Homme: c'eft
la Nature qui l'a fait tel, mais (2) c'eft
le malheur de fa condition qui le rend
Efclave; & cela arrive en différentes
ma-

(1) L'Auteur, fuivant les idées des Jurifconfultes
Romains, entend par le *Droit des Gens*, ce que la néceffité & les befoins de la Vie ont fait établir parmi
prefque toutes les Nations, conformément aux lumiéres de la Raifon Naturelle. *Quod verò Naturalis
Ratio inter omnes Homines conftituit, id apud omnes pera-
que cuftoditur: vocaturque* JUS GENTIUM, *quafi quo
Jure omnes Gentes utantur.... Jure Gentium Servitus in-
vafit.... ex hoc Jure..... Dominia diftincta.* DIGEST.
Lib. I. Tit. I. *De Juftitia & Jure,* Leg. IV. IX.
(2) *Nec Natura ullis, fed Fortuna Dominum dedit.*
QUIN-

me..... (3) L'un, après avoir été vain-
.... les armes, est tenu lié, ou en
..... l'autre a la liberté de son Corps,
... sa parole. A l'égard du prémier, le
droit de la Guerre demeure dans toute
sa force entre lui & son Vainqueur, n'y
aiant point de Convention qui l'ait fait
cesser : car aucun des deux ne se fie à
l'autre, & c'est pour cela que le Vainqueur tient le Vaincu lié, ou en prison:
en un mot l'Esclave ne s'est engagé à
rien envers son Maître, ni le Maître
envers son Esclave. Ainsi ils ont chacun réciproquement les mêmes droits,
ils font tous deux dans l'Etat de Nature, tous deux indépendans, tous deux
Juges & Vengeurs des injures qu'on
leur fait. De sorte que, si le Maître
veut châtier son Prisonnier, ou le tuer
même, il ne fait qu'user du droit de
la Guerre : mais, d'autre côté, le Pri-
son-

QUINTILIAN. Declam. XIII. pag. 188. Ed. Lugd.
Bat. DICAT (Albutius) neminem natura Liberum esse,
neminem servum: hæc postea nomina singulis imposuisse For-
tunam. SENECA Controv. Lib. III. Contr. XXI. p. 216.
Ed. Gron. Quod attinet ad Jus Civile, Servi pro nullis ha-
bentur : non tamen & Jure Naturali: quia, quod ad Jus
Naturale attinet, omnes Homines æquales sunt. ULPIAN.
Digest. Lib. L. Tit. XVII. De diversis Regul. Juris. Leg.
XXXII.

(3) Voiez PUFENDORF, Droit de la Nature & des
Gens, Liv. VI. Chap. III.

L 4   (1) Voiez.

sonnier à son tour peut, selon le Droit
des Gens, se délivrer des mains de son
Ennemi ou par la fuite, ou par la force, selon qu'il en trouve l'occasion.
Que si quelcun est devenu Esclave non
par un pur effet de la violence, mais
en conséquence d'une parole donnée,
soit que n'aiant pas dequoi subsister il
se soit lui-même choisi un Maître, qui
a acheté sa Liberté pour le prix dont
ils sont convenus ensemble; soit que
son Vainqueur lui aît donné la vie, à
condition qu'il seroit Esclave : en ce
cas-là même l'engagement où il entre
ne tend pas uniquement à l'avantage
du Maître, il se rapporte aussi à l'intérêt de l'Esclave. En effet, chacune
des Parties a eu alors en vûe son propre bien, comme cela a lieu dans toutes les Conventions. L'Esclave, pour
sauver sa vie, s'est engagé à servir son
Maître : & le Maître, de son côté,
lui a promis la vie, pour profiter de
son service; de sorte que chacun y trouve son compte. Comme donc l'Esclave est tenu de servir son Maître ; de
même le Maître est indispensablement
obligé, par le Droit des Gens, de donner la Vie à son Esclave. Que si le
Maî-

Maître manque à ses engagemens, &
qu'il maltraite si fort son Esclave, que
la Vie devienne pour celui-ci un supplice, & un supplice plus cruel que la
Mort même; l'Esclave est alors quitte
de toute obligation, puis qu'il ne s'é-
toit engagé que pour son bien, & nullement pour rendre sa condition insupportable. Etant donc rentré dans les
droits de l'Etat de Nature, il peut ou
se sauver, ou tuer même son Ennemi.
En voilà assez pour ce qui regarde le
Pouvoir d'un Maître, considéré comme celui en faveur duquel l'Esclave s'est
dépouillé de sa Liberté.

Venons maintenant aux droits du
Maître, entant qu'il est *Propriétaire* de
son *Esclave*. Et ici je vois que l'on
est, dirai-je dans une pareille erreur,
ou dans un semblable aveuglement? car
il n'est pas certainement de l'intérêt
d'un Propriétaire, de détruire lui-même son Bien. Je n'ai pas besoin d'en
aller chercher bien loin des preuves:
considérez seulement dans quelle vûe
la Raison a inspiré aux Hommes d'introduire la Propriété des Biens. Est-ce
qu'elle a voulu qu'on assignât à chacun
sa portion distincte, afin que le Pro-

priétaire pût diffiper fon Bien à fa fantaifie ? Point du tout. Elle s'eft pro-
pofée que chacun fût en état de fe fervir paifiblement, & comme il le jugeroit à propos, pour fa confervation,
des chofes que la Nature offroit à tous
en commun. Si donc un Propriétaire
prodigue ou détruit fon Bien fans néceffité, c'eft à lui à voir comment il
pourra juftifier une telle conduite : car,
dans l'efprit des perfonnes fages & at-
tachées à fuivre exactement la Loi Naturelle, il paffera pour un Sot ou pour
un Fou, & non pas pour un Homme
Riche ou Magnifique. Y a-t-il, en
effet, rien de plus abfurde ou de plus
honteux, que de prétendre qu'une chofe nous appartienne, parce qu'elle eft
devenue nôtre en vertu d'un titre fondé fur la Raifon Naturelle; &, lors
qu'on la poffède enfuite, de la brûler,
de la gâter, ou de la faire périr, en
for-

(1) Voiez CICER. *de Invent.* Lib. II. Cap. L. &
Tufcul. Quaft. III, 5. & DIGEST. Lib. XXVI. Tit IV.
De legitimis Tutoribus. Leg. I. & INSTITUT. Lib. I.
Tit. XXIII. *De Curatoribus.* La Loi des XII. Tables ô-
toit auffi aux Prodigues l'adminiftration de leurs Biens.
*Lege XII. Tabularum Prodigo interdicitur bonorum fuorum
adminiftratio.* DIGEST. Lib. XXVII. Tit. X. *De Cura-
toribus &c.* Leg. I.
(2) C'eft là définition que le Droit Civil donne.
Sed

faire qu'elle ne nous soit plus d'aucun
usage? Et ce n'est pas seulement le
Bon-Sens qui condamne un tel abus:
le Droit Civil même s'y oppose quelquefois. En effet, n'est-ce pas pour
cela que la (1) LOI DES DOUZE
TABLES donnoit des Tuteurs aux
Pupilles, & des Curateurs aux Insen-
fez? N'est-ce pas pour cela que la *Loi
Létorienne* ordonnoit, que les Prodigues, (2) qui dissipent tout mal-à-
propos & sans régle ni mesure, fussent
dépouillez par le Juge de l'administration de leurs Biens, & mis sous cura-
telle entre les mains de leurs Parens?
N'est-ce pas pour cela que l'Empereur
MARC AURÈLE, ce Prince si religieux observateur de la Justice, considérant le peu de conduite de la Jeu-
nesse, voulut le prémier, que déformais tous les Jeunes Gens eussent des
Curateurs (3), sans qu'on fût obligé
d'en

---

*Sed solent hodie Prætores vel Præsides, si talem hominem in-
venerint, QUI NEQUE TEMPUS NEQUE FINEM
EXPENSARUM HABET, SED BONA SUA DILA-
CERANDO ET DISSIPANDO PROFUNDIT, Cura-
torem ei dare, exemplo Furiosi.* DIGEST. Lib. XXVII.
Tit. X. Leg. I.

(3) *De Curatoribus verò, cùm ante nonnisi ex Lege Læ-
toria vel propter lasciviam, vel propter dementiam darentur,
ita statuit [M. Antoninus] ut omnes adulti Curatores acci-*

L 6   pe-

d'en rendre d'autre raifon que leur âge :
au lieu qu'auparavant on n'en donnoit
que pour caufe de Démence, ou de
Débauche, felon la *Loi Létorienne?*
Ces fages Legiflateurs ont bien vû,
qu'il étoit de l'intérêt public, de ne
pas laiffer au Propriétaire même le ma-
nîment de fes Biens, tant qu'il feroit
dans un âge ou dans une fituation d'efprit qui le porteroit à ruiner fon Pa-
trimoine, au lieu d'en prendre foin &
de le gouverner en bon Econome?

Je n'ignore pas, MESSIEURS,
que, felon le Droit Civil, un Maître
avoit autrefois droit de Vie & de Mort
fur fon Efclave. Mais le but de ceux
qui avoient fait cette Loi, n'étoit pas
d'autorifer les Maîtres à abufer de leur
pouvoir : on voulut feulement tenir
par là dans la crainte les Efclaves fri-
pons & mutins, qui avoient befoin d'u-
ne difcipline un peu févére ; & l'on
crut ne pouvoir en remettre le foin à
perfonne qui s'en aquittât mieux que
les Maîtres mêmes, qui avoient le plus
grand intérêt à corriger leurs Efclaves,
&

terent; non redditis caufis. JUL. CAPITOLIN. Cap. X.
Voiez VINNIUS fur les *Inftitues*, Lib. I. Tit. XXIII.
§. 2.

(1) Voiez

& leur conferver la vie. C'eſt ainſi que les Loix rendirent ſacrée & inviolable l'Autorité Paternelle, (1) en donnant aux Péres droit de Vie & de Mort ſur leurs Enfans: non qu'elles voulûſſent qu'un Pére mît des Enfans au monde, pour leur ôter enſuite lùi-même à ſa fantaiſie le jour qu'ils tenoient de lui, mais, comme l'Education des Enfans eſt une choſe fort délicate & fort difficile, on laiſſa aux Péres tout le poûvoir né-ceſſaire pour imprimer du reſpect à leurs Enfans. D'ailleurs, on fit réfle-xion, que l'avantage même des En-fans demandoit qu'il y eût quelcun qui dirigeât l'ardeur bouillante de la Jeu-neſſe : & il n'étoit point à craindre que les Peres traitaſſent leurs Enfans avec trop de rigueur, eux qui ne péchent ordinairement que par une trop grande indulgence. Mais comme on vit dans la ſuite, qu'il y avoit des Péres & des Maîtres qui abuſoient de leur pouvoir, & qui, au lieu de l'exercer avec affec-tion, (2) ſelon l'intention de la Loi, en uſoient avec cruauté: on modéra non ſeu-

(1) Voiez PUFENDORF, Liv. VI. Chap. II. §. II.
(2) *Nam Patria Poteſtas in pietate debet, non atrocitata,*

L 7

seulement l'Autorité des Péres, mais
on établit même des Juges qui connoif-
foient des plaintes des Efclaves, (1) &
qui, lors qu'un Efclave avoit éprouvé
de la part de fon Maître des cruautez,
de mauvais traitemens, & des infamies infupportables, obligeoient le
Maître à le vendre, & cela fans qu'il
pût faire un marché defavantageux à
l'Efclave. Bien plus : *Antonin le Pieux*
ordonna, que fi quelcun tuoit fon propre Efclave, fans que celui-ci lui en
eût donné un jufte fujet, il feroit foûmis à la Peine que la *Loi Cornélienne*
décernoit contre les Affaffins, tout de
même que s'il avoit tué un Efclave
d'autrui. Puis qu'en fuivant les maximes de la Raifon on a jugé à propos
de mettre ainfi des bornes à l'Efclavage des Particuliers ; pourquoi n'auroit-
on

___

confiftere. DIGEST. Lib. XLVIII. Tit. IX. *De Lege
Pompeia, de Parricidiis*, Leg. V.
(1) *Sed hoc tempore nullis hominibus, qui fub Imperio
noftro funt, licet fine caufa Legibus cognita, in Servos fuos
faevire. Nam ex Conftitutione* Divi Antonini, *qui fine caufa Servum fuum occiderit, non minus puniri jubetur, quàm
fi alienum Servum occiderit...... Praecepit, ut fi intole-
rabilis videatur faevitia Dominorum, cogantur Servos fuos
bonis conditionibus vendere.* INSTITUT. Lib I. Tit. VIII.
De his qui fui, vel alieni juris funt, §. 2. Voiez ce qui
fuit, où l'on trouve les propres termes du Refcript
d'*Antonin*. Parmi les *Athéniens*, les Efclaves qui e-
foient

que la même équité pour une Nation Esclave?

JE VOULOIS finir ici, MES-
SIEURS; car ce que j'ai dit me paroît suffire pour décider la Question
dont il s'agit. Mais voici une nouvelle
batterie dressée par des Savans du prémier ordre, qui soûtiennent qu'un Prince, à qui l'on a déféré la Souveraineté
purement & simplement, sans rien sti-
puler de lui, & à plus forte raison celui à qui l'on s'est soûmis comme à un
Maître Absolu, est entiérement au dessus des Loix. & ils croient le prouver
invinciblement par l'exemple des Empereurs Romains, qui regnoient sur ce
pié-là, comme il paroit, dit-on, &
par le témoignage formel de (2) DION
CASSIUS, & par des déclarations au-
thentiques du Droit Civil: car qui ne
fait

SECONDE
PARTIE, où
l'on traite
*du vrai sens
de la* LOI
ROIALE *du
Peuple Ro-
main.*
1. Quand il
seroit vrai,
que les
Empereurs
Romains
fussent au
dessus des
Loix, cela
ne tireroit
pas à con-
séquence
pour tous
les Princes,

---

toient maltraitez par leur Maître, avoient action en
Justice contre lui; & si les plaintes des Esclaves paroissoient bien fondées, on obligeoit le Maître à les
vendre à quelque autre Maître plus doux. Voiez l'AR-
CHEOLOGIA GRÆCA de *Potter*, Lib. I. Cap. X. &
le Recueil des LOIX ATTIQUES fait par *Samuel Petit*, Lib. II. Tit. VI. comme aussi ATHENÉE, Lib.
VI. p. 266, 267. *Edit. Casaub.*

(2) Λέλυνται γὸ δὴ τ νόμων, ὡς αὐτὰ τὰ Λατινικὰ
ῥήματα λέγει, τῦτ ἐςτι, ἐλεύθεροι ὑπὸ πάσης ἀναγκαίας
φυλάξεως εἰσι, Hist. Lib. LIII. pag. 532. E. *Edit. H.
Steph.*

(1) *Prin-*

fait que, dans le DIGESTE, on trouve ces paroles d'*Ulpien*, docte & grave Jurisconsulte: (1) *Le Prince est dé-*
chargé de l'obligation d'observer les Loix:
& pour ce qui est de l'Impératrice, quoi
que par elle-même elle ne soit pas au des-
sus des Loix, le Prince son Epoux lui
communique ses privileges. Nous voilà
donc renvoiez au Droit Civil, aux Loix
du Peuple Romain! Mais il faut ici
des raisons, & non pas des autoritez.
Car puis qu'il s'agit du Pouvoir des
Souverains en général, il ne sert de
rien d'alléguer les Loix de quelque Etat
particulier; on doit chercher celles de
cette grande République, qui n'a d'autres bornes que le chemin du Soleil.
Cependant si quelcun veut à quelque
prix que ce soit en appeller au Droit
Civil, quoi que j'aie eû raison de le re-
cuser d'abord, j'y consens, je veux
bien maintenant le reconnoître pour
Juge.

(1) *Princeps Legibus solutus est : Augusta autem, licet*
Legibus soluta non est, Principes tamen eadem illi privile-
gia tribuunt, quæ ipsi habent. DIGEST. Lib. I. Tit. III.
De Legibus &c. Leg. XXXI. ex *Ulpiano* Lib. XIII. *ad*
Legem Juliam & Papiam. Voiez *Cujas*, Observat. *Lib.*
XV. *Cap.* XXX.

(2) Mr. NOODT a en vuë ici ce beau passage de
CICERON: *Est quidem vera Lex, recta Ratio, natura*
congruens.... Huic Legi nec obrogari fas est, neque dero-
gari ex hac aliquid licet, neque tota abrogari potest. Nec ve-

to

Car je ne saurois me persuader, qu'un Jurisconsulte aussi éclairé qu'ULPIEN, & d'une intégrité aussi connue que la sienne, ait voulu, par une flatterie si lâche & si mal fondée, corrompre ici d'une maniére funeste aux Hommes, les Régles de cette belle Science, qu'il rapportoit d'ailleurs avec tant de soin à l'avantage du Genre Humain.

Mais ne dit-il pas en termes exprés, que *le Prince est déchargé de l'obligation d'observer les Loix?* Cela est vrai: la question est de savoir, s'il entend parler des *Loix Civiles*, ou des *Loix Naturelles.* Il n'excepte rien, direz-vous. Mais n'y a-t-il pas une Loi primitive & fondamentale, (2) vraie & juste par elle-même, dont il n'est pas plus permis de rien retrancher, que de l'abolir entiérement; qui ne sauroit être abrogée (2) ni par un Arrêt du Sénat, ni par une Ordonnance du Peuple;

2. ULPIEN n'entend pas parler des *Loix Naturelles,* lors qu'il dit, que le Prince n'est pas obligé d'observer les Loix.

---

re aut per Senatum, aut per Populum, solvi hac Lege possumus, nec erit alia Lex Romæ, alia Athenis, alia nunc, alia postea: sed & omnes Gentes, & omni tempore, una Lex, & sempiterna, & immortalis continebit; unusque erit communis quasi Magister & Imperator omnium Deus ille, Legis hujus inventor, disceptator, lator &c. CICER. apud Lactant. Lib. VI. Cap. VIII. Voiez ce que dit nôtre Auteur, dans ses *Probabilia Juris,* Lib. II. Cap. XI.

(1) Voiez

ple; & qui étant établie par la Providence Divine, eſt éternelle, conſtante, immuable, d'une obligation indiſpenſable en tout tems & en tout lieu, impoſée à toutes les Nations & à tous les Hommes ſans exception? Je veux, dites-vous, que le Prince ſoit obligé, par rapport à Dieu, d'obſerver la Loi Naturelle: mais il ne s'enſuit point de là, que les Sujets aient droit de l'y contraindre; ainſi on peut dire véritablement à cet égard, qu'il eſt *au deſſus des Loix*, puis que, quoi que la Vertu & la Bienſéance l'engagent à les obſerver, il n'eſt pas permis à ſes Sujets de rien entreprendre contre lui, lors qu'il les viole. Vous donnez donc à une licence effrénée les mêmes priviléges qu'à la conduite la plus légitime? Vous prétendez donc, que parce que *Néron* ne craignoit pas les Loix, il étoit en droit de faire empoiſonner ſon Frere (1) *Britannicus?* Dites auſſi ſur ce même principe, qu'un Brigand, qui, par ſa force ou par ſon adreſſe, trouve le moien d'éviter

la

_____

(1) Voiez la Vie de *Néron*, dans S u e' t o n e, Cap. XXXIII.

(2) *Non omne, quod licet, honeſtum eſt.* D i g e s t. Lib.

la peine, a droit de détrousser & de tuer
les passans. En vérité, je suis fâché
pour l'amour de ceux contre qui je dispute, qu'ils osent tenir un langage comme celui-là, qui approche fort de l'impiété. Je n'ignore pas, MESSIEURS,
que tout ce qui est permis par (2) les
Loix, n'est pas conforme aux Régles
de l'Honnête; & que tout ce qui est
Honnête, n'est pas prescrit par les Loix
sous quelque peine. Mais cette distinction n'a été faite qu'en faveur de la vile
Populace, qui, à cause de son ignorance, de sa grossiéreté, de sa stupidité & de sa paresse, est dispensée par là
d'atteindre au plus haut point de Vertu & de Sagesse, & non pas autorisée
à commettre, sans crime & sans infa-
mie, des excès de débauche, des méchancetez, ou des fourberies. Du
reste, cela ne regarde nullement ceux
qui se piquent d'être Sages ou Gens de
bien; & moins encore le Prince, dont
le haut rang demande qu'il ne se croie
permis, je ne dirai pas, rien de honteux & de criminel, mais rien qui ne
soit

Lib. L. Tit. XVII. De div. Reg. Jur. Leg. CXLIV. Voiez
ce que l'Auteur dira dans le Discours suivant, vers la
fin de la I. Partie.

(1) Nam

foit beau & honnête, rien en un mot
qui ne foit digne de lui. Car étant é-
tabli ici-bas, en la place de Dieu, pour
Gardien de la Loi Naturelle, & pour
Juge de ce qui concerne cette Utilité modérée, fage, & falutaire, dans
laquelle confifte la Vertu & l'Honnête; de quel front oferoit-il s'attribuer
le privilége de faire quelque chofe de
contraire aux Régles de l'Honnêteté,
c'eft-à-dire, de l'Utilité vraie & folide ? Mais heureufement ULPIEN
lui-même, du fentiment de qui il s'agit
entre nous, eft tout-à fait dans cette
penfée, comme il le donne à entendre
dans les exemples fuivans: (1) *Lors*, dit-
il, *que l'on permet de faire quelque chofe
dans un Lieu Public*, IL NE FAUT LE
PERMETTRE QU'AUTANT QUE
CELA PEUT SE FAIRE SANS
CAUSER DU PRÉJUDICE A' PER-
SONNE: ET C'EST AINSI QU'EN
USE ORDINAIREMENT LE PRIN-
CE, *lors qu'on lui demande la permiffion*
d'en-

---

(1) *Nam quotienfque aliquid in publico fieri permittitur,*
ita oportet permitti, ut fine injuria cujufquam fiat : & ita
folet Princeps, quotiens aliquid novi operis inftituendum pe-
titur, permittere. DIGEST. Lib. XLIII. Tit. VIII. *Ne*
quid in loco publico, vel itinere fiat, Leg. II. §. 10.
(2) *Si Imperator fit Heres inftitutus, poffe inofficiofum*
dici

prendre quelque nouvel Ouvrage.
Le même Jurisconsulte dit ailleurs, que,
(1) si un Père institue l'Empereur son Hé-
ritier, au préjudice de ses Enfans, ceux-
ci peuvent faire casser le Testament, &
que les Empereurs eux-mêmes l'ont fort
souvent déclaré par des Rescripts. D'où il
paroît, que, selon les idées d'ULPIEN,
le Prince n'est pas moins indispensablement tenu à l'observation des Loix
Naturelles, qu'un simple Particulier.

Je vais plus loin, je soûtiens,
MESSIEURS, qu'il est aussi obligé
d'observer les Loix Civiles. On se re-
criera sans doute là-dessus: mais rien
n'est plus facile que de le faire voir d'u-
ne maniére convaincante. C'est ce que
témoignent manifestement des Rescripts (1) d'HADRIEN & d'ALE-
XANDRE SEVERE, au sujet de la
Loi Falcidienne. Le même ALEXAN-
DRE fait mention ailleurs de la LOI
DE L'EMPIRE, c'est-à-dire, de celle que l'on appelloit autrement la LOI
ROMA-

3. Bien plus: les Empereurs Romains n'étoient pas même dispensez d'observer toutes les *Loix Civiles.*

---

dici Testamentum, sæpissimè rescriptum est. DIGEST. Lib.
V. Tit. II. De inoffic. Testam. Leg. VIII. §. 2.
(1) Et in legatis Principi datis Legem Falcidiam locum habere, meritò Divo Hadriano placuit. IMP. ALEXAN-
DER, Cod. Lib. VI. Tit. L. Ad Leg. Falc. Leg. IV.

(1) En

ROIALE, (1) & il dit, que par cette Loi l'Empereur étoit dispensé, non pas, à mon avis, de se conformer à toutes les Loix Civiles, mais seulement de maintenir scrupuleusement les formalitez du Droit, lors qu'en vertu de son Autorité il jugeroit à propos de faire de meilleurs réglemens: car du reste il prétend que l'Empereur doit être regardé comme un simple Citoien, & que, dans les affaires de la Vie Civile, il n'est pas moins tenu, que les autres, d'observer les formalitez prescrites par les Loix, tant que ces Loix subsistent. C'est pour cela qu'il remarque, *qu'on a souvent décidé, que l'Empereur même ne peut pas hériter en vertu d'un Testament imparfait.* Et il en rend la raison: *C'est,* ajoûte-t-il, *qu'encore que, par la* LOI DE L'EMPIRE, *l'Empereur soit dispensé de laisser subsister inviolablement les formalitez du Droit, il n'y a rien néanmoins de si*

in-

(1) *Ex imperfecto Testamento nec Imperatorem Hereditatem vindicare posse, sæpe constitutum est. Licet enim* LEX IMPERII *solennibus Juris Imperatorem solverit; nihil tamen tam proprium Imperii est, quàm Legibus vivere.* COD. Lib. VI. Tit. XXIII. *de Test.* &c. Leg. III. Voiez ce que dit l'Auteur dans ses *Observations* (publiées en 1706. & rimprimées en 1713. dans le Recueil de ses Œu-

inséparablement attaché au caractére de la Puissance Souveraine, que de vivre selon les Loix. On trouve aussi les paroles suivantes dans un Rescript de THÉODOSE & de VALENTINIÈN: (2) C'EST UNE CHOSE DIGNE DE LA MAJESTE' DU SOUVERAIN, QU'UN PRINCE SE RECONNOISSE LUI-MEME ASTREINT À SUIVRE LES LOIX! DE SORTE QUE NÔTRE AUTORITE' MEME EST SOÛMISE A' L'AUTORITE' DU DROIT. *Et en effet, soûmettre sa volonté aux Loix, est pour un Prince quelque chose de plus grand, que la Souveraineté même. Nous déclarons donc par le présent Edit, ce que nous jugeons ne nous être pas permis.* Voilà le langage d'un Prince qui se fait une juste idée de son Pouvoir. Car les Loix Civiles sont établies pour le Bien Public, & on ne sauroit raisonnablement en faire aucune qui ne se rapporte

te

Oeuvres) Lib. I. Cap. IV.

(2) *Digna vox est majestate Regnantis,* LEGIBUS ALLIGATUM SE PRINCIPEM PROFITERI. *Adeo de auctoritate Juris nostra pendet auctoritas. Et re vera majus Imperio est, submittere Legibus Principatum. Et oraculo præsentis Edicti, quod nobis licere non patimur, indicamus.* COD. Lib. I. Tit. XIV. *De Legibus* &c. Leg. IV.

(1) *Quod*

te à ce but; le Droit Civil n'étant autre chofe (1) que ce que chaque Peuple
juge utile à fon Etat. Or le Prince eft
chargé du foin de veiller & de pourvoir à ce qui concerne le Bien Public:
pourquoi ne feroit-il donc pas lui-même foûmis aux Loix Civiles, qu'il re-
connoit être avantageufes à l'Etat?
Mais, direz-vous, il eft le Prince, c'eft-
à-dire, le prémier de l'Etat. Ajoûtez,
fi vous voulez, qu'il en eft le Chef,
ou bien, qu'il eft l'Ame des Citoiens:
il ne laiffe pas pour cela de faire partie de la Société Civile: en vertu dequoi donc ne devroit-il pas conformer
fes actions au Bien Public, comme
tous les Citoiens y font indifpenfablement obligez? C'étoit-là l'opinion des
Anciens, comme il paroît par ce que
rapporte un Hiftorien en parlant du
Mariage de l'Empereur *Claude* &
d'*Agrippine*, qui étoit alors regardé
com-

---

(1) *Quod quifque Populus ipfe fibi Jus conftituit*, (il
faut foufentendre ici, *ufu exigente*, comme il paroit
par la définition du D r o i t d e s G e n s) *id ipfius proprium Civitatis eft, vocaturque* J u s C i v i l e, *quafi Jus
proprium ipfius Civitatis.* I n s t i t. Lib. I. Tit. I. §. 1.

(2) C. Pompeio, Q. Veranio C o s s. *pactum inter
Claudium & Agrippinam matrimonium, jam fama, jam
amore inlicito firmabatur, necdum celebrare folennia nu-
ptiarum audebant, nullo exemplo deducta in domum Patrui
fra-*

comme incestueux par les Loix Civiles : (2) *Sous le Consulat de* C. Pompeius *&* de Q. Véranius, *quoi que le Mariage fût conclu & arrêté entre* Claude *&* Agrippine, *que la Renommée le publiât, & que leurs caresses en donnassent des assûrances; ils n'osoient encore le célébrer ouvertement, parce qu'on n'avoit jamais vû à* Rome *un Oncle épouser sa Niéce. Ils étoient même frappez de l'idée de l'Inceste, & ils craignoient que les Dieux ne le punissent par quelque calamité publique. Ces difficultez les empêchérent de passer outre, jusques à ce qu'enfin* Vitellius *entreprit de les lever par ses artifices. Il demanda donc à l'Empereur,* s'il ne se rendroit pas à la volonté du Peuple, & à l'autorité du Sénat : *& comme* Claude *eût répondu,* qu'ETANT DU NOMBRE DES CITOIENS, IL NE POUVOIT PAS S'OPPOSER A LEUR CONSENTEMENT; *il lui dit*

<hr/>

fratris Filia. Quin & incestum, ac si sperneretur, ne in malum publicum erumperet, metuebatur. Nec ante omissa cunctatio, quàm Vitellius *suis artibus id perpetrandam sumpsit. Percunctatusque Cæsarem, an jussis Populi, an auctoritati Senatûs cederet ? ubi ille unum se Civium, & consensui imparem respondit, opperiri intra Palatium jubet.* TACIT. Annal. Lib. XII. Cap. V. *num.* I, 2, 3.

M   (1) L'Audit d'attendre dans son Palais la réponse qu'on feroit là-dessus. C'est ce que nous apprend TACITE.

Preuve de cela, à l'égard d'*Auguste*.

Cependant, direz-vous, l'autorité d'ULPIEN n'en est pas moins expresse : elle porte en termes généraux, que *le Prince est déchargé de l'obligation d'observer les Loix*. Fort bien : mais je demande, quand & par quelle Loi en a-t-il été exemté ? C'est, dit-on, par la LOI ROIALE, faite sous *Auguste*; car alors le Peuple Romain transféra à lui & en sa personne tout son Empire & tout son Pouvoir. Mais, qui que vous soyiez qui vous fondez là-dessus, sâchez que ce que la plûpart des Empereurs, depuis *Auguste*, ont reçû par un seul Arrêt du Sénat (1) ou une seule Loi, que les anciens Jurisconsultes appellérent ensuite la LOI ROIALE ou la LOI DE L'EMPIRE; *Auguste* le reçût sous un autre nom, & par plusieurs Loix ou Ordonnances du Sénat, faites en divers tems. Si cela vous surprend, considérez avec attention la suite

---

(1) L'Auteur parle ainsi, à cause que, la distinction ancienne entre les *Loix* & les *Arrêts du Sénat* étant alors abolie ; on appelloit tantôt *Loi*, & tantôt *Arrêt du Sénat*, tout Réglement ou toute Ordonnance

fuite de la Vie d'*Augufte*; parcourez tous fes Confulats, felon l'ordre dans lequel DION CASSIUS les rapporte; vous trouverez, je m'affure, qu'il n'y a rien de plus vrai. Je pourrois le montrer par un grand nombre de preuves, fi je n'avois été prévenu par * un Excellent Homme, qui a été un grand ornement & de cette Univerfité, & de toute la République des Lettres, où fa mémoire fera éternellement en bénédiction. J'ajoûterai feulement une chofe, qui n'a été remarquée ni par cet Illuftre Savant, ni par aucun autre; c'eft que, quelle qu'aît été l'Ordonnance du Sénat par laquelle *Augufte* fut exemté de l'obfervation des Loix, ce n'eft pas la même que celle en vertu dequoi il fut élevé à l'Empire. Car, fi l'on en croit † DION, l'Empire lui fut déféré à fon feptiême Confulat; au lieu que, felon le même ‡ Auteur, le Sénat ne le déchargea de l'obfervation des Loix qu'au dixiême Confulat. Alors il ne fut pas même mis au deffus

de

* *Jean Frederic Gronovius*, dans fa Harangue *de la Loi Roiale*, jointe à cette nouvelle Edition.

† *Lib.* LIII. pag. 569.

‡ *Lib.* LIII. pag. 590.

ce fur les affaires générales, tant publiques, que particuliéres. Voiez la Harangue de GRONOVIUS, fur la fin.

M 2   (1) Voiez

de toutes les Loix, mais d'une seule,
je veux dire, de la *Loi Cincienne*; quoi
que DION s'exprime ici en termes trop
généraux. Je me fonde sur la narration
même de cet Historien. Car en parlant
de la raison pourquoi le Sénat dispensa
Auguste d'observer les Loix, il dit
qu'aiant promis de donner au Peuple
une somme pour être distribuée à tant
par tête, il feignoit de ne pouvoir tenir sa parole sans l'approbation du Sénat : de sorte que, pour l'autoriser à
faire des libéralitez qui alloient au delà de ce que permettoit la (1) *Loi Cincienne, le Sénat l'exemta de l'observation
des Loix* (2). Cette expression, selon
l'usage des *Romains*, ne se devoit entendre que de la *Loi Cincienne*: mais
DION, qui étoit *Grec* de Nation,
l'étendit à toutes les Loix généralement, soit par ignorance, ou par flatterie, toûjours sans aucune raison. Il
y aura sans doute, MESSIEURS, des
gens

(1) Voiez le Commentaire de FRIDERIC BRUM-
MER sur cette Loi, qui vient d'être rimprimé en
1712. à *Leipsig*.
(2) Καὶ ἐπειδὴ .... τῷ Δήμῳ καθ' ἑκατὸν δραχμὰς
δώσειν ὑπέσχετο, τό, τε γράμμα τὸ περὶ αὐτῶν ἀπηγό-
ρευσε μὴ πρότερον ἐκτεθῆναι, πρὶν ἂν καὶ ἐκείνη [τῇ
Βουλῇ] συνδόξῃ· πάσης αὐτὸν τ̃ ῆ νόμων ἀνάγκης ἀπήλ-
λαξαν

gens qui me trouveront un peu bien
hardi & bien opiniâtre, d'ofer, dans
un fait ancien, & de l'Hiftoire Romaine, démentir un Conful Romain & un
Hiftorien célebre. Mais j'aime mieux
contredire DION, que la Vérité : car
il * avoue lui-même, que le Sénat, en
déchargeant *Augufte* de l'obfervation de
la *Loi Cincienne*, fe fervit de l'expreffion que j'ai rapportée; or je ferai voir
un peu plus bas, que les Anciens n'en-
tendoient point par là une exemtion
de toute Loi Divine & Humaine, mais
d'une feule Loi, favoir de celle dont
il s'agiffoit. Ajoûtez à cela, que l'année fuivante (3) DCCXXXI. de la fondation de *Rome*, c'eft-à-dire, fous le
onziéme Confulat d'*Augufte*, le Sénat,
au rapport de † DION, revêtit ce
Prince à perpétuité de la Puiffance du
Tribunat ; & lui permit de plus de
propofer (4) ce qu'il lui plairoit toutes
les fois que le Sénat fe tiendroit, en-

core

* *Lib.*LIII.
pag. 582, &
590.

† *Ibid.* pag.
594.

λαξαr &c. Pag. 590, 591. *Edit. H. Steph.*
(3) Selon l'Ere de *Varron*, que DION fuit ; ou
DCCXXIX. felon l'Ere de *Caton*, que d'autres préfé-
rent.
(4) Voiez ce que j'ai dit là-deffus, fur la Harangue
de GRONOVIUS, pag. 48. *Not.* I.

core même qu'il ne fût pas Conful.
Il ordonna encore, qu'*Augufte*, en entrant à *Rome* ne fe démettroit pas de
l'Autorité de Proconful ; & qu'il n'auroit pas befoin d'y faire renouveller fa
commiffion. Enfin, il voulut que,
quand *Augufte* feroit dans les Provinces, il y eût plus de pouvoir que les
Gouverneurs même. Tout cela ne don-
ne-t-il pas à entendre clairement, que
l'on déchargeoit alors l'Empereur de
l'obfervation de quelques Loix du Droit
Public, auxquelles il étoit foûmis auparavant ? Comment eft-ce donc que
D i o n a pû écrire, qu'il avoit été difpenfé de toutes les Loix dans un de fes
Confulats précédents ? Pour ne pas dire, qu'au rapport du même † Hiftorien, fous le Confulat de *C. Sentius*, &
de *Q. Lucretius*, c'eft-à-dire, l'an de *Rome* D C C X X X V. on accorda entr'autres
chofes à *Augufte* la permiffion de tout
réformer, comme il le jugeroit à propos ; de faire telles Loix que bon lui
fem-

† *Lib.* LIV.
pag. 604

___

(1) Cet Empereur, pour amaffer de l'argent, voulut que tous ceux qui avoient légué quelque chofe par
teftament à *Tibére*, & qui lui avoient furvêcu, fiffent
les mêmes legs à lui *Caligula*. Mais comme il n'avoit
ni Femme ni Enfans, & que par un article de la *Loi
Julienne & Papienne* on ne pouvoit hériter en ce cas-là
que

sembleroit, & de leur donner son nom : ce qui seul suffiroit pour faire voir, qu'il n'avoit pas encore le droit de rien faire contre les Loix. Je trouve aussi dans DION un autre fait bien remarquable; c'est qu'en parlant du régne de *Caligula*, il dit (1) que pour autoriser ce Prince à agir contre la *Loi Julienne & Papienne*, à l'égard des biens sujets au Droit d'Aubaine, il fallut que le Sénat l'exemtât de cette Loi : à quoi bon cela, si *Auguste* & *Tibére* avoient déja eu le privilége de passer par dessus toutes les Loix?

Il est donc clair, quoi qu'en dise DION, & d'autres après lui, qu'*Auguste* ne fut pas dégagé de l'observation de toutes les Loix, mais seulement de celles dont le Sénat le dispensa nommément : & que du reste il étoit tenu d'observer les autres, comme un simple Citoien. Tous ses Successeurs eurent le même droit, & rien davantage. Car qu'est-ce qu'on leur donna? L'Em-

que de ses proches ; le Sénat le dispensa d'obéir à cette Loi. Ἵνα γὸ μὴ καὶ παρὰ τὰς νόμες καὶ κληρονομεῖν καὶ δωρήματα τοιαῦτα λαμβάνειν (ὅτι μήτε γυναῖκα τότε γε μήτε παῖδας εἶχε) δύναδῷ δοκῇ, δόγματι προσιέθετο. Lib. LIX. pag. 747. C. D. Ed. Henr. Steph.

M 4. (1) V t.1-

L'Empire, fur le pié qu'*Augufte* l'a-
voit eu : voilà tout. La feule différence qu'il y eût, c'eft que les Succeffeurs
d'*Augufte*, dès leur avénément à l'Empire, reçûrent tout-à-la-fois par un feul
Arrêt du Sénat ou une feule Loi, ce
qui n'avoit été accordé à *Augufte* que
par plufieurs Loix ou Ordonnances du
Sénat, faites en divers tems. Je ne
prétens pas, MESSIEURS, que vous
m'en croyiez fur ma parole : mais vous
ajoûterez foi fans doute à la *Loi Roiale*,
par laquelle l'Empire fut déféré à *Vefpafien*; on ne peut fouhaitter de te-
moignage plus certain & plus authentique. En voici donc les paroles qui
font à nôtre fujet, telles que je les trouve dans un fragment de cette Loi qui
fe voit à *Rome* fur une Table de cuivre, dans la Bafilique de *St. Jean de
Latran :* (1) QUE L'EMPEREUR
VESPASIEN SOIT EXEMT D'OB-
SERVER LES LOIX ET LES
OR-

---

(1) VTIQVE. QVIBVS. LEGIBVS. PLEBEIVE.
SCITIS. SCRIPTVM. FVIT. NE. DIVVS. AVG.
TIBERIVSVE. JVLIVS. CÆSAR. AVG. TIBE-
RIVSQVE. CLAVDIVS. CÆSAR. AVG. GERMA-
NICVS. TENERENTVR. IIS. LEGIBVS. PLEBIS-
QVE. SCITIS. IMP. CÆSAR. VESPASIANVS.
SOLVTVS. SIT. QVÆQVE. EX. QVAQVE. LEGE.
R O-

ORDONNANCES DU PEUPLE, DONT IL A ETÉ ORDONNÉ QU'AUGUSTE, TIBERE, ET CLAUDE SEROIENT DISPENSEZ: ET QU'IL SOIT PERMIS A VESPASIEN DE FAIRE TOUT CE QU'AUGUSTE, TIBERE, ET CLAUDE, ONT PU FAIRE EN VERTU DE QUELQUE LOI. Qui peut douter après cela, que le privilége conféré au Prince par la *Loi Roiale* ne confiste à être déchargé de l'obligation d'obferver, non toutes les Loix fans exception, mais feulement celles dont *Augufte* & fes Succeffeurs avoient été formellement difpenfez.

Je n'en dirai pas davantage là-deffus, MESSIEURS: cela n'eft pas néceffaire; & vous attendez que je vous explique enfin ce que veut dire ULPIEN, lors qu'il pofe en fait, que le *Prince eft exemt de l'obfervation des Loix.* Je fuis perfuadé, que la *Loi Julienne &*

Quel eft le fens des paroles d'Ulpien.

Pa-

ROGATIONE. DIVVM. AVG. TIBERIVMVE. JVLIVM. CÆSAREM. AVG. TIBERIVMVE. CLAVDIVM. CÆSAREM. AVG. GERMANICVM. FACERE. OPORTVIT. EA. OMNIA. IMP. CÆSARI. VESPASIANO. FACERE. LICEAT. Voiez VINCENT. GRAVINA, dans fes *Origines Juris Civilis*, pag. 138. *Ed. Lipf.* 1708.

Papienne n'étoit pas une de celles dont on déchargea *Auguste* ; & j'en ai une preuve claire & inconteſtable : c'eſt que, comme nous l'avons déja remarqué ſur la foi de DION, il fallut que le Sénat dégageât *Caligula* du lien de cette Loi ; ce qui n'auroit pas été néceſſaire, ſi *Auguste* & *Tibére* en avoient déja été diſpenſez. Cela étant, je ne ſai ſi nous n'y trouverons pas dequoi découvrir le veritable ſens des paroles d'ULPIEN. Car je ſuis fort trompé ſi, lors que ce Juriſconſulte dit, que *le Prince eſt déchargé de l'obſervation des Loix*, cela ne doit s'entendre uniquement de la *Loi Julienne & Papienne*, dont le Sénat avoit exemté les Empereurs en la perſonne de *Caligula*. Pour vous en convaincre, MESSIEURS, par vos propres yeux, vous n'avez qu'à conſidérer, que le deſſein d'ULPIEN n'eſt pas d'expliquer la *Loi Roiale*, & de faire voir, par la teneur de cette Loi, en quoi conſiſte & juſqu'où s'étend le Pouvoir du Prince ; mais ſeule-

(1) Il y a pourtant apparence, que TRIBONIEN, en détachant ces paroles de la ſuite du diſcours, & les inſérant dans le Titre du DIGESTE, *de Legibus*, leur a voulu donner un ſens plus général, dans un tems

lement (1) d'expliquer la *Loi Julienne
& Papienne*. Cela paroît par le titre
même du Chapitre où sont contenues
ces paroles: car, comme l'ont déja remarqué (2) de très-savans hommes, il
est tiré du *XIII. Livre* d'ULPIEN
sur la Loi Julienne & Papienne, & non
pas d'un Traité sur la *Loi Roiale*; d'où
il s'ensuit qu'ULPIEN n'avoit en vûe
que la prémiére. Les paroles suivantes
de ce Jurisconsulte nous donnent lieu
d'inférer la même chose: *Pour l'Impératrice*, (dit-il) *quoi qu'elle n'aît pas
été exemtée de l'observation des Loix, le
Prince son Epoux lui communique ses priviléges.* Que veut dire cela, si ce n'est
qu'encore que l'Impératrice n'aît pas
été formellement dispensée, par un Arrêt du Sénat, de la *Loi Julienne & Papienne*, elle peut ne pas s'y soûmettre,
entant que Femme de l'Empereur, qui
lui fait part du droit, en vertu duquel
il est exemt de se conformer à cette
Loi.

Voilà, MESSIEURS, de quelle
ma-

Réponse à
une difficul-
té, tirée de
ce qu'*Ulpien*
s'exprime
au *Plurier*,
& non pas
au *Singu-
lier*.

tems où les Empereurs s'étoient mis tout ouvertement
au dessus des Loix.

(2) Par exemple, CUJAS, dans ses *Observations*,
Lib. XV. Cap. XXX.

M 6

(1) *Sed*

maniére il faut entendre ULPIEN. Il ne reste plus qu'une difficulté, mais qu'il est très-facile de lever. Ce Jurisconsulte dit, que *le Prince est déchargé de l'observation* DES LOIX, & non pas D'UNE LOI. Ne semble-t-il donc pas insinuer par là, qu'il entend parler de plusieurs Loix, ou même de toutes sans exception? Cette expression vous fait de la peine; & elle a embarrassé DION, comme je l'ai conjecturé ci-dessus. Mais elle n'arrêtera personne, si l'on fait attention à l'usage de la Langue Latine, dont la connoissance exacte est absolument nécessaire à ceux qui veulent étudier le Droit Romain; comme cet exemple seul peut vous le persuader. En effet, dans la bonne Latinité, on peut dire qu'une personne est *dispensée des Loix*, quoi qu'elle ne soit dispensée que d'une seule. C'est ainsi que

(1) *Sed cùm, edictis jam Comitiis, ratio ejus haberi non posset, nisi privatus introisset Urbem, & ambienti ut* LEGIBUS SOLVERETUR *multi contradicerent, coactus est Triumphum, ne Consulatu excluderetur, dimittere.* VIT. JUL. CÆSAR. Cap. XVIII.

(2) *Cur M. Brutus, te referente,* LEGIBUS EST SOLUTUS, *si ab Urbe plus quam decem dies abfuisset?* PHILIPPIC. II. Cap. XIII. (ubi vid. GRÆV.) *Brutus* étoit *Préteur de la Ville*; & il y avoit une Loi qui défendoit à un tel Magistrat de s'absenter de *Rome* plus de dix jours.

(1) *Quid*

que SUÉTONE (1) raconte que *Céfar* fit des brigues, pour être DISPENSÉ DES LOIX : or il s'agit là uniquement de la Loi qui défendoit de retenir le Commandement d'une Province en entrant à *Rome*, à moins que ce ne fût pour le Triomphe. CICERON dit aufli à *Marc. Antoine*, dans (2) une des PHILIPPIQUES : *D'où vient que* Brutus, *fur vôtre propofition, a été difpenfé* DES LOIX, *au cas qu'il vînt à s'abfenter* de Rome *plus de dix jours :* Et ailleurs, en parlant de *Pompée :* (3) *Qu'y a-t-il de plus extraordinaire, que de voir un homme,* DISPENSÉ DES LOIX *par un Arrêt du Sénat, devenir Conful dans un âge où les Loix ne permettent pas même de prétendre à aucune autre Charge Publique ?* Je pourrois alléguer plufieurs (4) autres exemples de cette façon de parler : mais ceux

que

(3) *Quid tam fingulare, quàm ut ex Senatufconfulto* LEGIBUS SOLUTUS *Conful ante fieret, quàm ullum alium Magiftratum per Leges capere licuiffet ?* ORAT. PRO LEG. MANIL. Cap. XXI.

(4) Dans la derniére Edition de ce Difcours, qui vient de paroître, avec toutes les autres *Oeuvres* de nôtre Auteur, il renvoie ici en marge à l'argument d'ASCONIUS PEDIANUS fur la Harangue de CICERON *pro Cornelio*, dont il ne nous refte que quelques fragmens, *Tom. VI. Orat. Edit. Græv.* pag. 948. Il n'y a rien de plus commun dans toutes les Langues,

que vous venez d'entendre fuffifent ;
& il eft clair maintenant, qu'on ne fauroit fe prévaloir de l'autorité d'U L-
P I E N, pour prouver que les Empereurs avoient une Puiffance fans bornes.
Qu'on vienne après cela défendre, fi
l'on peut, ce prétendu Pouvoir des
Souverains abfolument illimité, & au
deffus de toute Loi : qu'on faffe fonner
haut l'exemple des Empereurs Romains,
comme favorable à une opinion fi dure, fi cruelle, fi inhumaine : il n'en
fera pas moins vrai, que ces Princes
même étoient indifpenfablement tenus
d'obferver toutes les Loix & Naturelles, & Civiles, à la referve d'un petit
nombre de Loix du Droit Public ou
Par-

gues, que ces pluriels mis pour des finguliers : & à
l'égard de l'expreffion même, dont il s'agit, il m'en
tombe fous la main un exemple, tiré d'une des P H I-
L I P P I Q U E S de C I C E R O N : *Alter Cæfar,* Vopifcus
*ille, homo fummo ingenio, fumma potentia, qui ex ædilita-
te confulatum petit* S O L V A T U R L E G I B U S. *quanquam*
L E G E S *eum non tenent, propter eximiam, credo, di-
gnitatem.* Philippic. XI. Cap. V. pag. 829, 830. *Ed.
Græv.*

(1) *Quod Principi placuit, Legis habet vigorem : utpote
cum* L E G E R E G I A, *quæ de Imperio ejus lata eft, Populus ei & in eum omne fuum imperium & poteftatem conferat.*
Digeft. Lib. I. Tit. IV. *De Conftitutionibus Principum,*
Leg. I.

(2) L'Auteur, dans le Chap. III. du I. Liv. de fes
Obfervations, publiées en 1706. & rimptimées en 1713.

dans

Particulier, comme nous venons de le faire voir.

Mais, dira-t-on, par la Loi ROIA-
LE les Empereurs aquirent le droit de
faire tout ce que bon leur sembleroit,
sans être obligez d'en rendre compte
à personne; de sorte que, depuis ce
tems-là, leur Pouvoir ne fut plus bor-
né à gouverner selon les Loix, ils é-
toient maîtres des Loix mêmes. Le témoignage d'ULPIEN est exprès là-
dessus : (1) *Ce que le Prince trouve bon,*
(dit-il) *a force de Loi :* & la raison en
est, comme il l'ajoûte, *que, par la*
LOI ROIALE, *qui roule sur l'Auto-*
rité du Prince, LE PEUPLE LUI A
TRANSFÉRÉ (2) A LUI ET EN SA
PER-

Vrai sens de la *Loi Roiale.*

dans le Recueil de toutes ses *Oeuvres*, soûtient que ces
mots EI ET IN EUM, ne sont pas la formule dont
le Peuple Romain se servoit dans la *Loi Roiale* : &
qu'ils signifient une seule & même chose, comme il
le fait voir par des exemples de façons de parler semblables, où l'addition d'une expression synonyme ne
fait que donner quelque emphase à la pensée. Il montre aussi, par plusieurs faits incontestables, qu'après
que la Souveraineté eût été déférée aux Empereurs,
& même depuis la *Loi Roiale* faite sous *Vespasien* ; le
Peuple Romain établit plusieurs Loix dans ses Assemblées : & que les Empereurs eux-mêmes reconnurent
qu'il en avoit le droit. D'où il paroît, que le Peuple ne s'étoit pas tellement dépouillé de son Autorité, qu'il ne s'en fût reservé aucune partie.

(3) *Quod*

PERSONNE TOUT SON EMPIRE
ET TOUT SON POUVOIR. Vous
jugez bien MESSIEURS, qu'un argument fi frivole n'a garde de m'embar-
raffer. J'ai honte, au contraire, de voir
que, fur un tel fondement, des perfonnes éclairées abandonnent les principes les plus évidens de la Loi Naturelle, pour fe jetter dans une opinion
fi abfurde. On dit que le Prince, comme tel, n'eft point tenu de rendre
compte à l'Etat de fa conduite ; je ne
le nie pas: que fon Empire s'étend fur
les Loix même; foit: que fa volonté
tient lieu de Loi; en un mot, que le
Peuple lui a conféré *à lui & en fa perfonne* tout fon Empire & tout fon Pouvoir; je le veux. Mais que s'enfuit-il
de là? Cela l'autorife-t-il à tout boule-
verfer, & à faire des chofes qui tendent à anéantir tous les droits & du
Corps de l'Etat & de chaque Particulier? Non, MESSIEURS, le Peuple
Romain ne penfoit à rien de tel, ni
ULPIEN non plus. Ce Jurifconfulte

a

(1) *Qvodcumque igitur Imperator per Epiftolam & Sub-
fcriptionem ftatuit, vel cognofcens decrevit, vel de plano in-
terloquutus eft, vel Edicto præcepit, Legem effe conftat. Hæc
funt, quas vulgo Conftitutiones adpellamus.* DIGEST. Lib.
I.

a voulu feulement nous apprendre, que
l'Empereur avoit reçû le pouvoir de
faire des Loix de la maniére qu'il jugeroit à propos, (1) foit par des Refcripts, foit par des Conftitutions, foit
par des Edits: du refte il ne le fouftrait
point à l'Obligation indifpenfable de
cette Loi primitive & fouverainement
jufte, qui étant établie pour le Bien
commun de tous les Hommes, ne fauroit être changée, affoiblie, ou détruite par aucune Loi ni aucune Convention.   Pour ce qui eft de l'intention
qu'avoit le Peuple Romain en déférant
l'Autorité Souveraine à fes Empereurs,
voici le jugement d'AMMIEN MAR-
CELLIN.   Cet Hiftorien parlant du
changement arrivé dans le Gouvernement de l'Etat, dit, que la *République Romaine* étant fur fon déclin, &
voulant paffer en repos le tems de fa
Vieilleffe, (2) *fe déchargea fur les Empereurs, comme fur fes Enfans, du foin
de gouverner fes biens; agiffant par là en
Mére bonne, fage, & riche, & non pas*
en

I. Tit. IV. *De Conftitut. Princip.* Leg. I. §. 1.
 (2) *Velut frugi parens, & prudens, & dives, Cæfaribus tanquam liberis fuis, regenda patrimonii jura permifit.* Lib.
XIV. Cap. VI. pag. 23. *Edit. Valef. Gronov.*
                                    (1) *Nam.*

en denaturée, ou, en infensée. LAC-
TANCE étoit dans la même penfée:
à moins qu'on ne s'avifât de donner un
autre fens aux paroles que je vais rapporter, dans lefquelles il cenfure fi vigoureufement l'orgueil & l'infolence
de *Maximien le Jeune*, qui imitoit la
Tyrannie des Rois de *Perfe :* (1) *Après
avoir vaincu les* Perfes, dit-il, *parmi
lefquels c'eft une coûtume établie que les
Sujets fe foûmettent à une Domination
Defpotique, & que les Rois traitent leurs
Peuples en Efclaves ; ce fcélérat voulut
introduire une telle coûtume dans les Païs
de l'Empire Romain, & depuis cette victoire il en faifoit l'éloge fans aucune honte dans toutes les occafions.* Mais laiffons-
là les autoritez, quelque graves & juftes qu'elles foient. Ce que j'avance ici,
je puis le prouver par les paroles mêmes
de la *Loi Roiale,* où l'on trouve le formu-
laire de l'acte par lequel on conféroit la
Souveraineté à l'Empereur, & dont UL-
PIEN

---

(1) *Nam poft devictos Perfas, quorum hic ritus, hic
mos eft, ut Regibus fuis in fervitium fe addicant, & Reges Populo fuo tanquam Familiâ utantur; hunc morem ne-
farius homo in Romanam terram voluit inducere, quem ex
illo tempore victoria fine pudore laudabat.* De mortibus
Perfecutor. *Cap.* XXI.

(2) VTIQVE. QVÆCVNQVE. EX. VSV. REIPV-
BLI-

PIEN a exprimé le sens à sa maniére, & non dans les termes de la Loi : de sorte que, si après cela on veut encore se fonder sur le passage dont il s'agit, pour en tirer une conséquence si absurde, également contraire & à la teneur de la *Loi Roiale*, & à la pensée d'ULPIEN, il n'y a que des Ignorans, ou des Esprits mal faits, ou de Malhonnêtes-Gens, qui soient capables d'approuver de pareils raisonnemens. Voici donc les propres termes du fragment de la Loi Roiale, que l'on conserve dans la Basilique de *St. Jean de Latran :* (2) QUE VESPASIEN AÎT LE DROIT ET LE POUVOIR DE FAIRE TOUT CE QU'IL JUGERA AVANTAGEUX A LA RÉPUBLIQUE, ET CONVENABLE A LA MAJESTÉ DES CHOSES DIVINES ET HUMAINES, PUBLIQUES ET PARTICULIÉRES, TEL QUE L'ONT EÛ AUGUSTE, TIBÉRE, ET CLAU-

BLICÆ. MAJESTATE. DIVINARVM. HVMANARVM. PVBLICARVM. PRIVATARVMQVE. RERVM. ESSE. CENSEBIT. EI. AGERE. FACERE. JVS. POTESTASQVE. SIT. ITA. VTI. DIVO. AVG. TIBERIOQVE. JVLIO. CÆSARI. AVG. TIBERIOQVE. CLAVDIO. CÆSARI. AVG. GERMANICO. FVIT.

(1) Ref-

CLAUDE. Que fait ici le Peuple ? Il donne à *Vespasien* un Pouvoir fort étendu & illimité, comme celui dont *Auguste* avoit été revêtu. Pourquoi ? Dans la même vûe qu'un Procureur est autorisé à ménager comme il le jugera à propos les affaires dont on le charge. Or on ne présume jamais, que par là il aît aquis le droit de ruiner les affaires de celui qui s'est reposé sur lui : on suppose toûjours, qu'il les gouvernera avec plein pouvoir, mais de bonne foi. C'est une maxime que la Raison & le (1) Droit Civil établissent de concert, à l'égard des Procureurs de Particulier à Particulier : & c'est aussi ce qu'entend le Peuple Romain, en confiant le soin des affaires de l'Etat au Prince, qui est (2) l'Administrateur Public. Il ne prétend pas l'autoriser à faire tout ce qui lui viendra en fantaisie, ni lui donner un Pouvoir absolument sans bornes,

(1) *Respondi, cum de quo quæreretur,* PLENE' QUIDEM, SED QUATENUS RES EX FIDE AGENDA ESSET, *mandasse.* Digest. Lib. XVII. Tit. I. *Mandati, vel contra,* Leg. LX. §. 4.

(2) L'Empereur *Hadrien* protesta souvent, & dans l'Assemblée du Peuple, & dans le Sénat, *qu'il gouverneroit, comme aiant en main le maniment des affaires du Peuple, & non pas des siennes propres.* SPARTIAN. Cap. VIII. *Es in Concione, & in Senatu sæpe dixit,* Ita se Rem-

nes, mais un Pouvoir auffi grand que le demande *le Bien de l'Etat*, *& la ma-jefté des Chofes Divines & Humaines, Publiques & Particuliéres*. En un mot, le Peuple établit le Prince pour être (3) une Loi vivante, qui puiffe s'ac-commoder à la diverfité infinie des con-jonctures; au lieu que les Loix écrites font toûjours uniformes, & ne fau-roient, lors même qu'elles font dref-fées avec le plus d'exactitude, exprimer tous les cas ni prévenir tous les incon-véniens poffibles. Pour ne pas dire, qu'il y a des chofes utiles en un tems, qui de-viennent nuifibles en un autre : car qui ne fait, que le Bien de l'Etat demande, par exemple, que l'on faffe d'autres ré-glemens en tems de Guerre, qu'en tems de Paix ; & que l'on agiffe dans la Profpérité, autrement que dans l'Ad-verfité ? Pendant que les *Romains* vê-curent fous un Gouvernement Répu-bli-

---

Rempublicam gefturum, ut fciret POPULI REM ES-SE, NON SUAM. Et *Alexandre Sevére* difoit en pro-pres termes, que l'Empereur étoit le Procureur ou l'Econome du Peuple, DISPENSATOR PUBLICUS. Lamprid. *Cap.* XXXII. Voiez SAUMAISE fur le Chap. XV. p. 902, 903. *Ed. Lugd. Bat.*

(3) *Cui* [Imperatori] *& ipfas Deus Leges fubjecit,* LE-GEM ANIMATAM *eum mittens hominibus* &c. NO-VELL. JUSTINIAN. CV. Cap. II. §. 4.

blicain, quoi que les Magiſtrats euſſent
quelque part aux affaires, la déciſion
en dépendoit principalement du Peuple, qui, outre qu'il ne s'aſſembloit
pas tous les jours, agiſſoit avec une
lenteur ſouvent préjudiciable. Les Factions & l'Avarice faiſoient naître mille
difficultez, mille obſtacles, mille re-
tardemens: & d'ailleurs, chacun n'en-
viſageoit pas ordinairement les choſes
du même côté, ni de la même maniéꞏ-
re. Lors donc que l'on eût enſuite é-
tabli un Prince, on crut qu'il étoit de
l'intérêt public que ſon Autorité ne fût
pas bornée, comme l'étoit celle des
Preteurs ou des Conſuls, mais ſouveraine & indépendante. On ne préten-
dit pourtant pas lui donner le droit de
changer ou d'abolir à ſa fantaiſie des
Loix juſtes & utiles: on voulut ſeulement qu'il eût plein pouvoir, comme
l'avoit auparavant l'Aſſemblée du Peuple, d'adoucir ou d'abroger des Loix
trop dures ou déſavantageuſes; & de
remédier, ſelon ſa prudence & ſes
forces, aux cas imprévûs qui ſurvien-
droient déſormais. Sur ce pié-là on
peut très-bien dire, que, par la *Loi
Roiale*, l'Empereur étoit revêtu de
tout

tout le Pouvoir du Peuple, & qu'il a-
voit un Empire souverain, même sur
les Loix; mais qui néanmoins étoit
renfermé dans les bornes du Bien Public, &, comme le porte expressément
la *Loi Roiale*, *de la majesté des Choses Di-*
vines & Humaines, *Publiques & Particu-*
liéres.

Je ne nie pas, MESSIEURS, que *les Empereurs n'aient souvent agi comme s'ils ne devoient suivre d'autre régle que leur caprice*; & ne se soient tout permis, sans se mettre en peine si ce qu'ils faisoient, ou qu'ils négligeoient, étoit convenable à leur caractére & à leurs engagemens. Je fremis, quand je pense aux excès horribles dans lesquels ils se sont plongez; & j'ai com-
passion de voir le prémier Peuple du Monde réduit à souffrir des traitemens si indignes de la part de quelques-uns de ses Citoiens. Figurez-vous un *Tibé-*
re, ou, si vous voulez, un *Caligula*, un *Néron*, un *Vitellius*, un *Domitien*, un *Commode*, &c. voilà ces *Péres de la*
Patrie, ces Princes *Pieux*, *Fortunez*, dignes sans contredit de si beaux titres, ou d'autres semblables que la Flatterie a inventez! Peut-on nier que ces Em-
pe-

La conduite de plusieurs Empereurs prouve seulement qu'ils abusoient de leur Autorité.

pereurs n'aient été des monſtres, qui
ne reſpiroient qu'orgueil, que calom-
nies, que rapines, qu'infamies, qu'in-
ceſtes, qu'adultéres, que parricides,
que brigandages, que meurtres & cruautez horribles, que déſolation, que
fureur & ferocité brutale, infiniment
au deſſus de toutes les plaintes qu'on
faiſoit de leur Gouvernement & même
au deſſus de l'horreur avec laquelle ils
étoient regardez & à *Rome*, & dans
les Provinces? Ces monſtres, dis-je,
(car je ne ſaurois donner le nom d'Hommes, à des gens qui avoient dépouillé
tout ſentiment d'Humanité) lors qu'ils
vouloient (1) empoiſonner le Sénat,
mettre le feu à la Ville, & y lâcher
des Bêtes féroces; lors qu'ils (2) ſou-
haittoient que le Peuple n'eût qu'une
tête, pour la faire ſauter d'un ſeul
coup; lors qu'ils cherchoient toute ſorte de moiens pour ne laiſſer à perſonne rien de ce qui lui appartenoit; lors
qu'immolant à leur rage toutes les perſonnes de probité & d'un mérite diſtin-
gué,

(1) Voiez Suetone, dans la Vie de *Néron*, Cap.
XLIII.
(2) C'étoit le ſouhait de *Caligula*. Suet. C. XXX.
Dion Cassius, Lib. LIX. pag. 746. B. *Edit. H.
Steph.*

(3) *Nulla*

gué, ils ne faifoient du bien qu'à des
Affaffins, à des Empoifonneurs, à des
Comédiens, à des Bouffons, à des
Cochers, à des Gladiateurs, en un
mot à tout ce qu'il y avoit d'Infames,
de Méchans, & de Scélérats : lors,
dis-je, qu'ils fe conduifoient de cette
maniére, peut-on dire qu'ils agiffent
comme Princes, en vertu de la *Loi
Roiale*, & qu'on fût obligé de leur
obéïr par le Droit Divin & Humain?
Ne fe montroient-ils pas au contraire
vrais Tyrans, avec qui par conféquent
perfonne n'étoit uni (3) par aucun lien
de Droit Humain ou Divin; & contre lefquels chacun avoit droit de prendre les armes, en vertu de la Loi Naturelle, la plus fainte & la plus jufte
de toutes les Loix ? Auffi voions-nous
que le Sénat ufa de ce droit, lors qu'il
déclara (4) *Néron* Ennemi du Peuple
Romain, & qu'il le fit chercher pour
le punir felon la coûtume, c'eft-à-dire,
en lui paffant la tête dans une fourche,
& le fouettant enfuite jufqu'à la mort.

II

(3) *Nulla enim nobis focietas cum Tyrannis, fed potius
fumma diftractio eft.* CICERON. *de Offic. Lib.* III. *Cap.*
VI.

(4) Voiez fa Vie, dans SUETONE, Cap. XLIX.

N   (1) SUE-

Il en seroit venu plus souvent à faire
de tels exemples en la personne de ses
Empereurs, qui lui en donnoient sujet
si souvent, & d'une maniére si étrange :
mais ils prenoient soin de se bien mu-
nir contre la sévérité de la Discipline
Publique, & ils cherchoient l'impuni-
té de leurs Crimes non dans la *Loi de
l'Empire*, mais dans la Loi du plus fort.
Le Sénat fit effacer par tout le nom de
Domitien dans les (1) monumens publics,
voulant abolir jusqu'au souvenir de ce
méchant Prince : & le Peuple demanda d'un commun accord avec le Sénat,
que le corps de (2) *Commode* fût traîné
avec un croc, & jetté dans le *Tibre*.
Preuve évidente, que ce n'étoit que
malgré lui qu'il obéissoit à de tels Princes; & que, dès qu'il trouvoit moien
de tirer vengeance de leurs déporte-
mens, il faisoit voir hautement qu'il
en avoit & le droit & la volonté. Car,
comme il n'étoit pas toûjours en état
de mettre à la raison les Empereurs,
qui s'étoient aquis une puissance énorme;

(1) SUÉTONE, dans sa Vie, à la fin.
(2) LAMPRIDIUS, dans sa Vie, Chap. XVII.
(3) L'Auteur fait allusion ici, & un peu plus bas,
à ce passage de TACITE, dont il explique en même
tems la pensée dans le sens le plus raisonnable, auquel

me ; la prudence vouloit qu'on fup-
portât leurs déréglemens, lors qu'on
ne pouvoit pas s'y oppofer avec fuccès. C'eft ainfi (3) que l'on fouffre la
Pluie, le Froid, & autres femblables
incommoditez naturelles, quand il n'y
a pas moien de s'en garantir. Mais
comme le Droit Naturel ne nous défend pas de nous mettre à couvert, fi
nous pouvons, de ces fortes d'incommoditez : de même la Raifon ne condamne nullement la conduite d'un Peuple, qui fe fert des forces qu'il a en
main pour fecouer le joug d'un Tyran.

Loin d'ici, direz-vous, une fi mauvaife doctrine, qui détruit le refpect
que l'on doit au Souverain, & par conféquent le lien de la Société Humaine.
N'eft-ce pas une chofe certaine, qu'il
y aura des Vices, tant qu'il y aura des
Hommes, fur tout dans les Cours &
parmi les Grands ? Et les Hommes é-
tant, comme ils font, fort enclins à
mal penfer de la conduite des Magiftrats

Cette doc-
trine par
elle même
n'eft nuifible
ni à la Socié-
té, ni aux
bons Princes.

quel on peut l'admettre. *Quomodo fterilitatem, aut ni-*
mios imbres, & cetera natura mala; ita luxum, vel ava-
ritiam dominantium tolerate. Vitia erunt, donec Homines
&c. Hift. Lib. IV. Cap. LXXIV.

N 2   (1) TA-

trats & des Princes, quand ceux-ci seroient les plus innocens du monde,
peuvent-ils toûjours éviter la calomnie
& les injuftes murmures? D'ailleurs,
on juge ordinairement des chofes par
le fuccès : & cependant combien de
fois ne voit-on pas échouer les projets
les plus raifonnables & le mieux con-
certez? Ajoûtez à cela, qu'il y a des
Vertus fujettes à être confondues (1)
avec le Vice: l'Epargne, par exemple, femble tenir de l'Avarice; la Libéralité, de la Prodigalité; la Sévérité,
de la Cruauté; la Moderation, de la
Lâcheté; de forte que ce que les uns
regardent comme un acte de Vertu,
peut paffer pour Crime dans l'efprit des
autres. Si donc la fûreté de la Puiffance Souveraine dépend de la légéreté du
Peuple, on ne fauroit rien concevoir
de plus malheureux ni de plus chan-
ce-

(1) TACITE dit, qu'il y a des Vertus odieufes,
comme une Sévérité inflexible, & une Intégrité qui
ne donne jamais rien à la faveur. *Quædam immo Vir-
tutes odio funt, Severitas obſtinata, invillus adverſum gra-
tiæm animus.* Annal. XV, 21. Il eft pour le moins auffi
ordinaire de confondre certains Vices avec la Vertu.
Un ancien Philofophe le remarque très bien. *Sunt e-
nim, ut ſcis, Virtutibus Vitia confinia.... ſic mentitur Pro-
digus Liberalem.... imitatur Negligentia Facilitatem, Temeritas Fortitudinem.* SENEC. Epift. CXX. *Vitia nobis
ſub Virtutum nomine obrepunt : Temeritas ſub titulo Fortitu-
dinis*

celant que la condition d'un Prince.
Qu'y a-t-il d'ailleurs de plus pernicieux
à l'État, & qui doive moins être to-
léré, qu'une maxime qui soûmet le
Magiſtrat Souverain à la volonté & au
caprice du Peuple. Suivez-la bien, &
au lieu d'une fidéle obéïſſance, vous
aurez des féditions & des troubles; au
lieu de la Paix, des Guerres continu-
elles : en un mot, vous mettrez tout
en déſordre & en combuſtion. Voilà,
MESSIEURS, une âpre cenſure &
une objection qui a d'abord quelque
choſe de ſpecieux : mais permettez-moi
de la peſer à la balance exacte du Bon-
Sens, & vous avouerez que c'eſt la foibleſſe même. Car, je vous prie, que
veut-on conclurre de là ? Prétend-on
qu'il n'eſt jamais permis au Peuple de
ranger à ſon devoir le Prince, quelque
méchant qu'il puiſſe être ? Cela eſt con-
trai-

dinis latet : *Moderatio vocatur Ignavia : pro Cauto Timidus*
accipitur. Epiſt. XLV. JUVENAL dit la même choſe,
au ſujet de l'Avarice :

Fallit enim Vitium ſpecie Virtutis & umbrâ,
Cum ſit triſte habitu, vultuque & veſte ſeverum,
Nec dubie tanquam Frugi laudetur Avarus,
Tanquam Parcus homo, & rerum tutela ſuarum
Certa magis, quàm ſi &c.

  Satyr. XIV, 109, & ſeqq.
Voiez auſſi CICERON, Partit. Orator. Cap. XXIII,
& Mr. WASSE, ſur SALLUSTE, Catil. LVI.

     (1) L'Au-

traire & au Droit Naturel , & à l'usage des Nations les plus célébres, tant anciennes , que modernes. Veut-on dire, que le Peuple ne doit rien entreprendre témérairement & au préjudice du Bien Public? Cela ne fait rien contre moi; car il s'agit de l'usage légitime , & non pas de l'abus du droit que j'attribue au Peuple : or il ne faut pas regarder comme absolument mauvais, ce dont on peut faire un bon usage. Autrement l'établissement des Magistrats & des Princes, sans quoi il n'y a pas moien de vivre en repos, devroit passer pour une chose nuisible au Genre Humain. Car qui ne sait que les Souverains, & les Magistrats, depuis le plus petit jusqu'au plus grand, ont souvent exercé leur Autorité d'une maniére funeste & à leurs Concitoiens & à eux-mêmes ? Dira-t-on pour cela qu'il ne faut avoir ni Princes ni Magistrats, & traitera-t on de pernicieuse la doctrine de ceux qui soutiennent qu'ils

(1) L'Auteur imite ici ce que *Senéque* dit au sujet de l'Empereur *Claude* : CÆSARI *quoque ipsi, cui omnia licent, propter hoc ipsum multa non licent. Omnium domos illius vigilia defendit , omnium otium illius labor , omnium delicias illius industria, omnium vacationem illius occupatio.* De Consolat. ad Polyb. *Cap.* XXVI.

(2) C'est l'éloge que PLINE LE JEUNE donne à
Tra-

qu'ils font neceſſaires dans la Société, ſous prétexte que ceux qu'on choiſit peuvent ſe trouver mechans ? Puis donc qu'à cet égard on ſe contente de condamner l'abus ; pourquoi prétendroit-on, que, parce que le Peuple peut faire un mauvais uſage de ſa Liberté Naturelle, même contre ſon propre intérêt, il ne lui ſoit jamais permis ni avantageux de ſe ſoûlever contre les plus méchans Princes ? Mais qu'eſt-ce qu'il y a ici à craindre pour un Souverain, ſi, comme il s'y eſt engagé, il veille avec ſoin à la Tranquillité publique ? (1) ſi, par ſa juſtice & par ſon courage, il défend les biens, la vie, & la liberté de chacun ? Si, par ſa prudence, il va au devant de tout ce qui eſt capable de nuire à ſes Sujets, quels qu'ils ſoient ? ſi, par ſa bonté, il les ſoulage dans leurs malheurs ? en un mot, s'il agit envers eux non en Tyran, mais en Citoien, non en Maître, mais en Pére : (2) s'il ſe ſouvient toû-

Trajan : N o n enim de Tyranno, ſed de Cive : non de Domino, ſed de Parente loquimur. Unum ille ſe ex nobis, & hoc magis excellit atque eminet, quod unum ex nobis putat : nec minus Hominem ſe, quàm Hominibus præſſe meminit. Intelligamus ergo bona noſtra, dignoſque nos illius uſu probemus &c. Panegyr. Cap. II.

N 4 (1) Voiez

toûjours & qu'il eſt Homme , & qu'il commande à des Hommes : ſi la vûe de leur mérite , & de leurs dignitez , n'excite pas en lui des mouvemens d'une noire envie : s'il voit avec plaiſir ſes Sujets riches & paiſibles poſſeſſeurs des fruits de leur induſtrie : s'il regarde comme autant d'ornemens de l'Etat , & non pas comme des perſonnes ſuſpectes & dangereuſes, ceux qui s'attachent à cultiver leur Eſprit par de belles Connoiſſances , & par l'étude de la Sageſſe ? Le moien que les Sujets faiſant réflexion ſur le bonheur de leur ſiécle & ſur leur propre bonheur, ne ſoient (1) tranſportez d'amour & pleins de reſpect pour un ſi bon Prince, ne le regardent comme un préſent du Ciel , & ne tâchent à l'envi les uns des autres de ſe rendre dignes de lui par leurs actions & par toute leur conduite ? Que ſi un Prince abandonnant le chemin de la Vertu , c'eſt-à-dire, celui de la véritable Gloire , eſt encore le meilleur des Méchans, & ſe contente d'exercer ſa fureur ſur un petit nombre de ſes Sujets ; quoi qu'il mérite
alors

(1) Voiez Seneque, *de Clement.* **Lib. I. Cap. XIX.** *in fine.*

alors d'être mis à la raifon, le Peuple
ne fe remue pas aifément pour cela
feul: foit par un effet de la fbiblefle
humaine, qui ne permet pas que le
reméde foit auffi promt que le mal;
foit parce que les Foibles & les Petits
font portez à excufer celui qui eft en
état de leur faire & du bien & du mal;
foit enfin parce que, quelque grandes
que foient les injuftices faites à un ou
à quelques Particuliers, le Corps de
l'Etat néglige ordinairement d'en tirer
raifon, par cela même qu'elles n'intereffent que peu de gens: & pour ceux
qui font alors opprimez, quoi qu'au
défaut de la protection des Loix Civiles, la Loi Naturelle les mette en é-
tat de Guerre par rapport au Prince,
il leur eft, en ce cas-là, plus avantageux de demeurer en repos, que de
s'attirer, par une réfiftance impuiffan-
te, un mal encore plus fâcheux. Lors
même que le Prince donne quelque atteinte aux droits & aux libertez de
tout le Peuple, ou de la plus grande partie, combien de chofes, & de
chofes criantes, ne lui pardonne-t-on
pas, pour éviter les calamitez & les
horreurs de la Guerre, & pour ne pas

N 5   fe

se priver des avantages & des douceurs de la Paix? Mais, s'il en vient aux derniers excès de cruauté ou d'insolence, en sorte qu'il n'y aît plus moien de supporter sa tyrannie; peut-on blâmer les Sujets, dont il a poussé la patience à bout, de ce qu'ils ne sont pas assez lâches & assez ennemis d'eux-mêmes, pour attendre que Dieu descende du Ciel, & lance visiblement ses foudres sur cet Ennemi déclaré du Genre Humain? Ne doit-on pas au contraire les louer, de ce qu'ils pensent enfin à leur propre conservation, & regarder comme une punition de Dieu même, la chûte d'un Tyran, contre qui ils se soûlevent en vertu d'une permission de la Loi Naturelle, & par conséquent avec l'approbation divine? Mais, direz-vous, un Gouvernement, quel qu'il soit, vaut encore mieux que l'Anarchie; & la Paix est toûjours préférable à la Guerre. Belle raison! Comme (1) si l'on pouvoit dire qu'il y a quelque sorte de Gouvernement, dans un Païs où les Loix ne sont qu'un vain nom, où l'on ne rend point de Jus-

---

(1) *Non igitur erat illa tum Civitas, cum Leges in illâ nihil valebant: cum Judicia jacebant &c.* Cicer. Paradox. IV.

(2) C'est

Juſtice, où tout ſe fait avec violence ou par des cabales, rien ſelon la Raiſon & l'Equité. Il faut, dites-vous, entretenir la Paix. Mais lors qu'on ſe diſpoſe à me tuer ou à me piller, dois-je le ſouffrir, ſans remuer ſeulement le bout du doigt? Si c'eſt-là, ſelon vous, un état de Paix, qu'appellerez-vous donc Guerre? Voulez-vous que je n'en vienne pas à la Guerre contre vous? ne commettez contre moi aucun acte d'Hoſtilité. Voulez-vous que je garde la paix avec vous? vivez en paix avec moi. Ce n'eſt pas la Naiſſance ou le Climat (2) qui diſtingue le Citoien d'avec l'Ennemi; mais les actions & la volonté. Lors que l'on me tourmente, que l'on me déchire, que l'on veut me faire mourir miſérablement & injuſtement, il n'importe que celui, de la part de qui je ſouffre ces traitemens indignes, ſoit un Ennemi déclaré ou un Brigand, ou bien un homme qui ſe dit mon Concitoien ou mon Souverain. L'injuſtice eſt toûjours la même; il n'y a de différent que le nom de l'Offen-

(2) C'eſt encore la remarque de CICERON: *An tu Civem ab Hoſte naturâ ac loco, non animo factiſque diſtinguis?* Paradox. IV. pag. 562. Edit. Græv. major.

N 6 (1) L'An-

fenfeur : & cette circonftance fert feulement à rendre le crime plus atroce
entant que celui qui devoit me défendre contre l'Ennemi & les Brigands,
agit lui-même avec moi en Ennemi
cruel & en vrai Brigand. Lors donc que
les Peuples prennent enfin la réfolution
de fe foulever contre un tel Prince, ce
feroit fort mal à propos qu'on leur re-
préfenteroit vivement & avec emphafe les avantages de la Paix, & les
malheurs de la Guerre. Car peut-on
s'eftimer heureux dans le tems que les
Gens-de-bien font profcrits & facri-
fiez, pour affûrer au Tyran une pleine liberté de fatisfaire paifiblement fes
paffions, avec un petit nombre de
Débauchez & de Scélérats : & quand
le Peuple fe voit réduit à la néceffité
de répouffer les violences & les injuftices

(1) L'Auteur ne cite perfonne : mais il a tiré fans
doute ce fait de VULCATIUS GALLICANUS, dont
il emploie prefque les propres termes. Les voici. E-
NUMERAVIT *deinde* [Antoninus,] *omnes Principes, qui
occifi effent, habuiffe caufas, quibus mererentur occidi, nec
quemquam facile bonum vel victum à Tyranno* (Par le mot
de *Tyran* on entend ici les Généraux qui fe rebel-
loient contre le Prince, & fe faifoient proclamer Empereurs par les Soldats) *vel occifum : dicens, meruiffe Ne-
ronem, debuiffe Caligulam, Othonem & Vitellium nec impe-
rare voluiffe.* Vit. Avidii Caffii, *Cap. VIII. Ed. Obrecht.
Gallia* fait une réflexion femblable, dans TACITE.
S ii

ces faites à lui & aux siens, est-il responsable des maux d'une Guerre Civile,
à laquelle il ne vient que malgré lui?
Certainement tous ces desordres ne
doivent nullement être attribuez au
pauvre Peuple, mais au Tyran, qui,
par ses oppressions, a été le véritable
Aggresseur. L'Empereur *Marc Antonin*, Prince qui s'est aquis une Gloire immortelle par son intégrité & par sa probité, aussi bien que par son savoir &
par ses lumiéres; après avoir (1) fait
une énumération de tous les Empereurs qui avoient été tuez, remarqua
très-véritablement, qu'ils s'étoient atti-
rez ce malheur par leur mauvaise conduite: qu'il n'y avoit guéres de bon Prince,
qui eut été défait ou tué par ses Sujets:
que *Néron*, *Caligula*, *Othon*, & *Vitellius* avoient bien merité une telle fin,
&

Sit ante oculos Nero, *quem longâ Cæsarum serie tumentem,
non* Vindex *cum inermi Provincia, aut ego cum una Legio-
ne, sed sua immanitas, sua luxuria cervicibus publicis depu-
lère: neque erat adhuc damnati Principis exemplum.* C'est-
à-dire, selon la version d'*Ablancourt:* " Considére
" *Néron*, enflé d'une longue suite d'Aïeux: ce n'est
" pas *Vindex* qui l'a dépossedé, avec une Province
" desarmée; ni moi, avec une Légion. C'est sa
" CRUAUTE' ET SES DE'BAUCHES, QUI L'ONT
" FAIT LE PREMIER EXEMPLE D'UN PRINCE
" CONDAMNE' PAR SES SUJETS. *Hist.* Lib. I.
" Cap. XVI. *num.* 4.

& que ces Princes , femblables à des Bêtes plûtôt qu'à des Empereurs, n'avoient pas eû le courage de regner.

Conclufion. Mais il eft tems, Messieurs, de finir : car j'ai été plus long que je ne croiois ; & vous voiez bien maintenant , que le Magiftrat Souverain, quelque titre qu'on lui donne, n'eft point envoié du Ciel , mais établi par le commun confentement des Citoiens: que , s'il veut fe conduire d'une maniére digne d'un Prince ou d'un Magiftrat, il faut qu'il fe reconnoiffe foûmis aux Loix , & non pas qu'il fe croie au deffus de toute Loi : qu'il doit mefurer fon Pouvoir non à fon caprice , mais à ce que demande le Bien Public : que , s'il en ufe autrement , il agit non en Prince ou en Magiftrat , mais en Tyran ; & qu'il peut alors être réprimé par fes Sujets, en vertu de tout Droit Divin & Humain.

Il ne me refte plus qu'à faire ce que demande la folennité de cette Journée. Vous attendez qu'on inftalle celui qui doit être mon Succeffeur, pour l'année prochaine , dans le Rectorat de l'Académie. Pour laiffer donc la

pla-

place vuide, selon les Loix & la Coûtume, je me démets dès ce moment de ma Charge.

FIN *du prémier Discours de Mr.* NOODT.

DIS-

DISCOURS

SUR LA

LIBERTÉ DE CONSCIENCE:

Où l'on fait voir, que par le Droit de la Nature & des Gens la RELIGION n'est point soûmise à l'Autorité Humaine.

Dessein de ce Discours.

* Mr. NOODT. prononça ce Discours en forme de Harangue, le 6. de *Fevrier* de l'année 1706. en quittant le Rectorat de l'Université, selon la coûtume.

J'AI choisi, MESSIEURS, un sujet fort convenable à la solennité de cette * Journée, à la majesté de ce lieu, à la dignité de cet Auditoire également nombreux & illustre par tous les avantages de la Noblesse, du Bon-Sens, & du Savoir. Je veux vous faire voir, avec toute la force & toute la netteté dont je suis capable, qu'il n'est permis à aucun Homme, quoi qu'en pensent certaines gens, de commander ou d'interdire aux autres la profession de quelque Religion que ce soit, & de les y contraindre ou de les punir en cas de refus, soit par les Armes, ou par le Bras Séculier. C'est une chose très-

très-importante & en même tems fort
difficile, que de propofer en peu de
mots & de décider hardiment une queftion qui intéreffe tous les Païs, tous
les Siécles, tous les Hommes; & fur
laquelle on tâche de mettre aux prifes
les droits de la Liberté, tantôt avec le
refpect des Puiffances Souveraines, tantôt avec l'amour de la Vérité, & cela
avec d'autant plus d'apparence de raifon, que l'on fait intervenir auffi la
Gloire de DIEU. Les Erreurs, dit-
on, en matiére de chofes divines, les
Schifmes & la diverfité des Sectes,
emportent un mépris des Cérémonies
& du Culte agréable à cette Majefté
fuprême; c'eft un facrilége fi énorme,
que non feulement la Raifon & le Sens
Commun, mais encore les chofes inanimées, femblent en fremir d'horreur.
Le vrai DIEU n'eft-il pas certainement offenfé, lors que l'on adore de
fauffes Divinitez; ou qu'on ne lui rend
pas le Culte qu'il a prefcrit; ou que
l'on quitte une Religion établie dès
long tems & falutaire, pour en embraffer une nouvelle & pernicieufe? D'ailleurs, les mauvaifes mœurs, fouvent
même de grandes infamies, des crimes
de-

deteſtables, s'introduiſent ainſi à la faveur d'une fauſſe Religion qui les permet ou les autoriſe. Enfin, la licence de diſputer, & l'opiniâtreté invincible de chacun à maintenir les intérêts de ſa Secte, produiſent (1) toûjours des diviſions, des brouilleries, des ſeditions, des cabales, qui troublent le Repos Public, & en quelque façon l'Ordre même de l'Univers & de la Nature. Que s'enſuit-il de là? Souffrira-t-on ces monſtres abominables, ces peſtes de la Société, ces Impies déclarez? Non, non, il faut emploier tout ce que l'on a de forces & de moiens pour purger l'Etat & le Genre Humain de cette maudite engeance. Il n'eſt point de reméde trop dur, trop cruel, trop violent, pour déraciner un mal ſi contagieux, & pour ſauver les Hommes à quelque prix que ce ſoit. Les plus rigoureuſes peines, les tourmens les plus terribles, n'ont rien qui approche de la grandeur du forfait. Il n'y a ici ni Séxe, ni Age, ni Parens, ni Alliez, ni Grands, ni Petits,

ni

---

(1) C'eſt la raiſon dont ſe ſervoit autrefois *Mécénas* (dans le Diſcours rapporté par *Dion Caſſius*, Lib. LII. pag. 561. D. *Ed. H. Steph.*) pour perſuader à *Auguſte*, qu'on

ni Vivans, ni Morts, que l'on doive respecter ou épargner; & il faut même punir exemplairement, comme Fauteur de l'Impiété, quiconque osera garder la foi & l'amitié, ou témoigner quelque humanité & quelque douceur à des gens si dangereux. Voilà, MESSIEURS, le langage affreux des Intolérans; & plût-à-Dieu qu'on en fût demeuré à ces déclamations tragiques! Mais il y a long tems que les effets suivent les paroles. L'Antiquité les a éprouvez: les derniers Siécles n'en ont pas été exemts, & nous en voions même de nos jours. Le grand nombre d'exemples me dispense d'en alléguer de particuliers: des Peuples, des Nations entiéres fournissent ici un triste spectacle & une preuve parlante. L'*Europe*, l'*Asie*, l'*Afrique*, ont été le théatre de ces injustes violences. L'*Amérique* même, si long-tems inconnue, & à peine découverte, n'a pû échapper au zéle furieux des Persécuteurs.

Je suis persuadé, MESSIEURS, qu'une

qu'on ne doit souffrir aucune innovation en matiére de Religion. Voiez les réflexions que fait là-dessus feu Mr. BAYLE, dans son COMMENTAIRE PHILO-

qu'une opinion fi dure & fi inhumaine, n'eft point infpirée par la droite
Raifon, ni par une véritable ardeur
pour la Gloire de Dieu, ou un fincére
amour du Prochain, mais par l'Avarice, par l'Ambition, par la Vanité, par
un efprit de Domination. Ce feroit
bleffer la haute idée que j'ai de vôtre
vertu, & démentir moi-même mes
fentimens en faveur du Genre Humain,
que de ne pas travailler avec foin à diffiper les illufions funeftes par lefquelles on jette de la poudre aux yeux des
gens, à la faveur de certains termes
vagues & de quelques grands mots qui
ne fignifient rien. Je tâcherai donc de
faire voir clairement à tout le monde
ce qu'il eft de l'intérêt de chacun de
bien comprendre, que cette rigueur,
qui jufques ici a été couverte du prétexte fpécieux de la Gloire de Dieu &
du Bien Public, n'eft autre chofe, à
la regarder toute nue & fans fard, que
l'effet d'une Arrogance & d'une Malice infigne : laquelle, pour ne rien dire
des haines mutuelles des *Chrétiens* &
des *Païens*, & fur tout de la fureur que
les

IOSOPHIQUE, Tom. I. *Préface*, pag. 122. & *fuiv.*
de la nouvelle Edition de *Rott.* 1713.

(1) Voiez

les *Chrétiens* même ont exercée les uns contre les autres, a coûté la vie (1) aux *Anacharfis*, & aux *Socrates*, & à une infinité d'Honnêtes-gens, qui, quoi que joignans à une rare fageſſe & une probité fans reproche, la profeſſion d'une doctrine très-pure, & exemts mê-me de tout foupçon d'aucun crime, ont été miſérablement immolez à la rage des Perſécuteurs, fous ombre de venger un mépris prétendu de la Ma-jeſté Divine & Humaine.

Si j'avois à parler devant ceux qui ont un intérêt manifeſte de tenir les Hommes dans un fi trifte Eſclavage, j'entreprendrois, MESSIEURS, une choſe fort périlleuſe, qui m'expoſeroit à l'Envie, à la Haine, & à tous les traits de la Calomnie. Mais heureuſe-ment pour moi, j'ai tout lieu d'eſ-pérer que vous ne ſerez pas fâchez d'entendre examiner fans paſſion & fans préjugé une queſtion fi impor-tante & fi délicate, qui étant mal dé-cidée entraîne des fuites fi fâcheuſes & pour les Grands, & pour les Pe-tits. Nous ſommes redevables de cet-te

(1) Voiez *Diog. Laërt.* Lib. I. §. 102. & là-deſſus les Interprétes.

(1) C'eſt

te honnête liberté, après le fecours du Ciel, au courage & à la valeur extraordinaire de nos Ancêtres, qui n'ont épargné ni leurs biens, ni leurs vies, pour effacer l'opprobre d'une longue fuite de Siécles, & pour délivrer des Hommes libres d'une fervitude auffi injufte & tyrannique, qu'indigne & honteufe : par où ces Ames Héroïques fe font rendues l'admiration éternelle non feulement de leur poftérité, mais encore de tout ce qu'il y a au monde d'Honnêtes-gens & de perfonnes fages & éclairées. Agréez donc, Messieurs, qu'un Jurifconfulte, ravi de profiter du bonheur de nôtre tems, plaide aujourdhui la caufe du Genre Humain dans le centre de la liberté de ces floriffantes Provinces, & que confondant l'Intolérance par l'autorité facrée & inviolable du Droit de la Nature & des Gens, il défende hautement la Liberté de cette grande République, (1) dont Dieu eft le Chef, & tous les Hommes les Membres ; qui n'eft point

(1) C'eft l'idée des *Stoïciens*. S e n e' q u e oppofe cette République, à celle dont on eft membre par la naiffance. *Duas Refpublicas animo complectamur : alteram magnam, & vere publicam, qua Dii atque Homines continen-*

point bornée par une Montagne ou une Riviére, ni reſſerrée dans un petit eſpace de Terres, & qui n'a d'autres limites que l'Ocean & le chemin du Soleil.

La Religion, MESSIEURS, eſt, ſelon moi, un préſent que Dieu fait à chaque perſonne en particulier ; elle eſt ſoûmiſe à ſes mouvemens & à ſes inſpirations, mais du reſte libre & indépendante ici-bas de tout Empire. Ainſi perſonne ne doit entrer malgré lui, ou ſans connoiſſance de cauſe, dans quelque Société Religieuſe que ce ſoit ; & l'on ne ſauroit non plus, en vertu d'aucun Droit Humain, emploier légitimement la force des Armes ou l'autorité des Loix, pour contraindre quelcun d'embraſſer une Religion, ou d'y demeurer, ou de ſe conformer en tout & par tout à celle qu'il a choiſie préférablement aux autres. Conſidérons le *Droit de Nature* (car c'eſt par là que je dois commencer): qu'y a-t-il de plus juſte & de plus équitable, que de laiſſer

PRE'MIE'-RE PARTIE de ce Diſcours.
PREUVES directes de la Tolérance des Religions.
1. Par le Droit Naturel il eſt permis à chacun *de ſe conduire comme il* l'entend *dans ſes propres affaires,* qui n'intéreſſent perſonne.

nentur ; in qua non ad hunc angulum reſpicimus, aut ad illum, ſed terminos Civitatis noſtræ cum Sole metimur : alteram, cui nos adſcripſit conditio naſcendi. De Otio Sapient. Cap. XXXI.

(1) *Pla-*

ser à chacun une pleine liberté de se
conduire comme il l'entend dans ses propres affaires, qui le regardent lui seul?
Qui ne sait, que tous les Hommes en
venant au monde sont invinciblement
portez à chercher ce qui leur est avantageux & à fuir au contraire ce qui
leur est dommageable? (1) Cette in-
clination dominante n'est pas particuliére au Genre Humain, on la remarque dans tous les Animaux généralement; elle est commune à ceux qui
volent dans l'Air, à ceux qui nagent
dans les Eaux, à ceux qui vivent sur
la Terre: ce qui fait voir, qu'elle est
imprimée dans la nature même des Animaux par cette Intelligence Toute-sa-
ge & Toute-puissante qui a formé l'U-
nivers, & qui par là leur met devant
les yeux à tous sans exception, dès le
prémier moment de leur existence, la
Ré-

---

(1) *Placet his* .... *quorum ratio mihi probatur, simul
atque natura sit Animal* .... *ipsum sibi conciliari, & com-
mendari ad se conservandum, & ad suum statum eaque qua*
(c'est ainsi que je crois qu'il faut lire, en suivant les
traces d'un des meilleurs MSS. de G R U T E R, qui
porte *aquè quæ*, au lieu de la leçon ordinaire, *& ad
ea quæ*) *conservantia sunt ejus status, diligenda: aliena-
ri autem ab interitu, iisque rebus quæ interitum videan-
tur adferre.* C I C E R. de finib. bon. & malor. Lib. III.
Cap. V.

(2) *Sed*

Régle de ce qu'ils peuvent & de ce qu'ils doivent faire. L'Homme a néanmoins ici un avantage confidérable, qui le met beaucoup au deffus des Bêtes ; c'eft que le Créateur, outre les Facultez du Corps, a orné fon Ame de certaines Facultez infiniment plus nobles, (2) qui le mettent en état de n'être pas toûjours chancelant & irréfolu, de ne pas courir à l'avanture après toute forte d'objets, & de ne pas embraffer par un mouvement aveugle le prémier qui le flatte d'abord agréablement ; mais de fe déterminer, au contraire, après une exacte comparaifon des chofes, par les lumiéres de la Raifon, qui lui fert de flambeau dans toutes fes démarches, & de difcerner les Biens véritables, folides, & de longue durée, d'avec les Biens trompeurs, imaginaires, & fujets à entraîner

(2) *Sed inter Hominem & Beluam hoc maxime intereft, quòd hæc tantum, quantum fenfu movetur, ad id folum quod adeft quodque præfens eft fe adcommodat, paululum admodum fentiens præteritum aut futurum. Homo autem, quòd Rationis eft particeps, per quam confequentia cernit, caufas rerum videt, earumque progreffus & quafi anteceffiones non ignorat, fimilitudines comparat, & rebus præfentibus adjungit atque adnectit futuras: totius Vitæ curfum videt &c.* CICER. de Offic. Lib. I. Cap. IV.

O   (1) II

ner après foi la Douleur & le Répentir.

Y a-t-il, MESSIEURS, aucune Violence, aucune Convention, aucune Autorité, qui doive ou qui puiffe détruire, abroger, affoiblir, changer, cette grande Loi, qui eft la fource & le fondement de tout Droit Divin & Humain; Loi prémiére & fouveraine, immuable, conftante & perpétuelle, convenable à tous les tems & à tous les lieux, propre à décider toutes les affaires, tous les cas, toutes les caufes? On la fuit invariablement, en ce qui concerne les Biens du Corps. Il eft permis à chacun de vendre ou de louer fes poffeffions comme bon lui femble: chacun choifit librement le Genre de Vie & la Profeffion qu'il trouve la plus à fon gré; on peut fe faire Artifan, Peintre, Sculpteur, Laboureur, Marchand, Homme de Lettres, felon qu'on juge à propos, fans que perfonne fe fâche ou fe formalife de ce que l'on prend ainfi tel parti qu'on veut dans fes propres affaires, où les au-

(1) Il y a une penfée de SYMMAQUE, (pag. 295. Lib. X. Ép. LIV. Ed. Jureti) à laquelle Mr. NOODT a apparemment fait allufion : *Quid intereft quâ quifque pru-*

autres n'ont rien à voir. Pourquoi n'a-t-on pas la même équité en matiére de Religion.

On y eſt certainement d'autant plus obligé, qu'il ne s'agit point ici des Biens de la Fortune, qui ſont de peu d'importance, fragiles, & paſſagers. La *Religion* ne regarde que les *intérêts de l'Ame*; elle a pour but le Souverain Bien, la vraie Félicité, le Bonheur Eternel: or on ne ſauroit y parvenir qu'en s'uniſſant avec Dieu; & cette union ne ſe fait ni par des paroles, ni par des écrits, ni par un pompeux étalage d'Offrandes & de Sacrifices, en un mot, par aucun acte purement corporel; mais par l'Eſprit ſeul, par de ſaintes penſées & une Volonté pure.

Il n'eſt pas néceſſaire, MESSIEURS, de s'arrêter à vous faire voir, que tous les Peuples, toutes les Nations, depuis un bout de la Terre juſqu'à l'autre, tendent ſecrétement à ce grand & ſublime but,'(1) mais par tant de routes, & de routes ſi différentes,

2. La *nature même de la Religion* demande qu'il ſoit libre à chacun de ſuivre celle qu'il juge la meilleure.

3. Cela eſt auſſi abſolument néceſſaire, à cauſe de *la diverſité inévitable & de la varieté infinie des ſentimens.*

que

prudentiâ Verum inquirat ? Uno itinere non poteſt perveniri ad tam grande ſecretum.

que le tems & la voix manqueroient à qui voudroit en faire un dénombrement exact. Je me contente de remarquer, que dans cette prodigieuse diversité d'Opinions & de Sectes, ce qu'il y a de plus certain, c'est que chacun aime la sienne & la trouve la meilleure, (1) en sorte que la plûpart méprisent toutes les autres, & que quelques-uns vont jusqu'à les traiter d'impies: tant est grande la force des impressions de l'Education reçues ou dans l'Enfance, ou dans un âge plus mûr! De là vient encore que, comme les Hommes entrent d'ordinaire dans certains sentimens par passion, plûtôt que par lumiére, & ne se mettent pas tant en peine de chercher la Vérité, que de trouver à quelque prix que ce soit de quoi favoriser les Opinions reçues dans leur Parti; peu de gens sont en état de juger sainement si une Religion est bonne ou

---

(1) On peut appliquer ici ce que dit élégamment & judicieusement le Philosophe SENÈQUE; qu'une des infirmitez de la Nature Humaine, c'est d'être non seulement sujet à tomber dans l'erreur par une espéce de nécessité, mais encore d'aimer les erreurs dont on est imbu. *Inter cetera mortalitatis incommoda, & hæc est caligo mentium: nec tantum necessitas errandi, sed errorum amor.* De Ira, II, 9. Voiez aussi une Note de GRÆVIUS sur la Harangue de CICERON *pro L. Flacc.*

ou mauvaife: la plûpart même s'imaginent, qu'il y a une Piété plus refpec-
tueufe à croire des chofes fi relevées
fans les entendre, (2) qu'à les examiner, & à ne les recevoir que fur des preuves folides & convaincantes.

Je ne dis pas cela, MESSIEURS,
pour blâmer perfonne. Une confidération de grand poids nous oblige ici
de remonter plus haut. Pour rabatre
avec plus de force & avec plus de fuccès l'infolence de ces infames Tyrans
qui veulent dominer fur la Confcience
d'autrui, il faut chercher les raifons
d'une chofe qui eft de la derniére importance, non dans la légéreté & la
précipitation du Vulgaire à embraffer
au hazard certains fentimens fans réflexion & fans examen ; mais dans les
voies admirables de la Sageffe Divine. (3) Oui, cette liberté dont nous
tâchons de remettre en poffeffion le
Gen-

4. C'eft em-
piéter fur
les *droits de*
Dieu, & al-
ler contre
fon *inten-*
tion, que de
refufer la
Liberté de
Confcien-
ce.

Flacco, Cap. XXVIII. Tom. IV. pag. 172.
(2) C'eft la réflexion judicieufe de TACITE, dont
Mr. NOODT emploie les propres termes. SANCTIUS-
QUE AC REVERENTIUS VISUM, DE ACTIS
DEORUM CREDERE, QUAM SCIRE. De moribus
German. *Cap.* XXXIV. *in fine.*
- (3) Voiez le Traité DE LA RAISON HUMAI-
NE, traduit de l'Anglois, pag. 34, & *fuiv.* de l'Edit.
d'*Amfterd.* 1682.

(1) Voiez

Genre Humain , & qui donne à chacun un plein droit de suivre la Religion qui lui paroit la meilleure, sans pouvoir être inquiété ici-bas pour ce sujet par aucun de ses semblables ; cette liberté , dis-je , si l'on envisage l'Homme par rapport à Dieu , doit être regardée comme l'effet naturel d'une necessité constante & inévitable. Je ne veux pas, MESSIEURS, en aller chercher des preuves bien loin, ni vous tenir long-tems dans l'attente. Je vous en prens vous-mêmes à témoin, vous, dis-je , qui m'écoutez : n'éprouvez-vous pas tous les jours qu'il n'est guéres en vôtre pouvoir , ou plûtôt qu'il ne dépend point de vous absolument, de penser telle ou telle chose plûtôt qu'une autre ? (1) Dites moi , si vous le pouvez, y a-t-il quelcun qui trouve toûjours à point nommé les pensées qu'il voudroit ou qu'il souhaitteroit d'avoir ? Forme-t-on ses idées à sa fantaisie ? N'entrent-elles pas continuellement dans nos Esprits, bon-gré malgré que nous en ayions , & sans que nous

_____

(1) Voiez ce que l'on remarque , après Mr. BUR-NET, Evêque de *Salisbury*, dans l'Extrait de la Préface sur le Traité de LACTANCE, *de la mort des Persécu-*

nous fâchions d'où elles nous viennent? Ne changent-elles pas à tous momens sans nôtre consentement? & lors qu'elles nous ont une fois échappé, pouvons-nons les rappeller avec tous nos soins & toute nôtre industrie? Que conclurre de là, MESSIEURS, si ce n'est qu'aucun Homme mortel, de quel rang, de quelle qualité, de quelle condition qu'il soit, n'est maître de sa propre Conscience, moins encore de celle d'autrui; mais qu'elle dépend uniquement de l'Etre Souverain & Eternel, entre les mains de qui elle est comme de la Cire, qu'il tourne, qu'il manie, qu'il forme, comme il le juge à propos, sans laisser à personne que la gloire d'obéir & de suivre toûjours ses mouvemens intérieurs.

Vous donc qui avez en main une force supérieure, ne vous enfiez point d'une sotte présomption. Aiez égard à la foiblesse inséparable de la condition humaine; & ne vous fâchez pas sans sujet contre des gens qui ne vous déplaisent que parce qu'ils sont d'une Reli-

sécuteurs; mois de Septembre des NOUV. DE LA RÉPUBLIQUE DES LETTRES, 1687. pag. 985.

O 4   (1) On

ligion differente de la vôtre. Loin d'i-
ci toute contrainte : gardez - vous de
maltraiter en aucune forte ceux qui
obéïffant à la Loi de Nature, décident
par eux-mêmes quel parti eft le plus
fûr dans une chofe fi férieufe & de fi
grande conféquence, mais fujette à une
variété infinie d'opinions ; & qui font
ou évitent ce que leur Confcience leur
prefcrit ou leur défend, d'une maniére
auffi invincible, qu'indifpenfable.   A
quoi penfez-vous ? Ne voiez-vous pas,
qu'en voulant foûmettre la Religion à
l'Autorité Humaine, & ôter aux autres la Liberté de Confcience qu'ils ont
naturellement & fous le bon plaifir de
vôtre Créateur & vôtre Maître commun, vous vous rendez non feulement
coupables d'une fouveraine injuftice
envers les Hommes, mais encore, à
l'exemple de ceux dont la Fable ré-
prefente l'impiété fous l'image des *Gé-
ans*, vous faites la guerre à DIEU,
avec une audace auffi vaine qu'infenfée.
Si cette Majefté infinie avoit voulu qu'il
n'y

(1) On attribue une femblable réflexion au Roi de
Siam, dans le VOIAGE du *P. Tachard.* Voiez la BI-
PLIOTHÉQUE UNIVERS. Tom. IV. pag. 483,484.
Théodahade, Roi des *Goths*, l'avoit déja faite, en ces
termes : *Cùm Divinitas diverfas Religiones effe patiatur,*
nos

n'y eût dans le Monde qu'une feule Religion, lui étoit-il difficile (1) d'infpirer à tous les Hommes les mêmes idées en fait de Chofes Divines, comme il leur a donné à tous fans exception les mêmes fentimens du *Bien* & du *Mal*, de la *Faim* & de la *Soif*, du *Froid* & du *Chaud*? Ou, fi l'on aime mieux comparer ici le fort d'une chofe fi fainte & fi refpectable, avec la connoiffance qu'on a de l'Arithmétique, cet exemple feul ne fuffit-il pas pour nous convaincre d'abord, que D I E U auroit pû faire à l'égard de fon Culte ce qu'il a fait par rapport à la Science des Nombres? Car comme il a formé nos Efprits de telle forte, qu'ils conçoivent tous de la même maniére les Véritez de cette belle Science, la plus certaine de toutes, & dont l'ufage eft fi grand pour les befoins de la Vie; on voit auffi qu'en tous tems & en tous lieux, chez les *Flamands*, chez les *Anglois*, chez les *Allemands*, en *Italie*, en *Efpagne*, en *France*, dans l'*A-*

fri-

nos unam non audemus imponere. C A S S I O D O R. Lib. X. *Var. Epift.* XXVI. Voiez auffi une Note de Mr. F A-B R I C I U S fur la Vie de *Proclus*, écrite par M A R I N, pag. 38, 39. *Edit. de Londres.*

O 5   (1) Vers

frique, dans les *Indes*, dans la *Tartarie*, dans l'*Amérique*, parmi tous les Hommes en un mot, de quelque condition, de quelque qualité, de quelque parti, de quelque Secte qu'ils soient, lors qu'on veut compter, chacun trouve, par exemple, que

(1) *Cinq & Quatre font Neuf; ôtez Deux, reste Sept.*

Il n'y a point de haine, point de superstition, point d'avarice, point d'ambition, point d'orgueil, point d'autre passion, qui puisse diviser les Hommes sur cet article, ni altérer une Régle si claire & si évidente. Mais, ô profondeur, ô merveilles infinies de la Sagesse Divine! Que nos lumiéres font courtes, lors qu'il s'agit d'en pénétrer les desseins! Avec quelle soûmission ne devons-nous pas toûjours adorer ses voies, lors même que les raisons nous en font cachées! Vous n'avez pas, ô DIEU, jugé à propos de mettre la Religion dans un degré d'évidence qui nous ramenât tous à une même *Foi*, comme nous

_____

(1) Vers de Mr. *Despreaux*, Sat. VIII. pag. 48. Edit. d'Amsterdam, 1702.

nous avons tous une même *Arithméti-que :* vôtre volonté foit faite! Quelle folie n'eft-ce donc pas, MESSIEURS, quelle arrogance, ou du moins quelle injuftice, qu'un miférable Mortel faffe fervir de prétexte à fa cruauté, cette différence de fentimens, que DIEU, le feul Maître fouverain de nos Con-fciences, a permis pour fournir une ample matiére au Support, à la Dou-ceur, à la Charité? Mais laiffons là ceux qui font capables d'entrer dans une o-pinion fi barbare & fi horrible. Pour moi, MESSIEURS, lors que j'ai con-fidéré attentivement la conftitution des chofes humaines, comme il le faut né-ceffairement dans cette queftion, j'ai toûjours trouvé, que la Nature n'a pas produit un petit nombre de gens pri-vilégiez, aux décifions defquels tous les autres foient tenus de fe foûmettre aveuglément dans la Recherche de la Vérité, mais qu'elle a rendu tous les Hommes participans de la Raifon, afin que chacun fît ufage de fes propres lu-miéres : & que rien n'eft d'ailleurs plus conforme à l'Equité, que d'accorder à autrui les mêmes droits qu'on s'attri-bue à foi-même. En effet, la Nature

a

a fait tous les Hommes égaux, par cela même qu'elle leur a donné à tous
les mêmes Facultez ; & par conféquent elle n'a établi perſonne Juge de
ce qui eſt avantageux à autrui , puis
qu'elle n'a élevé aucun au deſſus de
l'autre. Si donc vous voulez vous conduire comme vous le trouvez à propos
en ce qui regarde vos intérêts, j'y con-
ſens, il vous eſt permis ; pourvû qu'à
vôtre tour vous ne me refuſiez pas la
même liberté par rapport à mes affaires : mais ſi au contraire vous prétendez vous ériger en Arbitre de ce que
je dois faire , ou non, pour mon avantage particulier, ne pourrai-je pas, a-
vec autant de ſujet, exercer à vôtre
égard la même juriſdiction ? Il faut
donc en venir néceſſairement à dire,
qu'en matiére de Religion aucun Homme ne reconnoît ici-bas de Supérieur,
qui puiſſe impoſer quelque Loi à ſa Conſcience. Qu'on avertiſſe charitablement
ceux que l'on croit être engagez dans
l'Erreur, qu'on tâche de les ramener par
la voie convenable d'une douce & forte
perſuaſion ; il eſt permis à chacun : mais
après cela il faut leur laiſſer une entiére
liberté de faire là-deſſus ce qu'ils jugeront

ront à propos ; & on ne fauroit légitimement contraindre perfonne par la
force des Armes, ou par la crainte des
Peines, à embraffer la plus pure de toutes les Religions. La raifon en eft, que,
par la Loi de Nature, on peut & l'on
doit même rendre fervice à tout le monde, autant qu'il dépend de nous; mais
on ne fauroit, fans crime, faire du tort
ou nuire à qui que ce foit.

Si perfonne n'a *droit* d'impofer aux
autres la néceffité d'embraffer une Religion qu'ils n'approuvent pas, ou d'a-
bandonner celle qui leur paroît bonne;
il n'y a non plus aucun *motif raifonna-*
ble qui puiffe porter perfonne à ufur-
per cet empire fur la Confcience d'autrui. J'avoue qu'on auroit raifon de ne
pas fouffrir une Religion perfide ,
meurtriére, fcélérate, qui, comme
autrefois les affreux myftéres des *Bac-*
chanales, autoriferoit les Faux-témoi-
gnages, les Fraudes , les Homicides,
les Larcins , les Fornications , les A-
dultéres, & autres chofes contraires au
repos du Genre Humain; ou qui, felon la coûtume barbare des *Carthagi-*
nois & de quelques autres Peuples, or-
donneroit d'offrir à la Divinité en fa-

5. L'into-
lérance n'a
point de mo-
tif raifonna-
ble qui puif-
fe l'excufer
en aucune
maniére.

O 7   cri-

crifice des Créatures Humaines, pour la (1) confervation & la profpérité defquelles on fait d'ailleurs des vœux très-ardens. Car qu'y a-t-il de plus conforme à la Loi de Nature, qui eft la Régle commune de tout Droit Divin & Humain, que de fecourir fes femblables, & d'empêcher autant qu'on le peut, que l'Innocent ne foit égorgé, martyrifé, ou dépouillé de fes biens, ni par la méchanceté ou les artifices d'un Scélérat, ni même par le zéle aveugle d'une Superftition pernicieufe? Mais lors qu'une Religion ne renferme rien qui favorife le Crime, ou qui porte au déréglement des Mœurs; à quoi bon, je vous prie, voudroit-on empêcher ceux qui y font attachez, de fuivre la route qu'ils jugent la plus fûre pour les conduire à la poffeffion du Souverain Bien? ou pourquoi les priveroit-on des efpérances qui les flattent agréablement, & de la fatisfaction d'agir felon leurs lumiéres, puis que cela ne caufe aucun préjudice ni à nous-mê-

(1) C'eft la réflexion d'un ancien Hiftorien Latin, au fujet des *Carthaginois*, qui immoloient leurs propres Enfans: *Quippe Homines ut victimas immolabant: & impuberes (quæ ætas etiam hoftium mifericordiam provocat) aris*

mêmes, ni à quelque autre qui vive?
Bien loin de là, si nous trouvons que
leur Religion soit bonne, embrassons-
la au plûtôt : & si elle est mauvaise,
contentons-nous de la mépriser, ou de
nous en moquer. Mais quel que soit le
fondement d'une Religion, qu'est-ce
qui nous oblige de la proscrire, si elle
est véritable? & de quel droit l'entre-
prendrions - nous, si elle est fausse?
C'est toûjours une affaire de Conscience, où les autres n'ont rien à voir : s'il
y a du bien ou du mal, cela n'intéresse
que ceux qui persistent à suivre la Religion qui leur paroît la meilleure. Or
une personne d'honneur & de probité,
un homme pieux, sage, modeste, en
un mot, qui s'est fait une habitude de
mesurer son droit non à ses passions &
à ses forces, mais aux Régles constan-
tes de la Raison ; pourroit-il sans rou-
gir s'abandonner si fort à une pure
malice ou à une noire envie, que de
prétendre ôter aux autres ou en tout,
ou en partie, une Liberté que la Nature

*aris admovebant ; pacem Deorum sanguine eorum exposcen-
tes, pro quorum vita Dii rogari maxime solent.* JUSTIN.
Lib. XVIII. Cap. VI.

(1) Voiez

ture donne à tous généralement , &
à laquelle il donneroit atteinte fans qu'il
en revint aucun profit ni à lui-même,
ni à ceux qu'il voudroit en dépouiller?
Nul Homme n'a donc ni droit ni raifon valable d'empêcher l'exercice d'aucune autre Religion, qui n'intéreffe en
rien ni lui, ni qui que ce foit.   Chacun au contraire a une bonne raifon &
un droit inconteftable de ne rendre un
Culte Religieux qu'à ce qu'il en reconnoît digne; & de n'entrer malgré lui
dans aucune Société Eccléfiaftique.
Qu'en matiére d'autres chofes une perfonne reçoive quelque avantage , fans
qu'elle le fâche ou qu'elle connoiffe fes
intérêts: que l'on puiffe même être
contraint à s'aquitter de certains Devoirs de la Vie: il n'y a rien là d'abfurde ou d'illégitime.   Mais quand il
s'agit de la Religion, qui confifte ef-
fentiellement dans un faint commerce
entre DIEU & l'Homme, tout eft inutile, tout eft illicite, du moment que
la force y entre pour quelque chofe.

On peut *changer de Religion, fans que perfonne aît droit de s'enforma-lifer,*

Il n'eft pas moins permis à chacun
de *quitter une Religion*, après l'avoir
embraffée, qu'il lui étoit libre auparavant d'y entrer. En effet, on ne mérite

rite pas l'honneur d'être Membre de la Société spirituelle qu'il y a entre DIEU & les Hommes, lors que l'on n'en aime pas le Chef avec une ardeur extrême, & qu'on n'adore cette Majesté Souveraine que du bout des lêvres, sans avoir le courage de la suivre constamment par tout où l'on croit que son Culte est le plus pur. Celui qui choisit une Religion en vûe de se procurer à soi-même un Bien, & un Bien infini, peut aussi, sans faire tort à personne, conserver toûjours le droit d'examiner si ce que l'on y enseigne est exactement conforme à la Vérité. Car, à moins que d'agir uniquement par un esprit de parti, ce n'est point en considération de la Secte que l'on y entre ou qu'on y demeure; mais dans l'espérance de joüir du Bien qu'elle promet à ceux qui se rangeront sous ses étendars. Tant que l'on est dans cette pensée, la même raison qui a obligé de se joindre à un tel Corps, fait qu'on y doit demeurer. Mais aussitôt qu'on vient à découvrir que l'on s'est trompé, on a droit d'abandonner une Religion où l'on ne trouve pas ce que l'on cherchoit.

Il

Il faut néanmoins se soûmettre à la Discipline Ecclésiastique de la Société dont on est Membre.

Il ne s'enfuit pourtant pas de là, que ceux qui entrent dans une *Société Ecclésiastique*, puissent se conduire absolument à leur fantaisie. A Dieu ne plaise que nous adoptions une pensée si déraisonnable! Nous n'avons garde d'autoriser le Crime ou la Licence, sous prétexte de maintenir la Liberté qui est essentielle à la Religion. Je reconnois de bon cœur, que *quiconque se joint à une Société doit se conformer aux Régles qu'elle a établies* d'un commun accord, selon qu'elle l'a jugé à propos pour des raisons apparentes. (1) Il n'y a point de Corps qui puisse être florissant ou subsister même sans quelque sorte de Loi ou de Discipline : & celui qui fait une profession particuliére d'être une École de Piété & de Vertu, doit sans contredit, plus que tout autre, réduire la Liberté qu'il s'attribue, aux bornes exactes du Devoir & de l'Honnête.

La Société Ecclésiastique ne doit point forcer les Consciences.

Cependant, comme le but d'une Société Ecclésiastique n'est pas d'entasser les Richesses de la Mer & de la Terre,

(1) Voiez la LETTRE Latine de Mr. *Locke* sur la *Tolérance*, pag. 18. de l'Original ; & pag. 24, *& suiv.* de la Traduction Françoise, imprimée à *Rotterdam* en 1710. (2) *Non*

re, ni de s'aggrandir ou de dominer,
pour satisfaire ses désirs ambitieux,
mais d'éclairer l'Esprit, & de corriger
les déréglemens du Cœur, afin de parvenir par ce moien à la Souveraine &
Eternelle Félicité; elle ne doit prescrire à ses Initiez que ce qui est capable de les unir avec D I E U, & de leur
faire espérer avec une confiance raisonnable les effets de sa faveur & de
son amour. Or cela ne pouvant se faire que par les sentimens & les mouvemens intérieurs de l'Ame, il s'en faut
beaucoup que la Discipline Ecclésiastique ne doive être armée d'une force
coactive, ou s'exercer avec une autorité despotique, ou établir la moindre
chose qui sente l'Avarice ou la Cruauté. Croiez-moi, les maniéres hautai-
nes & les voies de rigueur ne conviennent point ici. Ce n'est point par la
prison, par les coups, par les tourmens,
par l'effusion du sang, par les violences, que l'on agit efficacement sur la
Volonté. (2) Il faut des raisons & des
motifs convenables. Il faut convaincre
l'Es-

(2) *Non est opus vi & injuria; quia Religio cogi non potest. Verbis potius, quam verberibus, res agenda est, ut sic
voluntas destringatur.* L A C T A N T. Lib. V. Cap. XIX.
num.

l'Esprit, si l'on veut toucher le Cœur, qui attache l'Homme à DIEU. Les Supplices, qu'un Zéle barbare invente, tourmentent le Corps, mais ils ne font aucune impression sur la Conscience; & ils ne produisent en faveur de la Religion que des mensonges, de l'hypocrisie, des impostures : par où si l'on s'imagine que la Majesté Divine puisse être appaisée, ou plûtôt prise pour duppe, je crains bien qu'il n'y aît pour le moins autant d'impiété, que d'extravagance, dans une pensée si visiblement absurde.

Jusques où s'étend le pouvoir d'une Société Ecclésiastique.

La Société Ecclésiastique n'a donc en main d'autre force, d'autre autorité, que celle des *Conseils*, des *Exhortations*, des *Instructions douces & paisibles.* Lors que tout cela a été emploié en vain, & n'a pû guérir l'aveuglement de ceux qui sont entrez dans quelque opinion particuliére ; qu'on retranche du Corps, si on le juge à propos, ces Membres indociles qui refusent, comme on croit, de se rendre
à

num. 12. *Ed. Cellar.* Voiez le COMMENTAIRE PHILOSOPHIQUE &c. I. Part. Chap. II. II. Part. Chap. II. & III. Part. Articl. III. XXXVII. & l'Extrait d'une Lettre Angloise de Mr. LOCKE, sur la
To-

à la Raifon. Voilà, MESSIEURS, en quoi confifte tout le Pouvoir d'une (1) Confrérie Religieufe; c'eft la feule punition jufte & raifonnable qu'il lui appartient d'infliger à ceux qu'elle avoit reçûs fous certaines conditions. Elle peut aller jufques-là; mais elle ne fauroit paffer plus loin fans agir contre la nature & le but d'une liaifon volontaire, telle qu'eft celle de la Religion, qui ne permet pas qu'on retienne malgré lui qui que ce foit. Puis qu'il eft permis aux Particuliers d'embraffer ou de quitter une Religion, felon qu'ils la croient bonne ou mauvaife; en vertu dequoi la Société n'auroit-elle pas à fon tour le droit de les agréer, ou non, pour fes légitimes Membres ? Mais auffi pourquoi, fous ce prétexte, déclareroit-elle une inimitié & une guerre immortelle à ceux qu'elle refufe de recevoir, ou qu'elle ne veut plus fouffrir déformais? Quoi qu'après cette féparation ils ceffent d'être unis avec les Membres qui lui reftent, par le nom com-

Tolérance, dans le XIX. Tome de la BIBLIOTHE'-
QUE UNIVERSELLE, pag. 370, & fuiv.
(1) Voiez le PARRHASIANA de M. Le Clerc,
Tom. II. pag. 228, & fuiv.

(1) Et

commun du Parti & la même Difcipline Eccléfiaftique, ils n'en font pas
moins Hommes qu'auparavant, & ne
doivent pas moins être regardez comme vivant toûjours fous les Loix générales de la Société Humaine, qui
embraffe toute la Terre habitable. Le
Droit Naturel, cette Loi tacite que
la Raifon nous enfeigne, protége également & fans diftinction tous ceux
qui ne fe font jamais accordez à pro-
feffer une même Religion : pourquoi
feroit-on ignominieufement privé de cet
appui, & déchû des priviléges de l'Humanité, par cela feul que l'on quitte
une Religion que l'on avoit embraffée?
Permettez moi, MESSIEURS, d'emprunter ici la voix du Genre Humain,
& de m'adreffer en fon nom à ceux qui
peuvent être dans un autre fentiment :
S'il y a quelcun qui prétende, qu'il n'y
aît point de Droit commun entre lui
& tous ceux de quelque autre Religion
différente de la fienne, & qui veuille
autorifer par là fon avarice, fa cruauté, & fon impétuofité aveugle; qu'il
fâche que, fous ombre de Piété & de
zéle

(1) *Et cùm inter nos cognationem quamdam natura con-*
ftituit, confequens eft hominem homini infidiari nefas ef-
fe.

zéle pour l'intérêt de sa Secte, il ren-
verse manifestement la Bonté, la Justice, la Pudeur, la Modestie, la Bon-
ne-Foi, & toutes les autres Vertus
d'où dépend la conservation du Genre
Humain; & qu'il se montre par là
aussi impie envers Dieu, que coupable
envers le Prochain d'une noire & a-
bominable méchanceté: puis que, sans
droit ni raison, il détruit, entant qu'en
lui est, la parenté originairement établie entre les Hommes (1) par la
Loi Naturelle & par la Providence
Divine.

Il est donc clair, que du moins *Le Sou-*
dans l'*Etat de Nature*, c'est-à-dire, a- *verain n'a*
vant l'établissement des Loix & du *non plus aucun droit*
Gouvernement Civil, aucun Homme *de prescrire*
ne pouvoit légitimement prononcer en *à ses Sujets*
Juge souverain sur les idées qu'on doit *telle Réli-*
avoir de la Divinité, & sur le Culte *gion que bon lui*
qu'on est tenu de lui rendre; moins *semble.*
encore contraindre les autres par les *Preuve de*
voies de la Force, par la Guerre, par *cela par la*
les Armes, de se soûmettre aveuglé- *nature & le*
ment à ses décisions. Cela étant, de *ciétez Civi-*
quel droit & avec quelle ombre de rai- *les, dont on*
son *fait voir l'origine.*

se. DIGEST. Lib. I. Tit. I. *De Justit. & Jure*,
Leg. III.

(1) Voiez

fon (1) les Princes prétendroient-ils a-
voir dans leurs Etats une telle autorité? La Société Civile se forme par l'u-
nion des Particuliers, elle n'est autre
chose que l'assemblage d'un certain
nombre de gens considérez entant
qu'ils forment un seul Corps : comment
donc pourroit-on attribuer au Souverain un droit dont aucun des Particuliers n'étoit revêtu? Il n'y a pas d'ailleurs la moindre raison qui oblige de
donner au Chef de l'Etat, en matiére
de Religion, plus de pouvoir que chacun n'en avoit naturellement. Est-ce
qu'il importe davantage au Souverain,
qu'il n'importoit aux Particuliers avant
l'établissement du Gouvernement Civil, que chacun n'aît pas une pleine
liberté de pourvoir, comme il l'entend,
au Salut de son Ame, sans faire tort à
personne? Si l'on considére l'origine,
les raisons, & le but de l'établissement
des Sociétez Civiles, on trouvera aussi;

(1) Voiez le COMMENT. PHILOSOPH. I. Part.
Chap. VI. pag. 214. & suiv. de l'Edit. de Rott. 1713.
la LETTRE Latine de Mr. *Locke* sur la *Tolérance*,
pag. 11, & *seqq.* 35, & *seqq.* 68, & *seqq.* de l'Original,
pag. 14. & *suiv.* 49, & *suiv.* 97, & *suiv.* de la Traduction
Françoise : comme aussi l'Extrait de la Lettre Angl.
du même Auteur, dans la BIBLIOTH. UNIVERS.
Tom.

fi, que ce qui a obligé les Hommes, auparavant difperfez par les Campagnes, par les Bois, par les Forêts, par de vaftes Solitudes, à fe raffembler, & à former des Villes, des Peuples, des Corps d'Etat, ce (2) n'eft nullement la Religion, mais la crainte des infultes où chacun vivant à part & indépendant, fe voioit expofé de la part de fes femblables. En effet, l'expérience fâcheufe qu'on avoit faite de l'infolence de certains Efprits féroces ou brutaux, qui empêchoient qu'on ne jouît paifiblement & en fûreté de fes Biens, de fa Liberté, du bon état de fon Corps & de fes Membres, fut caufe que l'on s'avifa de fe joindre plufieurs enfemble fous de mêmes Loix & un même Gouvernement, pour s'entrefécourir & maintenir le repos commun au dedans & au dehors par les forces réunies de tous les Particuliers. Voilà, MESSIEURS, la véritable ori-

Tom. XIX. pag. 384, & fuiv. & l'Extrait d'un autre Ouvrage Anglois, intitulé *les Droits de l'Eglife Chrétienne* &c. dans le X. Tome de la BIBLIOTHÈQUE CHOISIE de Mr. *Le Clerc*, pag. 321, & fuiv.
(1) Voiez là deffus le Traité de PUFENDORF, *de habitu Religionis Chriftianæ ad Vitam Civilem.*

P

origine, le vrai motif, le but naturel
de l'établissement des Sociétez Civiles:
c'est ce qu'ont devant les yeux ceux
qui entrent dans un Etat, c'est à quoi
ils visent & à quoi ils s'attendent tous
unanimement. Lors qu'ils trouvent dans
la protection du Gouvernement une
telle sûreté, ils ont ce qu'ils cherchoient ; & il n'y a point de doute
qu'ils ne veuillent de bon cœur accorder au Prince tout le pouvoir qui lui
est absolument nécessaire pour le mettre en état de travailler efficacement
à procurer & à entretenir la Tranquillité Publique. Ainsi chacun doit regarder comme Bon, tout ce qui tend à
cette fin ; & comme Mauvais, tout
ce qui y est contraire. Le Souverain
défend le dernier, & commande l'autre : & si l'on contrevient à de telles
Ordonnances, il a en main le Glaive
pour punir le mépris de l'Autorité Civile. Un bon Prince néanmoins, en
usant de ce Pouvoir, ne se fâche jamais contre ceux qui péchent simplement par ignorance : que dis-je ? pas
même contre ceux qui commettent
quelque Crime de propos délibéré :
moins encore prend-il un plaisir inhumain

main à voir souffrir les Coupables. Il
ne regarde pas tant le passé, que l'avenir : il se propose uniquement de pourvoir à la Sûreté Publique ; il prend des
mesures pour empêcher qu'il n'arrive
désormais rien de semblable. Il sait,
que tous les Hommes sont naturellement portez à rechercher ce qui leur
est avantageux, & à fuir au contraire
ce qui leur est nuisible ; & que cependant ils ne connoissent pas tous assez
bien leurs véritables intérêts : que l'un
se laisse séduire à un amour immodéré
des Richesses, l'autre aux appas trompeurs de la Volupté : que l'un est em-
porté par une ardeur de Colére, l'autre par la Crainte ou par la Témérité :
que peu de gens se contiennent par raison dans les bornes du Devoir, & que
tous succombent quelquefois à la Passion : qu'ainsi le seul moien de prévenir les desordres , c'est de réprimer la
malice ou la negligence des Citoiens,
par les menaces de quelque Peine , &
par leur exécution actuelle sur les in-
fracteurs des Loix ; en sorte que ceux
qui ne connoissent pas les avantages de
la Société Civile, ou qui n'en tiennent
aucun compte , soient du moins rete-

P 2   nus,

nus , autant que le demande le Bien
Public, par la crainte & par la févérité
des Loix , lors que venant à comparer
la punition qui les attend avec le crime
qu'ils font tentez de commettre, ils ne
trouveront pas leur compte à troubler
ainfi la Société , puis qu'il n'y auroit
rien de bon à gagner pour eux.

Quelle eft l'étendue du Pouvoir des Souverains ; & jufqu'où & comment ils prefcrivent la pratique de la Vertu. Mais comme l'Autorité du Prince
s'étend fur tout ce qui a quelque rap-
port avec le but de la Société Civile ;
d'autre côté, tout ce qui n'influe là
dedans en aucune forte , eft abfolument hors de fa Jurifdiction. En effet,
à quoi bon s'attribueroit-il plus de
Pouvoir qu'il ne lui en faut pour procurer la Sûreté & l'Utilité publique?
Ceux de qui il tient la Puiffance Souveraine , ont-ils prétendu que , fans
aucune raifon, on les dépouillât de leur
chére Liberté , dont la confervation
eft le principal motif qui les a fait réfoudre à fubir le joug des Loix? Ne
nous imaginons pas une chofe fi abfurde. Le Gouvernement Civil n'eft
point établi pour détruire ou diminuer
la Liberté de ceux qui veulent bien s'y
foûmettre, mais feulement pour en diriger l'ufage à l'Utilité commune. Les
Hom-

Hommes certainement ne font entrez
dans la Société, qu'à condition qu'il
feroit permis à chacun de fe conduire
comme il le jugeroit à propos en tout
ce qui ne feroit ni bien ni mal à l'Etat.
Peut-être, MESSIEURS, croirez-
vous que je me trompe groffiérement,
ou même que j'extravague, fi j'ajoûte
ici que l'Honnête & la Vertu, qualitez fi refpectables, & qui fans contredit font le plus bel ornement du Genre Humain & de la Société, ne font
pourtant pas prefcrites toûjours & à
tous égards par les Loix Civiles, ni le
contraire défendu en tout & par tout.
Cependant, fi on examine la chofe
fans prévention, qu'y a-t-il de plus
vrai, & en même tems de plus conforme aux Régles de l'Equité? Il ne
faut que faire réflexion, qu'un Prince,
comme tel, n'envifage point la Vertu, l'Honnêteté, les Devoirs de la
Vie, par le côté le plus beau, par l'endroit qui attire les regards d'un Philofophe occupé à donner des Préceptes
complets, exacts, & fans indulgence,
pour produire dans le cœur de fes Dif-
ciples un amour fincére de la Sageffe,
& un attachement férieux à cultiver

P 3   &

& à perfectionner les Facultez de leur Ame. Il n'est pas certainement de l'office du Souverain, de faire le Docteur à l'égard de ses Sujets, d'orner leurs Esprits de belles connoissances, de modérer par des Leçons de Morale la fougue de leurs passions, de travailler à la reformation des mœurs par de douces remontrances & des discours raisonnez. Cela appartient aux Savans de profession, il faut leur en laisser le soin & la gloire. Il suffit au Prince de mettre un si bon ordre, que ni l'Etat, ni les Particuliers, ne reçoivent aucun préjudice par les effets de la folie, de la témérité, de l'imprudence, de la mauvaise-Foi, & de la méchanceté de qui que ce soit. Il lui est indifférent que l'on agisse de bon gré, ou à contre-cœur; que l'on soit ignorant, ou éclairé, habile ou non; pourvû que l'on ne trouble pas la Tranquillité Publique, & que l'on observe avec soin ce qui est nécessaire pour le bien de la Société Civile. De là vient qu'il ne donne point d'avis, point de conseil; il ne fait que commander ou défendre: il

(1) Voiez le JULIUS PAULUS de nôtre Auteur, qui vient d'être rimprimé, pour la troisième fois dans.

il n'exhorte point, il menace, il inti-
mide; il environne fes Loix de la crainte des Peines, comme d'un puiffant
rempart & d'une forte barriére. Il
n'établit pas des Loix parfaites, qui
fuffifent pour donner le modele d'une
conduite où il n'y aît rien à redire;
mais des Loix telles que le permet ou
que le demande le naturel des Peuples, divers, inconftant, groffier, fort
fujet à des paffions déréglées, (1) Vouloir, par des Loix trop exactes & en
trop grand nombre, ramener des efprits ainfi faits aux Régles févéres de
la Vertu & de la Sageffe, ce feroit ou
connoître bien peu la foibleffe humaine; ou être fouverainement barbare &
cruel, fi la connoiffant on n'y avoit
point d'égard. Car pour quelle raifon
ou dans quelle vûe commanderoit-on
ou défendroit-on des chofes que les
menaces des plus rigoureufes peines
n'obtiendront jamais du Luxe, de
l'Avarice, de la Groffiéreté, de la Né-
gligence, de la Pareffe, de la Sottife,
de la Senfualité, de l'Imprudence, de
la Témérité, vices fi fréquens & fi

com-

dans le Recueil de fes *Oeuvres*, *Cap*. X. pag. 366. de
cette derniére Edition.

P 4   (1) Voiez

communs dans le Monde? Ce seroit
une entreprise non seulement vaine,
mais encore injuste, puis qu'elle enga-
geroit à punir les Citoiens pour avoir
violé des Loix dont l'observation est
au dessus de leurs forces. Ajoûtez à
cela, qu'en exigeant à la rigueur certaines choses d'elles-mêmes très-hon-
nêtes, on auroit quelquefois à craindre qu'il n'en arrivât un mal plus fâcheux, que celui auquel on vouloit remédier. Il faut donc reconnoître, qu'un
Prince vertueux, grave, sage, & af-
fectionné au Bien Public, ne doit pas
toûjours prescrire par des Loix accompagnées de Peines, ce qui est d'ailleurs
conforme à l'Honnêteté; & qu'il peut
même quelquefois permettre (1) des
choses vicieuses & deshonnêtes.

Ceux qui ont formé les Sociétez Civiles n'ont ni voulu ni pû soûmettre la Religion à la volonté du Souverain.

Pardonnez-moi, Messieurs, si
j'abuse ici de vôtre patience. Je me
suis étendu peut-être plus que vous
ne l'auriez souhaitté, à expliquer l'o-
rigine, les raisons, & le but de l'établissement des Sociétez Civiles. Mais
il étoit important pour mon sujet, de
faire voir avec la derniére évidence,

que

_____

(1) Voiez Pufendorf, *Droit de la Nature & des Gens*, Liv. VIII. Chap. I. §. 4.

que l'on ne peut, en bonne Politique, attacher aucune Peine qu'à ce qui intéreſſe le Repos Public, & la conſervation des Biens du Corps ou de la Fortune, & que du reſte on doit laiſſer à chacun la liberté de ſe conduire comme il le trouve à propos ; car cela poſé, il eſt facile d'en déduire, ſans que j'aie beſoin de m'y arrêter, ce qu'il faut penſer au ſujet de la Religion dans la matiére dont il s'agit. En effet, la Religion de ſa nature tendant plûtôt à la perfection & au bonheur éternel de l'Ame, qu'à la proſpérité & à la felicité temporelle des Sociétez Civiles ; tous les Siécles du moins nous fourniſſant des exemples de Peuples auſſi différens par leur Culte & par les cérémonies de leur Service Divin, que par leur langage & par leur climat ; & néanmoins également illuſtres, puiſſans, heureux, par leurs Loix, par leurs forces, par leurs richeſſes, & dans la Paix & dans la Guerre : jugez vous-mêmes ſans prévention, ſi *ceux qui ont formé les Sociétez Civiles* ſe ſont propoſez de ſoûmettre la Religion ſans aucune néceſſité à l'Autorité des Loix & du Souverain. Mais il y a plus :

P ſ   (&

(& ce que je viens de dire n'eſt rien
en comparaiſon de ce que je vais ajoûter) je ſoûtiens que , *quand même ils*
l'auroient voulu , il n'étoit pas en leur
pouvoir de rendre la Religion eſclave
des Loix Civiles. Car , comme elle
eſt plûtôt un préſent du Ciel, qu'une
choſe qui dépende de la Volonté Humaine ; les Hommes peuvent-ils jamais, en aucune maniére & à aucun
titre, décider à la pluralité des voix
d'une choſe de cette nature, ou en faire la matiére de leurs conventions &
de leurs engagemens? Que conclur-
rons-nous donc? Voici, MESSIEURS,
en peu de mots ma penſée. Dans tout
ce qui concerne les affaires civiles,
l'Autorité du Prince eſt ſans contredit
très-grande & au deſſus de toute autre :
mais du moment qu'il s'agit de Religion, il n'a pas plus de pouvoir qu'un
ſimple Particulier: de ſorte que, s'il
preſcrit un certain Culte par des Loix
accompagnées de peines contre ceux
qui refuſeront de lui obéir en cette
occaſion, il empiéte ſur les droits d'autrui, il uſurpe un empire qui n'appartient qu'à DIEU ſeul; & non ſeulement il n'avance guéres en voulant
ain-

ainſi forcer les Conſciences, mais encore il ne ſauroit ſe diſculper d'exercer un acte de Tyrannie.

J'AI donc prouvé, MESSIEURS, que la Religion eſt abſolument indépendante de toute Autorité Humaine : il faut maintenant venir à l'examen des raiſons dont on ſe ſert pour établir le contraire. Prémiérement, dit-on, il n'y a qu'*un ſeul chemin* qui méne à la *Vérité*, & en même tems à la *Vie heureuſe* : ſi quelcun ne le connoît pas, ou refuſe de le ſuivre, eſt-il rien de plus juſte & de plus honnête, que de l'y faire entrer de gré ou de force, ſelon le Droit commun de l'Humanité par l'Autorité ſacrée d'un Prince également *Dévot* & *Fortuné*, ou par le miniſtére de quelques perſonnes ſages, vertueuſes, pieuſes, qui agiſſent en ſon nom, ou plûtôt au nom de DIEU ? Qu'y a-t-il de plus convenable à l'état d'un Particulier, que d'obéïr à la Majeſté Humaine la plus relevée & la plus auguſte après DIEU ; ſur tout lors qu'elle exige de lui, avec autant de ſageſſe, que de bonté & d'affection, une choſe qui regarde, non quelque intérêt léger & momentanée de la Vie

SECONDE PARTIE de ce Diſcours, qui contient la Réponse AUX OBJECTIONS des Intoléraus.

Prémiére Objeſtion, tirée de l'importance du Salut, que l'on veut procurer à ceux qu'on force, & qui ne ſe trouve que dans une ſeule Religion.

P 6   Ci-

Civile, mais un *Bien infini & éternel?*
Voilà, MESSIEURS, un argument,
mais, fi je ne me trompe, un argument bien frivole. Car en quoi donne-
t-il la moindre atteinte à l'opinion que
je défens? Tournez-le, s'il vous plaît,
de tous les côtez, développez, examinez avec foin tout ce qu'il renferme; vous trouverez, je m'affûre, que
ce n'eft qu'un vain bruit, un amas de
paroles qui ne fignifient rien. Prou-
vons-le. Je vais répondre, MES-
SIEURS, de la maniére la plus fimple
qu'il me fera poffible. Hé bien donc!
nous qui fommes éclairez des lumiéres
agréables d'une Doctrine Célefte, nous
trouvons qu'il n'y a que cette feule
route véritable & affûrée pour parvenir au Salut. Soit. Mais les autres,
à qui DIEU ne fait pas de fi grandes
graces, n'ont pas la même créance ou
le même bonheur que nous. Il y a
dans le monde une infinité de Sectes,
même parmi les *Chrétiens*, pour ne
rien dire de celles qui partagent les
Juifs, les *Paiens*, les *Mahométans*, &
ceux de quelque autre Religion. On
difpute encore quelle eft la meilleure;
& quoi que la queftion intéreffe également

ment tout le monde, on ne fauroit la décider par la Raifon toute feule & par le Droit de la Nature & des Gens, dont il s'agit entre nous. Qu'il n'y aît donc tant qu'il vous plairra qu'un feul chemin qui conduife au Salut : puis que nous ne convenons pas quel eft ce chemin, & qu'on m'en montre plu-fieurs, dont chacun eft regardé & pro-pofé comme meilleur par ceux qui le fuivent ; y a-t-il le moindre doute, que je ne doive me conduire felon mes propres lumiéres, plûtôt que par cel-les d'autrui, dans une affaire comme celle de mon Salut, qui m'intéreffe fans contredit plus particuliérement que tout autre? D'ailleurs, fi en ma-tiére de Confcience l'on doit fe foû-mettre aveuglément à autrui, au juge-ment de qui faudra-t-il s'en rapporter? Sera-ce à celui du Prince? Mais s'il fe trouve que le Prince foit fort igno-rant en ce qui concerne la Religion : (car c'eft un (1) pur hazard que d'être appellé au Throne par la Naiffance ; & on ne voit pas toûjours un heureux affemblage de la Nobleffe & de la

Puif-

____

(1) *Nam generari & nafci à Principibus, fortuitum &c.* T A C I T, Hiftor, Lib, I. Cap. XVI. *num.* 3,

P 7

Puiſſance avec le Bon-Sens & le Savoir) ſi encore, comme c'eſt la coû-
tûme des Grands, il veut tout empor-
ter de hauteur & par autorité, plûtôt
que de me ramener par des exhortations & des inſtructions paiſibles, à
quoi me vois-je réduit? Suppoſons
même, qu'il aît de l'étude, & que,
pour me convertir, il mette en uſage
le ſeul moien naturel & légitime, qui
eſt celui des raiſons : en ce dernier
cas, MESSIEURS, je ne ſaurois que
louer extrémement ſa conduite, & je
lui dois ſans contredit une grande re-
connoiſſance d'un ſi rare témoignage
d'affection & de douceur; cependant
s'il ne vient à bout de me convaincre
entiérement de la vérité des ſentimens
qu'il veut m'inſpirer, pourquoi em-
braſſerois-je, au péril de mon Salut,
une Religion qui ne me paroît pas
bonne? Mais n'eſt-ce pas une grande
préſomption à un Particulier, de ne
vouloir point déférer aux ſentimens
& à la volonté d'une perſonne ſacrée,
entre les mains de qui la Providence
Divine & le conſentement des Hommes ont mis de concert l'Autorité
Souveraine? Je me ſoûmettrai, MES-
SIEURS,

SIEURS, (1) à son jugement en tout
ce qui dépend de moi ; & je dois même, peut-être autant par prudence,
que par respect & par modestie, relâcher un peu de mes droits en faveur
de mon Prince, qui peut d'ailleurs
me faire du bien, & me dédommager
par quelque autre endroit de ce que je
perds à lui obéïr dans cette occasion
fâcheuse.   Mais la Religion est d'une
toute autre nature : je ne saurois raisonnablement l'accommoder à la fantaisie d'autrui ; c'est un hommage que
je dois à DIEU, & il faut par conséquent que je le lui rende de la manière qui me paroît la plus digne de cet
Etre Souverain.   Quelque élevé que
le Prince soit au dessus de ses Sujets,
si on le compare à DIEU, il n'est pas
plus respectable qu'un simple Particulier ; & il ne doit pas tenir à outrage
la juste préférence que je donne hautement au Maître commun de lui &
de moi.   Pourrois-je d'ailleurs, à
moins que d'être insensé, donner hon-
teusement dans une flatterie si absurde

(1) Voiez la *Lettre* Latine de Mr. LOCKE sur la
Tolérance, pag. 39 de l'Original, *pag.* 55, & *suiv.* de
la Traduction Françoise,

(1) Voiez

de & si impie , que de mettre DIEU
au dessous du Souverain ; puis que, si
je viens à être privé de la faveur & de
l'amour de cette Majesté Infinie , je
suis perdu sans ressource ; n'y aiant
point de Puissance supérieure capable
de me remettre en possession ou de
me dédommager d'un bien si inesti-
mable.

*Seconde Ob-
jection. Le
Prince ne
veut pas
qu'on se
soûmette à
ses déci-
sions, mais
à celles des
Ministres
Publics de la
Religion.*
Voilà qui est bien , direz-vous , si
le Prince décidoit lui-même, comme
Souverain , de la Religion & de ses
Articles. Mais autre chose est , lors
qu'avec sa permission une *Assemblée*
(1) *Ecclésiastique* aussi vénérable par
sa piété & par sa vertu , que par sa
sagesse & par ses lumiéres , prononce
là-dessus au nom & en l'autorité de
DIEU même. N'importe , MES-
SIEURS , j'en reviens à mon principe. Tant qu'il ne sera question que
d'affaires civiles , j'en passerai par ce
qui aura été décidé , bien ou mal , à
la pluralité des voix ; parce que l'intérêt du repos public demande que
l'on termine ces sortes de choses d'u-
ne

(1). Voiez la même *Lettre* de Mr. LOCKE, pag. 40,
& seqq. de l'Original, *pag.* 57, *& suiv.* de la Traduction Françoise.

ne maniére ou d'autre, lors même qu'on n'y voit pas tout-à-fait clair. Mais il s'agit ici de la Religion, à l'égard de laquelle on eſt indiſpenſablement obligé de ſuivre les lumiéres de ſa Conſcience ; de ſorte que, juſqu'à ce qu'on ſoit bien convaincu, il faut ſuſpendre ſon jugement, & renvoier la choſe à une plus ample information. Car, encore que d'autres faſſent profeſſion de recevoir un Dogme, comme ſuffiſamment établi, à leur gré ; cela ſuffit-il pour nous déterminer à y aquieſcer, pendant qu'il ne nous paroît pas tel à nous-mêmes ? DIEU, en nous donnant la Raiſon, a-t-il prétendu que nous jugeaſſions par les lumiéres d'autrui, & non par les nôtres, de ce qui regarde nôtre intérêt capital ? Lors que le Souverain me renvoie à une Aſſemblée Eccléſiaſtique, il a beau la qualifier *Sainte*, il a beau me dire qu'elle tient ſes ſéances & qu'elle prononce au nom & en l'autorité de DIEU ; ſi après tout je ne ſuis pas convaincu, que ce qu'elle enſeigne ſoit capable de me faire obtenir le vrai & Souverain Bien qui eſt le but de la Religion, ne ſont-ce pas
des

des décisions purement humaines, que le Prince me propose, plûtôt que des Dogmes & des Préceptes divins? Dois-je m'étonner que (1) des Hommes soient aveuglez par l'erreur, ou séduits par leurs passions? Faut-il que, dans une affaire de si grande conséquence, où il s'agit de mon Salut, & du Salut éternel, je me laisse éblouïr à de vains Titres, au faste des Honneurs & des Dignitez; au lieu d'écouter les conseils de ma Raison? Certainement nulle Autorité Humaine n'est ici pour moi d'aucun poids; je ne puis ni ne dois me rendre qu'à l'éclat victorieux de la Vérité. N'est-ce pas enfin là même chose, que le Prince me force lui-même d'adhérer à ses erreurs, ou qu'il m'y fasse contraindre par des gens que je n'ai point établi ni n'ai pû établir Juges Souverains de ma Foi, & auxquels à plus forte raison le Prince ne sauroit donner cette autorité? Il y a plus

(1) L'Histoire est si pleine des erreurs & des vices des Ministres Publics de la Religion, & l'on a tant de fois montré combien cela même rend nécessaire l'examen des Doctrines & des Pratiques qu'ils veulent nous imposer; qu'il faut être bien simple, pour se laisser éblouïr à leur autorité, & bien hardi pour la faire valoir comme un argument qui seul soit de quelque force. On peut voir ce que vient de dire là-des-

plus: quand même la Religion, que
l'on veut me faire embraſſer aveuglément, ſeroit au fond la meilleure;
tant que je n'en ſuis pas convaincu,
je ne dois pas obéïr. Car en vertu de
quoi un Homme ſage & attentif à ſuivre inviolablement la Loi Naturelle,
s'engageroit-il pour l'heure dans une
voie qu'il croit mauvaiſe, quelque bonne & ſûre qu'elle ſoit véritablement?
(2) Un Voiageur, je l'avoue, arrive
quelquefois au lieu où il alloit par un
autre chemin qu'il ne s'étoit propoſé;
& la tempête, ou le hazard jettent ſouvent à bon port un Vaiſſeau dont le
Pilote ne ſavoit plus ce qu'il faiſoit,
ni où il alloit. Mais y a-t-il jamais eu
perſonne qui, par un Culte & des Cérémonies qu'il jugeoit impies, ou deſ-
agréables à la Divinité, ſoit parvenu
au Souverain Bien, à l'amour & à la
faveur de DIEU, dont les graces ne
s'obtiennent que par les mouvemens
in-

deſſus tout fraichement (en 1713.) un Auteur Anglois, dans un *Diſcours ſur la liberté de penſer*, où il
propoſe d'ailleurs nettement & aſſez au long les raiſons ſur quoi eſt fondée cette liberté qu'il prétend que
chacun a naturellement. J'apprens que cet Ouvrage
vient d'être traduit en François.

(2) Voiez la *Lettre* Latine de Mr. LOCKE, pag.
44. de l'Original, *pag.* 62, *& ſuiv.* de la Traduction
Françoiſe.

intérieurs d'une Piété fincére & entiérement dévouée à fon fervice? En voilà affez, MESSIEURS, fur cet article : car j'ai fuffifamment prouvé, que
ni le Prince, ni aucun autre Homme,
n'a droit ni raifon tant foit peu appa-
rente, de contraindre fes Sujets ou autres perfonnes, par les Armes ou par
les Loix, en un mot par la violence,
par la crainte, par les peines, de quelque nature qu'elles foient, à fuivre bon-
gré mal-gré qu'ils en aient telle ou telle Religion ; parce que, fi on la croit
véritable, on l'embraffera de fon pur
mouvement, comme une chofe que la
Raifon nous fera voir avantageufe ; &,
fi au contraire on la juge fauffe, on
ne pourroit l'embraffer fans témoigner
du mépris ou de l'indifférence envers
la Majefté Divine, & fans fe perdre
foi-même.   Or de là il s'enfuit, qu'a-
près s'être fervi de toutes les voies
honnêtes que la prudence & l'induftrie
peuvent fuggérer ; on doit laiffer à chacun la liberté de faire comme il l'entend par rapport à fon Salut, foit qu'il
refufe d'entrer dans une nouvelle Religion, foit qu'il veuille s'éloigner ou en
tout, ou en partie, des fentimens re-
çus

cus dans celle qu'il a professée jusqu'alors: d'autant plus que la Force ne serviroit de rien à le convertir; & que d'ailleurs la Liberté de Conscience, qu'il demande, ne tend ni à rien entreprendre contre l'Etat, ni à commettre des injustices & des méchancetez envers le Prochain.

C'est, direz-vous, *faire* à DIEU *un outrage* bien sanglant, que de corrompre sa sainte Religion, ou de l'abandonner par pure légéreté. J'entens : mais qui êtes-vous, vous qui parlez ainsi, que vous vous érigiez en Scrutateur des Cœurs, & que vous prétendiez être Défenseur en titre des intérêts de la Majesté Divine ? De quoi vous mêlez-vous ? De quel droit vous portez-vous à venger un outrage qui ne vous regarde point ? Laissez à DIEU le soin de punir les offenses que vous croiez qu'il reçoit, & d'infliger la peine, aussi-bien que de connoître du crime. Que dis-je ? Les Vices purement internes, les erreurs & les souillûres de l'Ame, ne sont même punissables en aucune maniére que devant le Tribunal de cet Etre Souverain. Je ne m'arrêterai pas, MESSIEURS, à le faire voir ;

la

Troisiéme Objeéfion, tirée de l'intérêt de la Gloire de Dieu, qui est offensé par les Erreurs & par les Schismes.

la chofe parle d'elle-même. Qui eft-ce
qui connoit le Cœur, qui eft-ce qui le
voit, fi ce n'eft D I E U feul? Quel autre que lui, le meut, le touche, le gouverne, le fléchit? Et que refte-t-il à
l'Homme, que de fe laiffer conduire,
& de fuivre fans réfiftance par tout où
il croit que la voix de D I E U l'appelle? Lors donc qu'il s'agit d'examiner,
fi quelcun a commis un Péché purement Spirituel; de quelle nature eft ce
Péché; quelle en eft l'énormité; s'il
mérite d'être puni, en quel tems, en
quel lieu, de quelle maniére, jufqu'où,
& dans quelle vûe il faut le faire : y
a-t-il quelque autre que D I E U, qui
puiffe, fi nous confultons les Régles
invariables de la Raifon & de la Juftice, y a-t-il, dis-je, quelque autre que
lui, qui puiffe en connoître, & prononcer là-deffus? cela ne répugne-t-il
pas manifeftement à la nature des chofes? Pour ne pas dire, qu'on a mauvaife grace de fe fâcher contre des
gens que D I E U ne hait point; auxquels du moins il fait part également
(1) des benignes influences de fon Soleil,

---

(1) Voiez M A T T H I E U, Chap. V. 45.

leil, & des Pluies fécondes de son Ciel : quoi que, s'il vouloit, il pût sur le champ, & en mille maniéres, les accabler de ses fleaux, leur faire souffrir les plus rigoureux tourmens, & les exterminer sans ressource. Si DIEU épargne & comble même de biens ceux par qui vous croiez qu'il est offensé, que ne devez-vous pas faire vous qui ne recevez d'eux aucun tort, aucun dommage ?

Ils sont dans l'erreur, dites-vous, & dans des *erreurs grossiéres*, & cela en matiére de *Religion* : or il n'y a rien de plus *deshonnête* & de plus honteux dans toutes les choses divines & humaines, rien de plus *pernicieux*, rien de plus contraire à l'Ordre de la Nature. Est-il possible qu'on ose alléguer des raisons si pitoiables ? Il s'agit ici du Tribunal Humain, quelque beau nom qu'on lui donne ; & sur ce piélà, ô Homme, vous appellez un crime l'attachement inviolable d'un Homme comme vous, à se conduire selon ses propres lumiéres dans une affaire qui regarde la Conscience ! Vous traitez d'injure faite à tous les Hommes, une chose à quoi chacun est indispensa-

Quatrième Objection, tirée de la turpitude & des suites funestes de l'Erreur en matiére de Religion.

fablement obligé par la Loi même de
la Nature, pour peu qu'il aît à cœur
la Juftice & la Probité? Dites-moi,
je vous prie, fi c'eft un crime, quel
nom lui donnerez-vous ? à quel principe faudra-t-il l'attribuer ? car un crime qui intéreffe le Genre Humain, &
les chofes même inanimées, doit être
fans doute bien atroce & bien criant.
Ces gens-là, dites-vous, ne connoif-
fent pas la Vérité. Mais peuvent-ils
avoir une connoiffance que DIEU n'a
pas jugé à propos de leur donner ? Et
puis, que favez-vous fi ceux que vous
croiez être dans l'erreur, ne font pas
au fond dans le parti de la Vérité?
Combien de fois n'arrive-t-il pas que
ce que l'on tient pour le plus vrai, fe
trouve faux; ou, au contraire, que
ce que l'on regarde comme faux, fe
trouve vrai? (1) Il fe peut faire auffi
que ni eux ni vous n'ayiez bien rencon-
tré, quoi que vous vous flattiez également les uns & les autres. D'un côté,
le chemin de la Vérité eft fort obfcur,

fort

(1) Voiez le COMMENTAIRE PHILOSOPHI-
QUE, I. Part. Chap. V. pag. 181. & fuiv. & II. Part.
Chap. V. pag. 353. & fuiv. de l'Edition de Rotterd.
1713.
(2) Je me fouviens ici d'un beau paffage de SEN'E-
QUE:

fort gliffant, fort difficile : de l'autre,
l'obligation d'obferver les Loix de la
Société Humaine eft de la derniére é-
vidence. Dans cette fituation des chofes, je ne vois rien de plus jufte, que
de fe fupporter réciproquement. Sup-
pofé même que les autres foient effectivement plus éloignez, que vous, de
la Vérité, que vous importe ? S'ils s'é-
garent, tant pis pour eux ; c'eft leur
affaire, & non pas la vôtre. Vous
pouvez déplorer leur malheur, de ce
que DIEU ne leur a pas fait les mêmes graces qu'à vous ; mais vous ne
fauriez pour cela feul les traiter de Méchans & de Scélérats. Ils font donc
dignes de vôtre compaffion ; bien loin
de mériter d'être l'objet d'un nouveau
& fingulier genre de Haine. (2) Vous
auriez autant de raifon de vous empor-
ter contre un Aveugle, de ce qu'il ne
voit pas ; contre un Boiteux, de ce
qu'il cloche ; contre un Manchot, de
ce qu'il n'a pas l'ufage de tous fes membres. Ce font-là, direz-vous, des im-
per-

QUE: *Illud potius cogitabis, non effe irafcendum Erroribus,
quid enim fi quis irafcatur in tenebris parum veftigia certa
ponentibus ? quid fi quis Surdis, imperia non exaudienti-
bus ? .... quid fi illis irafci velis, qui ægrotant, fenef-
cunt, fatigantur ? De Ira, II, 9.*

Q   (1) On

perfections naturelles, & non pas des défauts de la personne. Je vous soûtiens moi, qu'il faut penser la même chose de l'Erreur, sans en excepter celle qui concerne la Religion. On y tombe par foiblesse, & non par malice. (1) C'est donc un malheur, & non pas un crime. Ainsi les Errans ne sont nullement sujets à la peine par les Loix de la Société Humaine, puis qu'ils ne les ont point violées, comme tels.

Cinquiéme Objection, tirée du bien que l'on prétend faire aux Errans, en usant envers eux d'une charitable & salutaire rigueur.

Si je pille, dites-vous, si je tourmente, si je persécute, si je tue, il suffit, pour me disculper du reproche odieux d'attenter sur la Liberté d'autrui, que je sois obligé malgré moi d'en venir à ces extrémitez ; & que j'agisse, non par aucun motif de haine, mais par un mouvement de piété, & dans l'espérance de *sauver une personne qui periroit sans cela.* (2) Lorsque, dans un accès de Folie ou de Frénesie, quelcun veut se jetter dans la Riviere, ou dans un Puits, ou dans un Abî-

---

(1) On trouvera ceci fort étendu, dans le COMMENT. PHILOSOPH. Part. II. pag. 470. & *suiv.* & *Supplément* Chap. XIV. & *suiv.* Voiez aussi la Lettre LII. de l'Empereur JULIEN.

(2) Voiez la III. Part. du COMMENT. PHILO-SOPHIQUE, Artic. III. IV. & *suiv.* VIII. XXX. &c. où

Abîme ; tout le monde ne juge-t-il pas que c'eft une très-belle action, de l'en empêcher bon-gré mal-gré qu'il en aît ? Le Droit Civil ne permet-il pas à tous ceux qui voudront s'intéreffer (3) pour un Criminel, que l'on méne au fuppli-ce, d'appeller en fon nom de la Senten-ce, quand même le Criminel s'y foûmet-troit, & qu'il s'oppoferoit formellement à l'Appel ? Qu'un Homme fage, pieux, dévot, imite donc une telle conduite. Qu'il maintienne les intérêts temporels de fon Prochain, fans abandonner pour cela fes intérêts fpirituels, & les intérêts de Dieu même. Qu'il tâche, autant qu'il pourra, de gagner les gens par la dou-ceur & par la voie de la perfuafion : mais après l'avoir mife inutilement en ufage, qu'il recoure fans fcrupule à la Crain-te, aux Douleurs, aux Peines, aux Supplices, pour vaincre l'opiniâtreté infenfée des Errans, pour les rendre fufceptibles de la lumiére de la Vérité, & pour faire entrer profondément les in-

---

où l'on réfute *les paralogifmes & les petites moralitez*, ou plûtôt les miférables déclamations *du grand Evéque d'Hippone.*

(3) DIGEST. Lib. XLIX. Tit. I. *De appellationibus & relationibus*, Leg. VI. COD. Lib. VII. Tit. LXII. Leg. XXIX.

(1) *Log-*

inftructions dans leur ame. Alors ils lui
fauront auffi bon gré de la rigueur falutaire dont il aura ufé envers eux,
qu'un Malade eft obligé à fon Méde-
cin de ce qu'il lui a rendu la Santé,
quoi qu'il le faffe fouvent par la diéte,
par la faim ou par la foif, d'ordinaire
par des remédes défagréables, quelquefois même par le feu ou par le fer, toûjours en l'affujettiffant à certaines chofes qui lui caufent beaucoup d'ennui,
de douleurs, & de fouffrances. Qu'en-
tens-je, bon Dieu! L'Impudence même, fi elle empruntoit une voix humaine, pourroit-elle tenir un autre langage? Voiez, MESSIEURS, les belles comparaifons dont on fe fert pour
nous éblouïr! N'eft-ce pas fe moquer
des gens, que de prétendre nous paier
de fi miférables chicanes? Pendant que,
contre tout droit & raifon, on maltraite des Innocens d'une maniére à laffer
la cruauté la plus barbare, on fe vante
d'a-

(1) *Longè diverfa funt Carnificina & Pietas : nec poteft
aut Veritas cum Vi, aut Juftitia cum Crudelitate conjungi,*
LACTANT. Lib. V. Cap. XIX. num. 17. *Libet igitur
ex his quærere, cui potiffimùm præftare fe putent, cogendo
invitos ad facrificium? Ipfisne quos cogunt? At non eft be-
neficium, quod ingeritur recufanti. Sed confulendum eft
etiam nolentibus; quando, quid fit bonum, nefciunt. Cur*
(1)0

d'avoir la Piété à cœur ! Dans le tems qu'on perſécute & qu'on fait mourir une perſonne, on oſe ſe comparer à ceux qui lui rendroient quelque grand ſervice, ou qui lui ſauveroient même la Vie ! (1) Si c'eſt-là un acte d'Humanité, d'Amour, de Charité, de Bénéficence ; qu'appellera-t-on Haine, Inhumanité, Barbarie, Rage de nuire au Prochain ? Impitoiable Tyran, ſi tu aimes les Hommes, comme tu veux nous le faire accroire, ſi tu te propoſes ſincérement de leur procurer la faveur de Dieu, le Souverain Bien ; ne tourmente point, ne déchire point cette partie de l'Homme de laquelle tu ne ſaurois tirer que de la douleur, & jamais un mouvement volontaire. Laiſſe le Corps en repos ; & pour guérir l'Ame des erreurs où tu la crois plongée, tâche de la gagner par des raiſons convaincantes. Tout l'appareil des Supplices ne ſert de rien ici : ils ne font qu'ex-

ergo tam crudeliter vexant, cruciant, debilitant, ſi ſalvos volunt ? aut unde pietas tam impia, ut eos miſeris modis aut perdant, aut inutiles faciant, quibus velint eſſe conſultum ? An verò Diis præſtant ? At non eſt ſacrificium, quod exprimitur invito &c. Idem, ibid. Cap. XX. num. 5, & ſeqq. Edit. Cellar.

(1) Voiez

qu'extorquer des menfonges, des déguifemens, des paroles feintes ; & ce n'eft point par là qu'on s'unit avec DIEU, mais par l'Efprit, par la Volonté, par des fentimens fincéres & des mouvemens entiérement libres. La Cruauté eft toûjours Cruauté. On ne fauroit jamais prendre pour l'effet d'une affection véritable, & d'un fincére defir de fauver quelcun, la fureur de ceux qui le battent, qui l'inquiétent, qui le martyrifent, qui le perfecutent inutilement ; que dis-je ? qui le tuent même avant que fon Ame foit guérie du mal dont ils font femblant de vouloir la délivrer. Prens garde au contraire, que, fous prétexte de rendre un office d'Ami, tu n'exerces au fond l'hoftilité la plus barbare & la plus abominable que l'on puiffe concevoir ; puis qu'en ôtant la vie à celui que tu crois être dans l'erreur, tu le mets pour toûjours hors d'état de fe convertir & de fe fauver.

Il

(1) Voiez les CONVERSATIONS SUR DIVERSES MATIE'RES DE RELIGION, par feu Mr. Le Céne, Entretien II. pag. 74, & fuiv. & le COMMENT. PHILOSOPH. II. Part. Chap. I. Voiez auffi une Lettre Latine de feu Mr. VAN PAETS, adreffée à feu Mr. Bayle, & imprimée à Rotterdam en 1686.
in.

Il faut, dites-vous, vaincre par la crainte & par la douleur l'*opiniâtreté* & l'obstination inflexible des Errans. (1) Vous traitez donc ainsi d'*opiniâtre* & d'obstiné, celui que vous ne pouvez ramener par des raisons ! Qu'est-ce qui l'empêchera de vous faire à son tour le même reproche ? Chacun est fortement attaché à ses sentimens. Vous méprisez ses raisons, qui ne vous satisfont point : il n'est pas touché des vôtres, qui lui paroissent frivoles. A moins que, de vôtre pure autorité, vous ne vous érigiez en Arbitre Souverain du Vrai & du Faux, vous voilà à deux de jeu. Vous ne voulez ni l'un ni l'autre adhérer aux erreurs d'autrui : vous voulez tous deux suivre les lumiéres de vôtre propre Conscience, & faire entrer dans vos sentimens ceux qui en sont éloignez. Pourquoi blâmez-vous en lui ce que vous faites vous-même ? Ou pourquoi désespérez-vous de sa conversion, quoi que vous n'y voyiez

in quarto, sous ce titre : H. V. P. ad B**** de nuperis ANGLIÆ motibus Epistola, in qua de diversum à publica Religione circa Divina sentientium disseritur tolerantia, pag. 11, & seqq. Toute la Lettre, qui est courte, mérite d'ailleurs d'être luë.

Q 4   (1) Voiez

yiez encore aucune apparence ? Ce qui
n'arrive pas aujourdhui, peut arriver
demain; (1) & il y a au deſſus de nous
un DIEU puiſſant, qui conduit toutes
choſes, & qui fait, quand il veut, triompher de la prévention la plus incura-
ble & la plus enracinée. Quoi qu'il en
ſoit, ce n'eſt pas une opiniâtreté vi-
cieuſe, c'eſt plûtôt une conſtance louable, d'avoir un ſi fort attachement à
ce que l'on eſt tenu d'embraſſer avec
un amour ſincére & invariable, que de
ne ſe laiſſer ébranler ni à force d'argent,
ni par des priéres & des ſollicitations,
ni par des menaces, ni par la force &
par l'autorité du Souverain même. Un
Soldat brave & qui a l'ame bien faite,
loue la Vertu, même dans ſon Ennemi : à combien plus forte raiſon un
amateur ſincére de la véritable Sageſſe,
qui unit les Hommes prémiérement
avec DIEU, puis les uns avec les autres,

(1) Mr. *Noodt* imite ici ce qu'un ancien Auteur Latin dit dans une autre vuë, *Quod hodie non eſt, cras
erit* . . . . . .

*Quod non exſpectes, ex tranſverſo fit,
Et ſuper nos Fortuna negotia curat.*
PETRON. Cap. XLV. & LV. Ed. *Burmann.*

(2) L'Auteur fait alluſion à la réflexion de JUS-
TIN

tres, par les lumiéres communes de la Raifon, doit-il eftimer & refpecter dans ceux d'une Religion différente de la fienne, l'intention louable & le beau motif, de préférer D I E U conftamment à toutes chofes?

Il eft, direz-vous, d'un Homme fage & pieux, de *maintenir le Culte*, *les Cérémonies*, en un mot toutes les *Inftitutions* dont D I E U lui-même eft l'Auteur. D'accord. J'avoue même, que fi ces Pratiques font juftes, bien fondées, & propres à infpirer la Piété, il faut les défendre férieufement & de toutes fes forces; & qu'on a raifon de regarder comme femblable en quelque façon à Dieu, (2) quiconque donne au monde un fi bel exemple, que celui d'embraffer avec chaleur la défenfe des intérêts de la Majefté Divine. Il s'agit feulement de favoir de quelle maniére on doit s'y prendre; (3) & c'eft
fur

Septiéme Obj- jection, tirée de l'obli- gation où l'on eft de maintenir la vraie Reli- gion, & de travailler à la propaga- tion de la Foi.

†IN au fujet de *Philippe de Macédoine*, qui avoit pour- fuivi les *Phocéens*, fous prétexte qu'ils avoient pillé le Temple d'*Apollon* à *Delphes*. D I G N U M *itaque qui Diis proximus haberetur, per quem Deorum majeftas vindicata fit*. Lib. VIII. Cap. II. num. 7.

(3) C'eft la réponfe que faifoit un ancien Docteur de l'Eglife: *Sentiunt enim, nihil effe in rebus humanis Re- ligione praeftantius, eamque fummá vi oportere defendi: fed in ipfa Religione, fic in defenfionis genere falluntur.* De-
fir-

Q 5.

fur quoi nous ne convenons pas plus, que fur le fond même de la Religion. Vous trouvez qu'un Dragon ou un Bourreau eft un digne Défenfeur de la Religion : & moi je vous foûtiens, qu'on ne fauroit choifir de Miffionaire plus incapable de travailler efficacement à la propagation de la Foi, & qu'un infame & un fcélérat comme celui-là doit être emploié à toute autre chofe. S'il faut dire la vérité, c'eft trahir la Religion, & donner lieu de croire qu'elle n'a pas dequoi fe foûtenir par elle-même, lors que, pour la faire recevoir, on appelle à fon fecours la crainte des Peines. Loin d'ici donc tous les inftrumens affreux de la Guerre & des Supplices : laiffez-là les Rapines & les Extorfions : point de Coups, point de Tortures, point de Gibets, point de Bûchers ; il faut ici d'autres armes. Nous n'avons pas befoin d'emprunter celles de la Cruauté, ni d'avancer le régne de Dieu par des voies criminelles. La véritable Religion s'affermit par une Raifon faine & tranquille, par un Bon-Sens épuré & une Sageffe

ex-

fendenda enim Religio eft, non occidendo, fed monendo &c. Lactant. Lib. V. Cap. XIX. num. 22.

exquife, par une Connoiffance claire
& diftincte. Peut-être vous imaginez-
vous, (vous devez du moins le fuppofer felon vos principes) que fans être
convaincu par aucune preuve fatisfai-
fante, chacun peut croire & comprendre tout ce à quoi on lui commande
de foûmettre aveuglément fes lumiéres. Mais confidérez bien comment
nôtre Efprit eft fait, examinez la nature & les propriétez de l'Entende-
ment Humain, vous n'y trouverez rien
qui dépende de quelque détermination
toûjours arbitraire. Il ne fe laiffe conduire que par des inftructions & par des
remontrances : il donne fans balancer
un entier confentement à une Propofition dont on lui a démontré la vérité ;
mais, tant qu'il n'eft pas convaincu,
tout l'appareil de la Cruauté ne fauroit
jamais le lui arracher. Si un Tyran
(qu'il me foit permis d'emprunter encore ici un exemple tiré de l'*Arithmétique*) fi un Tyran furieux m'ordonnoit de croire, que *Deux* & *Trois*, par
exemple, font *Huit :* quand même il
me menaceroit des plus rigoureux fup-
plices, quand il feroit tout prêt à me
les faire fouffrir, quand je me verrois

actu-

actuellement entre les mains du Bourreau ; que je compte fur mes doits,
que j'examine tous les rapports de ces
Nombres avec la derniére application,
jamais je ne pourrai obtenir fur moi,
quelque défir que j'en aie, de m'imaginer que *Deux* & *Trois* faſſent plus de
Cinq. Toutes les menaces, toute la violence du monde n'en ſauroient venir à
bout. Je puis tromper, je puis men-
tir, je puis faire dire à ma langue ce
que la douleur m'arrache : mais il
m'eſt abſolument impoſſible de penſer
une choſe ſi contraire à mes idées. Il
en eſt de même en matiére de Religion : ſoiez-en aſſûrez, vous qui n'ê-
tes aveuglez ni par un eſprit de Parti,
ni par la Haine, ni par l'Ambition,
ni par l'Avarice. Répandre le ſang,
tourmenter, piller, confiſquer les biens,
maltraiter les gens, les perſécuter, ce
n'eſt pas défendre la Religion, (1) c'eſt
la deshonorer, c'eſt la ſouiller, c'eſt la
pro-

(1) C'eſt encore ce que diſoit un Docteur Chrétien des prémiers Siécles : *Nam ſi ſanguine, ſi tormen-*
tis, ſi malo Religionem defendere velis; jam non defendetur
illa, ſed polluetur atque violabitur. Nihil eſt enim tam vo-
luntarium quàm Religio : in quà ſi animus ſacrificantis a-
verſus eſt ; jam ſublata, jam nulla eſt. LACTANT. Lib.
V. Cap. XIX.
(2) C'eſt une objection de ST. AUGUSTIN: *Fruſ-*
tra.

profaner. L'aquiescement volontaire lui
est si essentiel, que si on la professe
sans en avoir le cœur convaincu & pé-
nétré, autant vaudroit-il ne l'embras-
ser point du tout.

Mais, dira-t-on, la *volonté* fait aussi
le principal caractére qui distingue la
Vertu d'avec le *Vice* : (2) cela n'empêche pourtant pas que les *Loix ne nous*
astreignent à pratiquer la prémiére, &
à fuir l'autre. Pourquoi donc le *Culte*
Divin, sous prétexte qu'il ne sert de
rien s'il n'a le cœur pour principe, se-
roit-il exemt de la contrainte des Loix ?
On confond ici, MESSIEURS, deux
choses que la Raison nous fait regarder
comme distinctes, l'office propre de la
Loi, & celui de la *Religion.* Que fait
la *Loi* ? Raisonne-t elle ? Point du tout.
Quoi donc ? *Je le veux, je l'entens :*
Faites ceci, ou cela ; voilà quel est son
longage. Elle ne se propose pas de rendre gens-de-bien ceux à qui elle com-
man-

Huitiéme
Objection.
Les Loix
forcent à
pratiquer
la *Vertu* &
à fuir le *Vi-*
ce : pour-
quoi ne
contrain-
droient-el-
les pas à la
Religion ?

---

tra dicis, relinquar libero arbitrio. Cur enim non in homi-
cidiis & stupris, & quibuscumque aliis facinoribus & flagi-
tiis, libero te arbitrio dimittendum esse proclamas ? Contra
Crescentium, *Lib. IX. Cap. LI.* Ce passage est cité
par JUSTE LIPSE, dans son Traité *De una Religione ;*
Ouvrage pitoiable, & dont les plus forts argumens
consistent en des exemples de ceux qui ont été Persécuteurs & Intolérans.

mande: elle se contente qu'ils ne fasse-
sent du tort à personne. (1) Ainsi elle
a uniquement en vûe de régler l'extérieur, ce qui suffit pour son but. Lors
donc qu'elle prescrit la Vertu, ce n'est
pas proprement entant que Vertu, ou
comme une chose qui demande la sin-
cérité & la pureté du Cœur, mais
comme la pratique de certaines Actions
avantageuses à l'Etat : de même, quand
elle défend le Vice, elle n'exige pas
qu'on le déteste & qu'on l'abhorre dans
son ame, elle en condamne seulement
les effets nuisibles à la Société; & elle
tient pour bons Citoiens ceux même
qui au fond sont de malhonnêtes-gens,
pourvû qu'ils ne contreviennent point
à ses ordonnances & à ses prohibitions.
Voilà les fonctions de la Loi : celles
de la Religion sont bien différentes.
La *Religion* a pour but de rendre les
Hommes sages : elle ne veut rien de
forcé, elle exhorte, elle persuade. Elle condamne même les actes extérieurs
les

(1) CICERON dit, que ce n'est pas la connoissance du Droit Civil qui fait l'Honnête Homme ; mais
que la Vertu est le fruit de l'Instruction , & non pas
des Menaces ni des Recompenses proposées par les
Loix. *Quod verè Viros Bonos Jure Civili fieri putas , quia*
Legibus & Præmia proposita sint Virtutibus , & Supplicia
Vi-

les plus conformes à la Vérité & à la
Vertu, les plus beaux en apparence,
lors que l'Esprit & le Cœur n'y ont
point de part. En effet, quelque bonne que soit une action en elle-même,
quelque honneur qu'elle fasse à la Religion, mérite-t-elle un titre si glorieux, lors que la Conscience, que
Dieu a établie au dedans de nous pour
Juge Souverain du Bien & du Mal,
nous la représente comme mauvaise?
Or, dans le cas dont il s'agit, on la
fait comme mauvaise, & nullement
comme bonne. Il n'en est pas de même de ce que les Loix Civiles prescri-
vent. Que l'on croie bien ou mal faire, pourvû que l'on agisse conformément à la Loi, cela est indifférent
pour l'Utilité Publique.

Il importe à l'*Etat*, direz-vous, de
*régler la forme, la manière, & les cé-
rémonies du Culte Divin.* Tout ce que
l'intérêt public demande ici, c'est,
à mon avis, qu'il ne se fasse point
d'Af-

Neuviéme Objection, ti-rée de l'in-térét de l'E-tat, qui de-mande qu'on régle ce qui concer-ne la Reli-gion.

*Vitiis : equidem putabam , Virtutem Hominibus (si modo
tradi ratione possit) instituendo & persuadendo , non minis,
& vi ac metu tradi. Nam ipsum quidem illud etiam sine
cognitione Juris, quam sit bellum cavere malum , scire possumus.* De Oratore, Lib. 1. Cap. LVIII.

(1) Voicz

d'Assemblées suspectes, où l'on trame des conspirations contre l'Etat, & où les Initiez soient autorisez à commettre des fornications, des adultéres, des incestes, des meurtres, des parricides, des actes de Faussaire ou de Faux-témoin, des fraudes, des tromperies, & autres crimes défendus par les Loix Civiles, aussi bien que par le Droit Naturel. Car on ne peut pas honorer du beau nom de *Religion*, un complot abominable de gens dont la liaison tend à la ruïne du Genre Humain. C'est une pure scélératesse, cachée sous le voile spécieux de la Religion. Du moment que quelcun viole ainsi l'Ordre du Gouvernement, & donne quelque atteinte au but naturel des Sociétez Civiles, (1) le respect de la Divinité n'empêche nullement qu'on ne puisse user envers lui de la sévérité des Loix, tout de même que s'il ne se couvroit pas

d'un

(1) Voiez la *Lettre* Latine de Mr. LOCKE, pag. 73, & seqq. pag. 105, & suiv. de la Traduction Françoise: & le COMMENT. PHILOSOPH. Part. II. Chap. V. pag. 341. & suiv. Chap. IX. pag. 428. & suiv. & le *Supplément*, Chap. dernier, pag. 452. &c. de l'Edit. de *Rott.* 1713.

(2) Voiez PLINE, *Hist. Natur.* Lib. XXX. Cap. I. S.U.E.

d'un si beau prétexte. C'est ainsi que l'Empereur *Tibére* (2) abolit en *Afrique* l'usage barbare & criminel d'offrir des Victimes Humaines en sacrifice; & le Sénat Romain, la Fête (3) des *Bacchanales*, à *Rome* & dans *l'Italie*. Mais lors qu'une Religion ne fait du mal à personne, & qu'elle n'engage à rien de méchant ou de deshonnête, mais qu'elle inspire au contraire la Vertu & les Bonnes Mœurs, & qu'elle recommande la soûmission au Gouvernement Civil; pour quelle raison ne la souffriroit-on pas? Prétendra-t-on qu'il faille punir non les crimes de la Secte, mais la Secte comme telle, quelque innocente qu'elle soit? Qui ne voit, qu'il y auroit en cela une souveraine injustice, & une cruauté horrible? Le Sénat Romain en usa avec plus d'équité & plus de sagesse, lors qu'en faisant raser tous les édifices où se célébroient les mystéres pernicieux

SUÉTONE, dans la Vie de *Claude*, Cap. XXV. MINUT. FELIX, Cap. XXX. TERTULLIEN, Apolog. Cap. IX. LACTANCE, *Instit. Div.* Lib. I. Cap. XXI. & le Commentaire d'HIERÔME COLUMNA sur ce vers d'ENNIUS, *Ille suos Deiveis mos sacrificare puellos*, pag. 28, & *seqq.* Edit. Amstel.
(3) TIT. LIV. Lib. XXXIX. Cap. XIV, & *seqq.*
(1) Dae

cieux & abominables des *Bacchanales*, il ordonna, (1) que fi quelcun croioit ne pouvoir en Confcience fe difpenfer de confacrer folennellement à *Bacchus* un certain tems pour cette Fête, il allât en faire fa déclaration au Préteur de la Ville, qui propoferoit la chofe au Sénat; & que, fi alors le Sénat y donnoit fon confentement, dans une féance où il n'y eût pas moins de cent Sénateurs, il pourroit s'aquitter de cet acte religieux: bien entendu qu'il n'y eût pas plus de cinq perfonnes qui affiftaffent au Sacrifice, qu'ils n'euffent point de Tréfor commun, & qu'il n'y eût point de Maître des Cérémonies, ni même de Prêtre, qui s'y joignît.

Dixiéme Objection. La diverfité des Religions caufe mille troubles & mille défordres dans la Société.

Ceux, dites-vous, qui innovent quel-

(1) *Datum deinde Confulibus negotium eft, ut omnia Bacchanalia Romæ primùm, deinde per totam Italiam diruerent .... in reliquum deinde Senatusconfulto cautum eft,* Ne qua Bacchanalia Romæ, neve in Italia effent. Si quis tale facrum folenne & neceffarium duceret, nec fine religione & piaculo fe id omittere poffe apud Prætorem Urbanum profiteretur; Prætor Senatum confuleret: fi ei permiffum effet, quum in Senatu centum non minus effent, ita id facrum faceret, dum ne plus quinque facrificio intereffent; neu qua pecunia communis, neu quis Magifter facrorum, aut Sacerdos effet. TIT. LIV. *Lib.* XXXIX. *Cap.* XVIII.

(2) Voiez le Traité DE LA RAISON HUMAINE, pag. 7, & *fuiv.* le COMMENT. PHILOSOPH. Préface.

quelque chofe dans la Religion , ou
qui la changent entiérement , donnent
lieu à des Opinions nouvelles & dangereufes : d'où il naît des Conventi-
cules , des Cabales , des Confpira-
tions , des Troubles , des Séditions ,
qui ne font nullement avantageufes à
la Société Civile. Mais (2) vous ne
tiendriez pas ce langage , fi vous
n'aviez intérêt de perfuader une telle
chofe , & de jetter les Efprits foibles
dans des craintes chimériques , pour
fatisfaire vôtre ambition ou vôtre a-
varice; vous, qui ne voulez pas fouffrir une Secte nouvelle , ou une Religion que vous n'aimez pas. Les *E-
gyptiens* avoient des maximes bien différentes : car (3) on dit , que , pour
affermir leur Empire, ils inventérent
di-

face du Tom. I. pag. 124. & *fuiv.* de l'Edit. de *Rott.*
1713. Part. II. Chap. VI. & Part. III. pag. 17. & *fuiv.*
la BIBLIOTHEQUE UNIVERS, Tom. XII. pag.
476, & *fuiv.* le PARRHASIANA, Tom. I. pag. 297,
& *fuiv.* & Tom. II. pag. 199, & *fuiv.* comme aufli
le Traité DE LA TOLERANCE, qui eft à la fin des
Converfations de feu MR. LE CENE *fur diverfes matiéres de Religion*, (pag. 253, & *fuiv.*) Ouvrage qui n'eft
qu'une Traduction d'un petit Livre de CRELLIUS,
qui avoit paru fous le Titre de *Junii Bruti Vindiciæ pro
libertate Religionis.*
    (3) C'eft ce que remarque DIODORE DE SICI-
LE , dans fa *Bibliot. Hift.* Lib. I. Καὶ ὅπως μηδέποτε
ὁμονῆσαι δύνωνται οἱ κατ' Αἴγυπτον &c.
(1) *Vie-*

diverfes fortes de Religions ; dans la penfée que cette différence de fenti-mens & de culte feroit comme une barriére qui empêcheroit les Peuples de confpirer enfemble contre le Gouvernement. L'Empereur *Julien* ufa de la même politique. Lors qu'il voulut faire ouvrir les Temples du Paganifme & redreffer fes Autels, pour rendre plus fûre l'exécution de fon projet, (1) il manda les Evêques divifez entr'eux fur la Religion, & quand ils eurent été introduits dans fon Palais avec le Peuple qui avoit pris parti pour chacun, *il les exhorta de mettre fin à ces diffenfions civiles, & les afsûra que chacun pouvoit, fans rien craindre, fuivre la Religion qui lui paroiffoit la meilleure : ce qu'il fit*

(ajoû-

(1) *Utque difpofitorum roboraret effectum, diffidentes Chriftianorum Antiftites cum Plebe difcifsa in Palatium intromiffos monebat, ut civilibus difcordiis confopitis, quifque nullo vetante Religioni fuæ ferviret intrepidus. Quod agebat ideo obftinaté, ut diffenfiones, augente licentia, non timeret unanimantem poftea Plebem.* AMMIAN. MARCELLIN. Lib. XXII. Cap. V. Voici la réflexion que fait MONTAGNE, après avoir rapporté le paffage même de cet Auteur : " En quoy cela eft digne de confideration, que l'Empereur Julien fe fert, pour attifer le " trouble de la diffention civile, de cette mefme re-" cepte de liberté de confcience, que nos Roys vien-" nent d'employer pour l'efteindre. On peut dire d'un " cofté, que de lafcher la bride aux parts d'entrete-" nir

(ajoûte là-deſſus l'Hiſtorien qui nous apprend cette circonſtance) *afin que la Liberté de Conſcience augmentant les diviſions , il n'eût point à craindre dé-formais que le Peuple ſe réünit contre lui.* Mais qu'eſt-il beſoin d'autoritez & d'exemples ? Conſidérons la choſe en elle-même. Pourquoi eſt-ce que le Prince ou l'Etat prendroit ombra-ge d'une Opinion ou d'une Secte, quoi que nouvelle, lors qu'elle n'eſt en rien contraire ni aux bonnes mœurs, ni à l'Autorité du Souverain ? car du moment qu'elle paroît funeſte à la Société, il faut la bannir, non par-ce qu'elle eſt nouvelle , mais parce qu'elle eſt nuiſible. Si la nouveauté ſeule autoriſoit à proſcrire une Reli-gion, en vertu de quoi eſt-ce que les

pré-

,, nir leur opinion , c'eſt eſpandre & femer la divi-
,, fion, c'eſt preſter quaſi la main à l'augmenter ; n'y
,, ayant aucune barriere ni coërction des loix , qui
,, bride & empeſche ſa courſe. Mais d'autre coſté on
,, diroit auſſi, que de laſcher la bride aux parts d'en-
,, tretenir leur opinion , c'eſt les amollir & relaſcher
,, par la facilité & par l'aiſance, & que c'eſt eſmouſ-
,, ſer l'aiguillon, qui s'affine par la rareté, la nou-
,, velleté , & la difficulté. Et ſi croy mieux , pour
,, l'honneur de la devotion de nos Roys ; c'eſt que
,, n'ayans pû ce qu'ils vouloient, ils ont fait ſem-
,, blant de vouloir ce qu'ils pouvoient. *Eſſais* , Liv.
,, II, Chap. XIX, à la fin,

(1) Voiez

prémiers Chrétiens auroient pû se plaindre des cruelles persécutions du Paga-
nisme, au milieu duquel ils venoient
annoncer une Doctrine sans contredit
toute nouvelle, & qui ne pouvoit que
paroître fort étrange? On a lieu, direz-vous, de tenir pour suspectes les
(1) Assemblées particuliéres, sur tout
celles qui se font de nuit. Mais les
gens d'honneur & de probité ne se
cachent point, à moins que le péril
qu'il y a de s'assembler ouvertement
ne les y contraigne. D'ailleurs, on
peut envoier quelcun à leurs Assemblées, pour voir tout ce qui s'y pas-
se. Rien n'empêche même que le
Souverain, s'il le juge à propos, ne
fixe le nombre de personnes dont elles peuvent être composées, comme
nous avons remarqué ci-dessus que le
pratiqua le Sénat Romain en permet-
tant aux Particuliers de faire des sacrifices à *Bacchus*, après l'abolition des
Bacchanales. On peut aussi défendre
aux Sectes, sous quelque peine, de
s'injurier & de se damner les unes les
au-

_____

(1) Voiez la *Lettre* Latine de Mr. LOCKE, pag. 79.
& *seqq.* de l'Original, *pag.* 113. & *suiv.* de la Traduction Françoise.

autres. Enfin, que chacun aît la liberté d'entrer dans telle Religion que
bon lui semblera, ou d'en sortir: &
que ceux qui sont de différentes Com-
munions se mettent bien dans l'esprit,
qu'ils sont Hommes les uns & les
autres, fort sujets par conséquent à
tomber dans l'erreur, comme ils ne
l'éprouvent que trop souvent: du reste qu'ils ne trompent personne. De
cette manière, chaque Parti aiant à
cœur l'Intégrité, l'Honneur, & la
Piété; tous serviront Dieu sincére-
ment: aucun ne sera soûmis aux décisions humaines & au caprice des Princes en matière des choses qui regardent la Conscience. Il n'y aura alors
aucun sujet de haine ni de querelles;
parce que chacun pourra dire librement ce qu'il pense, sans que les passions trouvent leur compte à lui faire
déguiser ses sentimens, ou à remplir
son Esprit de nuages qui obscurcissent
la Vérité, ou à l'animer contre ceux
qui ne sont pas de la même Religion.
Le Prince n'aura non plus rien à
craindre des Sectes & des Opinions
nouvelles: pourvû qu'il ne se mêle
pas dans des Disputes innocentes, sur
des

des chofes qui n'intéreffent en aucune maniére le Gouvernement Civil ; & qu'il ne favorife pas une Secte, au préjudice de l'autre. En un mot, à moins que les Difputes ne foient fomentées par le Souverain, ou entretenues par un efprit de chicane & par la licence de fe déchainer en invectives les uns contre les autres ; elles ne cauferont point de divifion dans l'Etat, & elles tomberont bien-tôt d'ellesmêmes. Qui ne fait avec quelle chaleur on a agité dans le dernier Siécle la queftion (1) du *Sabbat*, & celle de la (2) *longue Chévelure ?* Cependant l'une & l'autre de ces Difputes s'eft évanouïe, le Magiftrat les aiant méprifées, ou ne s'étant point mis en peine d'entrer dans les démêlez des Théologiens. Y a-t-il quelcun aujourd'hui d'affez fimple pour s'imaginer, qu'on

_____

(1) Voiez en peu de mots l'hiftoire de cette Difpute, dans la BIBLIOTHÉQUE UNIVERSELLE, Tom. V. pag. 520, & fuiv.
(2) Deux Miniftres Flamands donnérent occafion à cette Difpute. Comme ils étoient à table dans une maifon où ils avoient été invitez, le plus âgé, qui portoit des cheveux courts, fe mit à cenfurer l'autre de ce qu'il les portoit longs ; & fondé fur un paffage de ST. PAUL (I. *Corinth*. XI, 14.) il l'accufa de violer le Droit Naturel. Cela produifit un grand nombre de Li-

qu'on donne quelque atteinte à la Religion en foûtenant qu'il y a des *Antipodes* : Opinion que LACTANCE (3) & plufieurs autres de ceux qu'on appelle *Péres de l'Eglife*, ont traité d'erronée ou même d'impie? Qui eft-ce qui ne tient pas pour une chofe fort indifférente à la Religion, de favoir fi c'eft le *Soleil*, ou la *Terre*, qui tourne; quoi qu'il y aît eu des gens qui fe font oppofez avec de grandes clameurs à l'opinion du mouvement de la Terre? Par le Droit Canon, le *Prêt à ufure*, même fur le pié le plus modique, eft déclaré un grand crime; & les *Papes* lancent des anathêmes contre tous ceux qui n'approuveront pas ou qui violeront un reglement fi févére. Il y a eû même parmi nous des gens qui ont donné dans cette Morale outrée. Dans les Etats néanmoins

Livres de part & d'autre. Chacun avoit pris parti parmi les Eccléfiaftiques, où l'autorité du vieux Miniftre avoit prefque terraffé l'opinion du jeune. SAUMAISE même fe mit enfin fur les rangs, & par l'explication fubtile qu'il donna au fameux paffage, il fit voir que fa Critique n'étoit pas auffi heureufe à pénétrer le fens des Auteurs Sacrez ; qu'à expliquer les Auteurs Profanes.

(3) Voiez fes INSTITUTIONS DIVINES, Lib. III. Cap. XXIV.

R   (1) Voiez

moins comme celui-ci, où les Loix
& les Coûtumes font fondées fur d'autres maximes, tout le monde croit généralement, que, par le Droit de la
Nature & des Gens, le *Prêt à ufure*
confidéré en lui-même, & réduit à
fes juftes bornes, eft auffi permis &
auffi (1) innocent, que le Contract de
Louage, dont il eft auffi une véritable
efpéce.

Onzième
Objection. Il
faut du
moins ex-
tirper les
Religions
Idolatres &
Superftitieu-
fes, pour ne
pas laiffer
corrompre
la véritable
Religion.

Voilà, MESSIEURS, une réfutation de la plûpart des raifons qu'al-
léguent ordinairement ceux qui prétendent que la Religion eft foûmife
à l'Autorité Humaine & aux Loix
Civiles. Peut-être fe retranchera-t-on
à dire, qu'il faut du moins purger
l'Etat & la Société Humaine, des
erreurs groffiéres, de la *Superftition*,
de l'*Idolatrie*, & autres femblables a-
bus de la Religion qui font également extravagans & impies ; de peur
que la véritable Religion ne fe cor-
rompe par le voifinage des fauffes.
Mais cette penfée ne me paroît pas
moins abfurde, que pernicieufe au
Genre Humain, & je m'engage à
vou-

____

(1) Voiez le beau Traité de nôtre Auteur, DE
FOENORE ET USURIS, publié en 1698. & rimprimé

vous le faire voir par des preuves inconteftables. Comment donc? direz-
vous. Le voici, MESSIEURS. Suppofons, j'y confens, qu'un Prince,
pour rendre fervice à une Religion
fainte & raifonnable, veuille arrêter le
cours de la Superftition, défendre des
Pratiques ridicules & impertinentes,
abolir tout Culte impie : voilà qui
eft bien. Il me refte feulement une
petite difficulté : dites-moi, je vous
prie, fi je dois après cela refufer le
même droit à un autre Prince qui eft
d'une Religion toute oppofée ? Car
l'Autorité Souveraine réfide avec une
égale force dans l'un & dans l'autre;
& aucun d'eux ne croit fa Religion
mauvaife. On peut donc tourner la
medaille; & du moment que vous accordez à quelcun le droit de s'oppofer à une Religion fauffe & abfurde,
vous ne fauriez faire un crime à perfonne de ce qu'il travaille à l'extirpa-
tion de toutes les Sectes différentes de
la fienne. Car fi l'on peut faire tous
fes efforts pour éteindre une Religion
fauffe ou impie, la queftion fe réduit
à

mé depuis peu, en 1713. dans le Recueil de toutes
fes Œuvres.

à favoir fi celle, dont on n'eft pas, mérite d'être regardée fur ce pié-là. Or qui en connoîtra ? qui en décidera ? qui aura le privilége d'affermir fa Religion fur les ruines de l'autre ? Ne fera-ce pas celui qui fe trouvera le plus fort, ou à caufe de la Souveraineté, dont il eft revêtu, ou par la fupériorité de fes Armes ; & ceux qu'il autorifera ou qu'il aidera dans une telle entreprife? Ainfi la Religion, qui doit être accompagnée de fincérité & d'une pleine perfuafion, & uniquement fondée fur l'Autorité Divine, ne fe foûtiendra plus. par les lumiéres de la Raifon & par les confeils de la Sageffe ; mais par l'Autorité Humaine, ou par la Force. Or y a-t-il rien de plus honteux, de plus injufte, de plus extravagant ? je vous en laiffe les juges. Sous l'Empire de *Néron* & de fes Succeffeurs, la *Religion Chrétienne*, toute fainte, toute divine qu'elle eft, ne refpirant qu'Honnêteté, que Moderation, qu'Humilité, que Douceur, qu'Huma-

---

(1) C'eft ce que nous apprend TACITE : *Repreffaque in præfens exitiabilis fuperftitio* [Chriftianorum] *rurfus erumpebat ..... haud perinde in crimine in-*

manité , que Courage, que Fidélité,
que Conftance , fut néanmoins rejet-
tée & cruellement perfécutée : dira-
t-on que les *Chrétiens* n'avoient pas
lieu de fe plaindre , parce que le Souverain regardoit alors leur Secte comme (1) une Superftition pernicieufe ;
& ceux qui en faifoient profeffion ,
comme autant de Scélérats & de gens
convaincûs d'avoir une haine mortelle
pour tout le refte du Genre Humain ?
Lors que dans la fuite cette Religion
fut dominante, eft-ce que, pour être
autorifée par les Loix & appuiée de la
force des Armes & du Bras Séculier,
elle en devint plus pure & plus véritable , que quand elle n'avoit d'autre
foûtien que la vertu , l'innocence , &
la fimplicité de fes Sectateurs ? Les
Paiens , d'autre côté , dans le tems
qu'on leur défendit l'exercice public
de leur Religion , qu'on abattit leurs
Autels, qu'on fit fermer leurs Temples ; étoient-ils adonnez à des Super-
ftitions plus abominables, que lors que
maîtres de l'Empire ils perfécutoient
les

incendii , *quam odio humani generis , convicti funt.* Annal. Lib. XV. Cap. XLIV. num. 5, 6.

R 3   (1) U

les *Chrétiens*, auxquels ils ne pouvoient véritablement reprocher aucun crime, ni la moindre chose qui tendît à l'Impiété? Il n'est pas nécessaire d'alléguer ici d'autres exemples semblables, tirez des Siécles suivans ; personne ne les ignore. Je ne saurois m'empêcher néanmoins de vous rappeller celui de (1) THOMAS CRANMER, Archevêque de (2) *Cantorberi*, dont la fin tragique fait voir bien clairement les fâcheux retours auxquels un Intolérant s'expose. Car, le Parti contraire étant devenu le plus fort sous le Régne de MARIE ; ce Prélat éprouva en sa personne le feu de la Persécution, qu'il avoit lui-même allumé sous le Régne d'EDOUARD contre ceux qui étoient dans d'autres sentimens que les siens. Concluons, que la Vraie Religion (3) n'a pas plus de droit, que les Fausses, d'employer

___

(1) Il fut brûlé à *Oxford*, le 21. Mars 1556. " On " remarqua (ce sont les termes de Mr. BURNET, aujourd'hui Evêque de *Salisbury*) " que durant le Régne de HENRI VIII. il avoit consenti à l'exécution de *Lambert*, & d'*Anne Askew*, qui souffrirent " pour les sentimens dont il fit ensuite profession... " On ajoûta, que c'étoit lui qui avoit pressé l'exécution " tion de *Jeanne de Kent*, & de *George van Pare*, " sous EDOUARD ; & que, s'il éprouvoit la mê- " me

ploier la Force ou l'Autorité du Gouvernement Civil, pour extirper les autres Sectes, ou pour s'opposer à leur établissement.

Mais, direz-vous, l'*Idolatrie* est une *chose extravagante & odieuse au vrai* DIEU. Qui en doute? Y a-t-il aucun Homme de bon-sens, & éclairé, qui puisse approuver les idées monstrueuses des Idolatres, & qui ne soit au contraire persuadé qu'il faut bien prendre garde de ne tomber jamais en aucune maniére dans un tel aveuglement? Mais il n'est pas question ici d'examiner, si une personne sage, grave, & de probité, doit s'abstenir de toute superstition impie ou insensée: il s'agit uniquement de savoir, si, par cela seul que les Idolatres sont coupables devant DIEU, on doit les persécuter & les bannir de l'Etat & de la Société? & si l'on peut em-

L'Idolatrie par elle-même n'est pas une raison suffisante pour autoriser à persécuter une Religion.

,, me rigueur par l'autorité de MARIE, c'étoit un ,, juste jugement de Dieu. *Hist. de la Reformation*, Tom. II. pag. 171. de la Traduct. Françoise, *Ed. de Londres.*

(2) Il y a dans l'Original, *de Cambrige (Cantabrigiensem)* sans doute par une faute d'impression.

(3) Voiez le COMMENT. PHILOSOPH. Tom. II. Chap. VIII, & *suiv.*

R. 4.　　　　(1). Voiez.

emploier contre eux légitimement la voie des Armes ou les châtimens des Loix? Pour moi, MESSIEURS, je n'ai garde d'adopter une penſée ſi téméraire & ſi dangereuſe, & je crois avoir de très-fortes raiſons pour la rejetter. (1) Prémiérement, qu'entendrons-nous par le mot d'*Idolatrie*? car les idées qu'on y attache, ſont fort différentes & fort variables. Et quand aurions-nous fait, ſi nous voulions conſidérer les naturels, les mœurs, les Sectes, tant des Savans, que du Peuple, dans tous les Païs du Monde, & la diverſité prodigieuſe d'Opinions, de Rites, de Cérémonies, qu'on y remarque? De plus, la nature & le but des Loix Humaines ne (2) demande pas que les Légiſlateurs puniſſent tout ce qui eſt déſagréable à Dieu. Je ne parle pas de la Dureté, de l'Inhumanité, de l'Avarice, du Luxe, de l'Envie, de la Haine, de l'Oiſiveté, de la Pareſſe, de la Témérité, de l'Yvrognerie, de l'Intempérance, de la Dé-

(1) Voiez la *Lettre* Latine de Mr. LOCKE ſur la *Tolérance*, pag. 58, & *ſeqq.* de l'Original, *pag.* 82, & *ſuiv.* de la Traduction Françoiſe.

(2) Voiez le *Droit de la Nature & des Gens*, de PUFEN-

Débauche , de la Senſualité , qui ſont des Vices, de l'aveu de tout le monde, & par leſquels D I E U eſt certainement offenſé. Cependant lors qu'ils ne donnent aucune atteinte au Bien de l'Etat, & qu'ils ne cauſent d'ailleurs du préjudice à perſonne, ceux qui s'y abandonnent ſont à couvert de la ſévérité de toutes les Loix Humaines. Qu'y a-t-il encore de plus infame, que le *Menſonge*, & que le *Parjure?* Les Loix néanmoins ne les puniſſent point, tant qu'ils ne font aucun tort ni à l'Etat, ni aux Particuliers; & l'on remet au jugement de Dieu ceux qui ſe ſont rendus coupables de tels pechez. Je ne dirai pas non plus, qu'autrefois (3) à *Rome* on voioit tous les jours des Femmes, même des plus diſtinguées, ſe faire avorter impunément, preſque à la vûe de tout le monde; quoi que cela paſſât alors, comme aujourdhui, pour une action abominable & qui ne peut partir que d'une Mére dénaturée : juſques à ce qu'en-

FENDORF, Liv. VIII. Chap. III. §. 14.
(3) Voiez le J U L I U S P A U L U S de nôtre Auteur, publié pour la troiſiéme fois dans le Recueil de ſes Oeuvres, *Cap.* XI.

R 5   (1) Voiez

qu'enfin les Empereurs *Sévére* & *Antonin* défendirent, sous peine d'exil, ces avortemens volontaires. Mais voici quelque chose de plus surprenant. Qui croiroit, Messieurs, qu'il aît jamais pû être permis aux Péres, je ne dirai pas seulement d'exposer leurs Enfans au sortir du ventre de leur Mére, en des lieux où il leur restoit quelque ressource dans l'espérance, quoi qu'incertaine, de la compassion des Étrangers ; mais encore d'étouffer eux-mêmes ces pauvres créatures, de les jetter dans la Riviére, de les laisser dans un Désert, pour y périr infailliblement ou de faim & de froid, ou par la dent de quelque Bête féroce ? Je fremis, quand je pense à une coûtume si barbare, si cruelle, si horrible. Cependant la *Gréce*, qui étoit alors l'Ecole du Savoir & de la Politesse pour tous les Peuples, & *Rome* ensuite, la Maîtresse du Monde, combien de tems ne l'ont-elles pas soufferte ? (1) Constantin même, lors que le Christianisme étoit dé-

(1) Voiez le Julius Paulus de nôtre Auteur, où il a traité cette matiére à fond.

déja dominant, ne put pas venir à bout d'abolir la licence de ce crime abominable. Les Empereurs VALEN-TINIEN, VALENS, & GRATIEN, furent les prémiers qui oférent le dé-fendre fur peine de la vie: tant il é-toit difficile de s'oppofer à un ufage fi commun, & fi ancien! Puis donc que la conftitution de l'Etat & la fituation des affaires demandent quelquefois qu'on tolére un fi grand nombre de Vices, & de Vices éclattans; faut-il s'étonner que l'Idolatrie même, lorf-qu'elle ne trouble point le Repos Pu-blic, & qu'elle n'apporte aucun obf-tacle au Bien de l'Etat, ne doive point être punie par les Loix; quoi que tout homme fage & éclairé ne puiffe que la regarder avec une fouve-raine horreur?

Ici il me femble entendre dire à quelcun : Vous donnez donc tant à l'intérêt de l'Etat, que d'approuver qu'on tolére l'*Idolatrie*, qui étoit pu-nie de mort par la *Loi de Moïfe*, par cette Loi divine, pleine de fageffe & d'équité? Qui que vous foyiez qui faites cette objection, un peu de patience, & je vais vous fatisfai-

Réponfe à l'objeftion tirée de la peine de mort que la *Loi de Moïfe* décernoit contre les Idolatres.

R 6 re.

re. (1) C'eſt ſans contredit avec beaucoup de raiſon que tout le monde a un
grand reſpect pour une Loi que Dieu
donna lui-même au Peuple Hébreu par
le miniſtére de *Moïſe :* ne trouvez pas
mauvais néanmoins, que nous ne la
ſuivions pas aujourd'hui en tout &
par tout. Chaque Etat a ſa conſtitution particuliére ; & les Loix d'un
certain Gouvernement ne peuvent pas
plus être convenables à tous les hommes, à tous les lieux, & à tous les
tems, qu'un ſeul & même remede
ne peut guérir toutes les maladies,
dans cette diverſité infinie de tempé-
ramens, de ſexe, d'âges, de cli-
mats, d'alimens, de mœurs, & de
vices. Pour ne rien dire des Loix
de *Moïſe* ſur le (2) *Jubilé*, ſur le (3)
Prêt à uſure, ſur la (4) *punition du
Larcin & des Injures*, ſur le privilége
des *Zélateurs*, ſur *l'abſtinence* (5) *du
Sang & des choſes étouffées*, & ſur pluſieurs autres choſes qui ne s'obſervent
pré-

(1) Voiez les CONVERSATIONS SUR DIVER-
SES MAT. DE RELIG. pag. 89, & ſuiv. & pag. 265,
& ſuiv. & le COMMENT. PHILOSOPH. Part. II.
pag. 322. & ſuiv. de l'Edition de *Rott.* 1713.
(2) Voiez le LÉVITIQUE, Chap. XXV.
(3) Voiez EXODE, XXII, 25. LÉVITIQUE,
XXV,

préfentement nulle part ; qui ne fait qu'il permit la *Polygamie* , qui eft aujourd'hui punie de mort en quelques endroits , & en d'autres moins févérement , mais d'ailleurs généralement regardée parmi les *Chrétiens* comme une chofe illicite & criminelle ? La Loi de *Moïfe* condamne à mort les (6) *Adultéres :* parce que les *Juifs* étant la plûpart affez éloignez de la Mer, & adonnez à l'Agriculture plus qu'à toute autre profeffion , fe marioient prefque tous ; & que même chaque Homme pouvoit avoir autant de Femmes qu'il vouloit. Mais nos Loix ne font pas fi févéres fur ce chapitre ; parce que nous avons à faire à un Peuple voifin de la Mer , & dont le commerce par toute la Terre fait que les gens mariez vont fouvent en voiage , & y demeurent long tems. L'Humeur farouche, colére & vindicative des *Juifs* , obligea *Moïfe* à permettre aux Maris (7) de ré-

XXV, 37. DEUTERONOME, XXIII, 19, 20.
(4) Voïez EXODE, Chap. XXII.
(5) Voïez LEVITIQUE , XVII, 10, 13. XIX, 26. DEUTERONOME, XII, 23.
(6) LEVITIQUE, XX, 10.
(7) Voïez DEUTERONOME, Chap. XXIV.
R 7

répudier leurs Femmes quand bon leur
sembleroit : au lieu que, parmi nous,
le *Divorce* est défendu, hormis pour
cause d'Adultére, ou d'une Désertion
malicieufe qui détruit l'ufage & le but
de la Société Conjugale. Je n'allégue-
rai pás, MESSIEURS, un plus grand
nombre d'exemples : ceux que je viens
de vous indiquer, fuffifent pour vous
convaincre, que la différence des Loix
& des Peines établies dans le Tribunal Humain n'est pas fondée fur la nature même des chofes défendues, mais
fur l'Utilité Publique de chaque Société ; & qu'ainfi toutes celles qui é-
toient néceffaires au Peuple Juif, ne
conviennent pas à nos mœurs & à nôtre
état. Vous fouhaittez fans doute, que
je vous explique maintenant, d'où
vient que je trouve jufte la Loi qui
puniffoit l'Idolatrie parmi les *Juifs*,
pendant que je foûtiens qu'aucun autre Peuple ne fauroit fans injuftice é-
tablir une Loi comme celle-là. En effet, c'eft ce qui me refte encore à
prouver, pour achever de mettre dans
tout fon jour la foibleffe de l'objection que je réfute. Or il n'y a rien
de plus facile que de montrer le fon-
de-

dement de la différence qu'il y a ici
entre les Loix des *Juifs*, & celles des
autres Peuples. Il ne faut que faire
attention à une raison toute particuliere, fondée sur la constitution du Gouvernement des *Juifs*, qui autorisoit
parmi eux la punition de l'Idolatrie,
& qui ne tire point à conséquence
pour quelque autre Nation que ce
soit. Car y en a t-il aujourdhui aucune qui soit si heureuse, que d'avoir
Dieu lui-même pour Conducteur &
pour Prince temporel ? Nous le re-
gardons tous à la vérité comme le
Maître de l'Univers, & comme le
Souverain Législateur du Genre Humain, réuni sous son Empire par la
liaison générale que forme entre tous
les Hommes la Raison qui leur est naturellement commune. Mais où trou-
vera-t-on un Peuple, à qui il donne
des Loix écrites, & qu'il gouverne
lui-même comme Chef de l'État, en
conséquence d'une convention faite
entre lui & les Citoiens ? C'étoit-là,
Messieurs, le glorieux avantage
de la Nation Judaïque. Dieu l'hono-
ra de son Alliance, & voulut en être
le Souverain temporel, à condition
qu'el-

qu'elle lui feroit fidéle, & qu'elle ne donneroit aucune atteinte à la forme du Gouvernement & de la Religion, à laquelle chacun s'étoit soûmis par la bouche de *Moïse*. Ce grand & confidérable principe du Droit Public étoit le fondement du bonheur & des efperances de tous les *Ifraëlites*. De là dépendoit la confervation & la prof-périté de ce Peuple chéri du Ciel. Quiconque donc entreprenoit d'inno-ver quelque chofe dans la Religion fans un ordre ou une permiffion parti-culiére de DIEU, commettoit fans contredit un crime de Léze-Majefté; puis qu'il violoit de propos délibéré ce qui faifoit, pour ainfi dire, le lien & l'ame de l'Etat, & qu'en voulant introduire un Culte fuperftitieux il re-connoiffoit par là un autre Souverain que celui qui étoit établi par les Loix Fondamentales (1) de la Société Civile des *Juifs*.

Voi-

---

(1) Mr. LE CLERC, dans l'Extrait qu'il vient de donner de ce Difcours, (*Bibl. Choifie*, Tom. XI. pag. 253.) ajoûte à cela deux obfervations importantes, auxquelles je renvoie le Le&teur.

(2) *Poftremo hoc moderamine Principatûs inclaruit, quod inter Religionum diverfitates medius ftetit : nec quemquam iite*

Voilà, MESSIEURS, quelle é-
toit la conſtitution du Gouvernement
des *Juifs*, & en même tems la véritable raiſon pourquoi une des Loix de
Moïſe défendoit l'Idolatrie ſur peine
de mort. Vouloir maintenant que cette Loi ſubſiſte parmi nous, ou chez
d'autres Peuples qui ont une forme de
Gouvernement toute différente, n'eſt-
ce pas une ſouveraine extravagance ?
Je ſuis fort trompé, ſi *Valentinien I.*
n'avoit compris l'abſurdité de cette
penſée : car, quoi qu'il fût Chrétien,
(2) *il ſe diſtingua ſi fort par ſa modéra-*
tion , (ce ſont les propres termes
d'AMMIEN MARCELLIN) *qu'il*
témoigna une entiére impartialité dans la
maniére dont il en uſoit envers ſes Su-
jets, de quelque Religion qu'ils fuſſent.
Il n'inquiéta perſonne pour ce ſujet : il
ne preſcrivit pas tel ou tel Culte, qui dût
être permis dans ſon Empire : il ne fit
point d'Edits fulminans pour contraindre
ſes

L'*Intoléran-*
ce eſt *funeſte*
& à l'Eta*t*
& au *Prince.*

inquietavit , neque ut hoc coleretur imperavit aut illud :
nec interdiĉtis minacibus Subjeĉtorum cervicem ad id quod
ipſe coluit inclinabat : ſed intemeratas reliquit has par-
tes ut reperit. AMM. MARCELLIN. Lib. XXX.
Cap. IX.

(1) H*4*

ſes Sujets à adorer la même Divinité,
que lui : mais il laiſſa les choſes dans
l'état où il les avoit trouvées. Jouïſſez,
grand Empereur, de la gloire que
vous vous êtes ainſi aquiſe par vôtre
juſtice & vôtre équité. Vous vous ê-
tes attaché exactement & ſincerement
à la Religion qui vous paroiſſoit la
meilleure : mais vous n'avez pas néanmoins ſouffert que l'on regardât &
que l'on punît comme des Criminels,
ceux de toute autre Religion qui ne
faiſoient du tort à perſonne ; en ſorte
que, ſi d'un côté vous étiez *pieux* &
religieux, de l'autre vous vous ſouve-
niez que vous étiez *Prince*, & que
vous repréſentiez l'Etat, ſous la protection duquel doivent être tous ceux
qui ne donnent aucune atteinte à la
paix, à la ſûreté & à l'utilité publique. L'Hiſtorien Paien, que je viens
de citer, rend un témoignage hono-
rable & authentique à la ſage modéra-
tion de *Valentinien* : mais je ne ſaurois
m'em-

(1) *Haruſpicinam ego nullum cum maleficiorum cauſa*
habere conſortium judico : neque ipſam aut aliquam præterea
conceſſam à majoribus Religionem genus eſſe arbitror crimi-
nis. Teſtes ſunt Leges à me in exordio Imperii mei data,
quibus unicuique quod animo imbibiſſet colendi libera facultas
tri-

m'empêcher d'y ajoûter la propre Déclaration de cet Empereur, qui est pleine de douceur, d'humanité, & de modestie. *Je trouve,* (1) dit-il, *que l'Art des Haruspices* (2) *ne renferme rien par lui-même qui porte à faire du mal : & je ne crois pas que cette Pratique de Religion, non plus qu'aucune autre, soit une espéce de crime ; témoin les Loix que j'ai faites au commencement de mon Régne, par lesquelles j'ai accordé à chacun une entiére liberté de suivre telle Religion que bon lui sembleroit. Je ne condamne donc pas l'Art des Haruspices en lui-même ; je défens seulement qu'on l'exerce d'une maniére nuisible à qui que ce soit.* Par cette Constitution, MESSIEURS, *Valentinien* s'aquitta du Devoir d'un Prince bon & prudent. Que si dans la suite, (comme les Princes sont d'ordinaire changeans, & sujets à vouloir le contraire de ce qu'ils avoient approuvé eux-mêmes, parce qu'ils suivent trop aveu-

tributa est. Nec Haruspicinam reprehendimus, sed nocenter exerceri vetamus. COD. THEODOS. *de Maleficis & Mathematicis*, Lég. IX.

(2) C'est-à-dire ; l'Art de prédire l'avenir en considérant les entrailles des Victimes.

aveuglément les confeils d'autrui, qui,
comme les vagues de la Mer, les a-
gitent & les font flotter de côté &
d'autre, autant qu'ils les aident) fi,
dis-je, dans la fuite cet Empereur &
d'autres Princes, ont agi d'une maniére différente, c'eft à eux à voir
comment ils pourront juftifier leur
conduite. Car en vertu dequoi s'ar-
rogent-ils un droit qu'ils ne tiennent
ni de la Raifon, ni du confentement
des Peuples; qui eft le fondement de
toute Autorité légitime? A quoi enfin a abouti de tout tems cette barbare & abfurde tyrannie, fi ce n'eft à
fournir un fpectacle non feulement fort
affreux, mais encore honteux & fu-
nefte au Genre Humain, & aux Princes même qui ont voulu l'exercer?
Certainement lors que l'Ignorance,
l'Envie, l'Ambition, la Superftition,
l'Avarice, foûtenues des forces publiques, ôtent à tout le monde, pour
l'intérêt d'un petit nombre de gens,
la liberté de chercher la Vérité, &
perfécutent, comme des perfonnes
fufpectes & dangereufes, ceux qui cul-
tivent les Connoiffances folides & qui
s'attachent à l'étude de la Sageffe:
que

que peut-on attendre de là, si ce n'eſt de voir l'Etat expoſé à mille troubles, s'appauvrir tous les jours, ſe dépeupler, s'affoiblir, tomber dans la barbarie; & le Prince perſécuteur, ou les autres qui l'imitent, ſe couvrir d'un opprobre éternel, & rendre leur mémoire odieuſe à jamais, s'attirer de leur vivant de la haine, des embuches, mille périls au dedans & au dehors, ſe repentir enfin, mais trop tard de leur folie?

CE que je dis-là, MESSIEURS, *Concluſion.* je pourrois le prouver par un grand nombre d'exemples, & anciens, & modernes: mais le tems deſtiné à ce Diſcours eſt déja fini; & il me ſuffit de vous avoir démontré avec la derniére évidence, que la Religion n'eſt point du reſſort des Tribunaux Humains, & qu'elle ne reléve que de DIEU, le ſeul maître de nos Conſciences. J'ajoûterai ſeulement une choſe que nous avons tous intérêt de bien comprendre: c'eſt que nous devons nous eſtimer heureux & benir le Ciel, de ce que nous vivons dans un Païs, où par un effet de la Providence Divine & de la ſage & pieuſe con-
dui-

duite des Magiſtrats de cette puiſſante
République, chacun peut ſervir Dieu
ſelon les mouvemens de ſa Conſcience,
& perſonne n'a à craindre ni le Bourreau, ni le Soldat, ni un Eccléſiaſtique fourbe, cruel, impie, ſuperbe,
ſcélérat, qui avec une audace diabo-
lique, dreſſe des embûches aux biens,
à l'Honneur, à la vie, à la liberté de
tout ce qu'il y a de perſonnes ſages &
vertueuſes, depuis le plus petit juſqu'au plus grand, & ſans reſpecter les
plus hautes Dignitez. Une tyrannie ſi
cruelle, ſi affreuſe, ſi déteſtable, op-
primoit nos Ancêtres, & violoit envers eux tout Droit Divin & Humain.
Mais ils ſe remirent en poſſeſſion de leur
liberté naturelle, avec un courage hé-
roïque, & une fermeté qui leur a
aquis une gloire immortelle dans l'eſprit de tous les honnêtes gens. Ils
nous ont laiſſé au plus juſte titre du
monde cet héritage précieux, comme
un bien qui doit paſſer à leur Poſtéri-
té la plus reculée. C'eſt à nous à
prendre garde de ne pas nous montrer
indignes d'un ſang ſi généreux, & de
ne point perdre par nôtre pareſſe &
par nôtre nonchalance le fruit d'un
bien

bien fi grand, fi ineſtimable, mais plûtôt de laiſſer à perpétuité cette liberté entiére & ſans aucune diminution, à nôtre Patrie, à nos Enfans, à nos Deſcendans, qui font, après DIEU, ce que nous pouvons & que nous devons avoir de plus cher au monde.

FIN *du Second Diſcours de* NOODT, *& du dernier de ce Volume.*

www.ingramcontent.com/pod-product-compliance
Lightning Source LLC
Chambersburg PA
CBHW070748030726
47504CB00003B/472